二十一世纪普通高等教育人才培养"十四五"系列精品教材
ERSHIYI SHIJI PUTONG GAODENG JIAOYU RENCAI PEIYANG SHISIWU XILIE JINGPIN JIAOCAI

金融学基础（第二版）

主　编○廖旗平　刘梁炜　王　祺
副主编○张乖利　陈莉銮　陈汉平

西南财经大学出版社
Southwestern University of Finance & Economics Press
中国·成都

图书在版编目(CIP)数据

金融学基础/廖旗平,刘梁炜,王祺主编;张乖利,
陈莉銮,陈汉平副主编.--2 版.--成都:西南财经
大学出版社,2024.8. --ISBN 978-7-5504-6361-5

Ⅰ.F830

中国国家版本馆 CIP 数据核字第 2024JF0695 号

金融学基础(第二版)

主 编 廖旗平 刘梁炜 王 祺
副主编 张乖利 陈莉銮 陈汉平

策划编辑:李晓嵩
责任编辑:李晓嵩
助理编辑:蒋 华
责任校对:王 琳
封面设计:何东琳设计工作室
责任印制:朱曼丽

出版发行	西南财经大学出版社(四川省成都市光华村街 55 号)
网 址	http://cbs.swufe.edu.cn
电子邮件	bookcj@swufe.edu.cn
邮政编码	610074
电 话	028-87353785
照 排	四川胜翔数码印务设计有限公司
印 刷	四川煤田地质制图印务有限责任公司
成品尺寸	185 mm×260 mm
印 张	18.375
字 数	413 千字
版 次	2024 年 8 月第 2 版
印 次	2024 年 8 月第 1 次印刷
印 数	1— 2000 册
书 号	ISBN 978-7-5504-6361-5
定 价	45.00 元

第二版前言

DI ER BAN QIAN YAN

金融是现代经济的核心。经济是肌体，金融是血脉，两者共生共荣。金融活，经济活；金融稳，经济稳。经济兴，金融兴；经济强，金融强。2023年10月30日至31日，中央金融工作会议在北京举行，习近平总书记深刻指出："金融是国民经济的血脉，是国家核心竞争力的重要组成部分，要加快建设金融强国，全面加强金融监管，完善金融体制，优化金融服务，防范化解风险，坚定不移走中国特色金融发展之路，推动我国金融高质量发展，为以中国式现代化全面推进强国建设、民族复兴伟业提供有力支撑。"

金融强国建设，需要金融人才的支撑。"金融学基础"课程是新时代高等职业教育金融专业的核心课程之一。为了能够满足高职院校金融专业的教学需求和学生的学习需要，本教材按照高职院校金融人才培养目标要求，体现金融学科基础和金融职业的双重属性，将金融学知识按照"基础理论→基础实务→基础运用"的逻辑来编排教材内容，力求与数字经济发展相适应，与时代要求相呼应。

本教材的主要内容为认识金融与货币、理解信用与计算利息、熟悉商业银行业务、学会证券交易、掌握风险管理、善于应用保险、巧妙使用外汇、看懂通货膨胀、明白中央银行与货币政策、探索数字金融。本教材在2018年第一版的基础上总结多年的教育教学成果，为适应目前我国数字经济的发展特点和人工智能的发展趋势，按照教育部《高等学校课程思政建设指导纲要》关于课程思政的要求进行修订。修订后的教材具有以下三个特点：

第一，增强了立德树人的有效性。本教材梳理了金融职业逻辑和思政逻辑，将金融理论和实践融入思政元素，按照社会主义核心价值观培养金融人才，补充了金融职业道德和风险教育等内容。本教材结合党的二十大精神，通过案例、调查、游戏等形式融入正确的金融价值观，以金融思政案例启发学生，塑造金融人的职业道德、价值理念和行为标准，增强学生的爱国情怀、法治意识、社会责任和人文精神。

第二，夯实了金融知识基础和职业能力基础。从金融学科的角度来看，《金融学基础》教材必须包括金融学科宏观的基础知识，如货币本质、货币现象、货币政策等；从金融职业的角度来看，《金融学基础》教材必须包含从事金融职业的基础能力，如货币时间价值计算、风险的认识等。这些知识、能力和素养在本教材中都有所体现，融汇在每一章内容当中。

第三，拓展了金融数字化的内容。基于金融线上需求的增长，金融机构数字金融发展迅速，本教材按照数字金融基础与数字金融业务导向进行编排，增加了"第十章 探索数字金融"，系统介绍了数字金融基础知识等内容。

本教材由广东农工商职业技术学院廖旗平教授（中山大学博士、高级理财规划师）任第一主编，负责拟定全书大纲和样章，并对初稿进行修改和统稿，广东农工商职业技术学院刘梁炜和王祺分别任第二主编、第三主编，对初稿进行了审核和修改。具体写作分工如下：第一章，王祺；第二章，廖旗平；第三章，李华昌（广东粤垦农业小额贷款股份有限公司执行董事）、王祺；第四章、第六章，刘梁炜；第五章，梁志成（广发证券股份有限公司机构客户部执行董事、国际财富管理协会注册国际财富管理师）、廖旗平；第七章，张乖利；第八章，陈莉銮、李小杭；第九章，陈汉平、薛宇辰；第十章，何慧玲。

本教材在编写过程中参阅了国内外各种有关文献，在此对文献的作者表示感谢。由于编者水平有限，疏漏之处在所难免，敬请广大读者批评指正。

编者

2024 年 6 月 6 日于广州

目录

第一章 认识金融与货币

学习目标

知识目标

1. 明确我国各类金融机构的性质和职能
2. 熟悉金融体系的概念、构成要素及功能
3. 判断货币统计口径的变动对经济的影响

能力目标

1. 能为企业融资方式的选择出谋划策
2. 能运用货币职能分析货币的本质

素养目标

1. 初步养成识别金融机构的职业素养
2. 培养结合我国金融现状分析经济的职业素养

引导案例

[案例] 算一算，开个餐馆需要多少资金？

假定你计划开设一个面积为200平方米左右的餐馆，请以你所在的地区现在的物价水平为依据，测算房租、水电、设备购置、人员工资、流动资金等所需总费用，再提出一个费用解决方案。

问题：

（1）自有资金不足时该如何筹集资金？

（2）在你的经营过程中你会和哪些金融机构打交道？

（3）假设有个好朋友想加入你的餐馆计划，你们该如何商谈合作？

（4）假设你的餐馆顺利开业了，6个月后出现了周转性资金困难，你将如何解决呢？

（5）1年过去了，假设餐馆经营得非常成功，你的好朋友问你他能分享多少利润呢？

思政课堂

中国抵御全球金融危机的启示①

2008年，由美国次贷危机引发的全球金融海啸，使远在千里之外的小国冰岛成为首个濒临破产的国家。在金融危机前，冰岛曾是欧洲最富有的国家之一，人均国内生产总值位于欧洲第六位。金融在危机爆发后，冰岛三大系统性银行相继倒闭，股市和房地产市场崩溃，失业率半年内激增三倍，几乎无人能幸免于难。回顾2008年的金融危机，冰岛央行史上首位外籍行长斯凡·哈拉尔德·伊加德在接受《21世纪经济报道》记者独家专访时这样说道："增长的一面是经济力量，另一面则是隐藏的风险。"

2009年，曾任挪威财政部副大臣的伊加德空降冰岛，接过了冰岛央行行长的重任。在他的领导下，冰岛虽然受创最深，却复苏最快，金融系统恢复稳定，债务水平远低于金融危机之前，成为第一个退出国际货币基金组织救援计划的国家。时至2023年，全球金融危机似乎已经远离人们的生活，但每当人们评估各种金融风险时，仍不免要将2008年的那场金融危机拿出来当作参照。

在伊加德看来，那场金融危机是由美国次贷危机引发的，随后又因雷曼兄弟银行的倒闭而加剧，最终给全球经济带来了巨大的影响。金融危机的发展通常有五个阶段：第一阶段是债务急剧扩张；第二阶段是流动性危机的出现；第三阶段是市场陷入困顿，资产价值暴跌；第四阶段是恐慌情绪蔓延，投资和消费信心受挫；第五阶段是危机蔓延到国家财政。

伊加德说："这样的周期在一个又一个国家里、一场又一场危机中重演。有时经济体需要几年的时间才能走完所有五个阶段，有时则只需要几个月的时间。"伊加德认为，从2023年年初的硅谷银行事件可以看出，发达国家从当年的全球金融危机中学到了很多东西，更加重视政策行动的协调，也对风险更加警惕。但与此同时，它们吸取的教训也还不够，债务水平还被允许大幅提升，特别是私营部门（美国政府的债务水平也在飙升），对解决银行危机仍然缺乏好的机制。

中国成功经受住了亚洲金融危机（1997—1998年）和全球金融危机（2008—2009年）的严重影响，这得益于政府强大的财政能力、稳健的银行体系以及稳健的经济表现，这些都是抵御全球金融危机的防线。

启示：经过数十年的改革发展，中国现代金融体系逐渐走向成熟，金融市场建设、金融机构发展和金融监管改革等取得实质性进展，上海、香港等国际金融中心地位稳步提

---

① 资料来源：郑青亭.独家专访冰岛央行史上首位外籍央行行长伊加德：发达国家从金融危机中吸取足够教训了吗？[N].21世纪经济报道，2023-10-25（05）.

升，已经具备建设金融强国的金融要素。党的二十大报告指出："深化金融体制改革，建设现代中央银行制度，加强和完善现代金融监管，强化金融稳定保障体系，依法将各类金融活动全部纳入监管，守住不发生系统性风险底线。"中国现代金融体系的构建与金融强国建设是一个长期的过程，既要契合中国的国情特色和具体实践，尊重经济和金融发展规律，也要汲取国外金融发展的经验教训，准确把握中国特色金融发展之路的独特性。金融强国的核心是坚实的经济基础、完备的制度保障和健全的金融体系。未来，我国将加快构建中国特色现代金融体系，着力推进金融治理现代化，不断提升金融服务实体经济质效，稳步推进高水平金融开放。金融强国建设是系统工程，要立足于中国特色金融发展之路，从根本上区别于西方模式，既要匹配中国式现代化的特征，也要植根于中国特色金融文化，从打基础、利长远和固根本的角度持续推进现代金融体系与金融强国建设。

第一节　金融概述

一、金融与金融职业道德

（一）金融的概念、构成要素与本质

"金融"这一名词从字意的角度来看，"金"是指资金，"融"是指融通，因此在过去相当长的一段时期内，金融被狭义地理解为资金的融通。融通的主要对象是货币和货币资金，各类资金主要以信用货币的形式存在，包括各种现金、票据、有价证券等。资金融通的方式是有借有还的信用形式，进行资金融通需要借助于金融市场，包括信贷市场和证券市场等。组织这种融通的机构则为银行以及证券公司、保险公司、信托公司、租赁公司等非银行金融机构。因此，金融涉及货币、信用和银行三个范畴，三者相互依存、相互促进，共同构成金融活动的整体。

然而，在现代经济条件下，金融不仅仅是货币资金的融通，其含义已有很大的扩展，包括资金的筹集、分配、融通、运用和管理。金融具体包括：货币的流通及其管理，货币资金的筹集（含银行和非银行金融机构及企业、个人的有偿筹集，财政的无偿筹集），财政、银行的资金分配，企业内部的资金分配，资金的间接融通和直接融通，国内融通和国际融通，资金的配置和调度，信贷资金结构的调整和管理，资金周转速度及资金运用效率的管理等。可见，金融存在于整个社会的经济活动之中。

1. 金融的概念

金融的概念处在一个不断演进的过程中，它与商品货币经济的发展是密不可分的。

（1）金融的萌芽。在商品货币发展的初期，货币以实物形态和铸币形态存在时，货币

不是信用产品，不依赖于信用的创造。不过，信用的产生和发展对货币流通起了强大的推动作用。信用以实物借贷和货币借贷两种形式并存。货币借贷使贮藏的货币具备了流动性，加快了货币流通速度。而基于信用的汇兑业务便利了货币在更大的地域内流通，这些都使得作为财富凝结的货币在借贷中日益重要。与此同时，大量的实物借贷仍然十分旺盛。因此，在很长一段时间，货币范畴的发展与信用范畴的发展保持着相互独立的形态，而联结二者的金融仅仅处于萌芽阶段，表现为从事货币兑换、保管、汇兑与借贷的货币经营业。

（2）金融的形成。随着新的生产方式的确立，现代银行业诞生了，银行券开始代替铸币执行流通手段和支付手段职能，从可兑现的银行券到不兑现的银行券，货币制度与信用制度的联系越来越密切，最终使得货币流通与信用行为变为同一过程。任何货币的运动都是在信用的基础上组织起来的，完全独立于信用活动之外的货币制度已经不复存在。例如，基于银行信用的银行券是日常小额支付的手段，转账结算中的存款货币是大额支付的主要形式。任何信用活动同时都是货币的运动：信用扩张意味着货币供给的增加，信用紧缩意味着货币供给的减少，信用资金的调剂影响着货币流通速度和货币供给在部门间、地区间的微观经济主体间分布。当货币范畴和信用范畴相互渗透并结合到一起时，就形成了金融范畴。其表现为作为融资中介的银行业及其相应活动：资金盈余者把钱存入银行，再由银行贷放给资金短缺者。这种以金融机构为媒介的资金融通是间接金融形式。

（3）金融的扩展。伴随着货币与信用相互渗透的过程，金融范畴也同时向更大的领域扩展，逐渐覆盖了投资、保险、信托和租赁等多个方面。

这里的投资是指以股票和债券交易为特征的资本市场的投资。由于间接融资方式不能完全满足经济发展的需要，资金短缺者以发行有价证券的方式直接到金融市场筹资；资金盈余者也不一定要将其资金存入银行，可以直接在金融市场上买各种金融商品。这种资金供求双方通过金融市场进行资金融通的形式是直接金融方式，其存在要以比较健全的发达金融市场为前提，使信用关系得到进一步发展和完善。

保险发展到现在，已经成为保险与个人储蓄、保险与投资结合的一种信用形式，其集中的货币资金主要投放于金融市场，金融市场上保险资金所占的份额有举足轻重的地位，保单等保险合约也成为金融市场上交易的重要工具之一。

金融信托和金融租赁是传统的信托与租赁方式在金融领域的发展变化，也同样成为重要的融资方式。

2. 金融的构成要素

金融体系是一个普遍的、一般的概念，在不同的国家、不同的经济制度下金融体系的表现形式也不尽相同。但世界各国现代金融体系的构成是基本一致的，主要包括金融机构、金融市场和金融工具三方面内容。

（1）金融机构。金融机构又叫金融组织，是现代金融活动的基本载体，是经营货币或货币资本的企业，是在经济生活中充当信用中介、媒介以及从事种种金融服务的组织。金融机构种类繁多，通常分为银行和非银行金融机构。

（2）金融市场。金融市场是金融活动开展的场所，是金融工具发行和交易的场所。金融市场是依照一个国家的有关法规建立起来的。由于金融交易的对象、方式、条件和期限等要素不同，人们可以从不同角度对金融市场进行分类。例如，金融市场按照交易期限不同划分，分为货币市场（短期资金市场）和资本市场（长期资金市场）；按照交易程序不同划分，分为发行市场（一级市场）和流通市场（二级市场）；按照交易场地不同划分，分为有形市场和无形市场；按照交割时间不同划分，分为现货市场和期货市场。通常谈论较多的主要是资本市场、货币市场、外汇市场、黄金市场、保险市场、金融衍生工具市场等。

（3）金融工具。金融工具是将资金从盈余者转移给短缺者的载体，是一种载明资金供求双方权利、义务关系的合约。金融工具是用标明信用关系的书面证明、债权债务的契约书表现出来的，以一定的要式具体规定了资金转移的金额和期限等。金融工具是金融机构在金融市场上交易的对象。在金融体系中，金融机构和金融市场利用金融工具实现资金在个人、家庭、企业和政府部门之间的融通。金融工具种类很多，针对不同的金融交易，通常有商业票据、银行票据、存款、贷款、保单、债券、股票以及期货、期权等衍生金融工具。

金融体系的三大构成要素——金融机构、金融市场和金融工具之间有着不可分割的联系。金融工具发行和交易的场所是金融市场，金融市场最重要的参与者是金融机构，金融机构作为媒介使得金融工具的出售与转让顺利进行。没有脱离金融市场和金融机构的金融工具；也没有不存在金融工具的金融市场和金融机构。

3. 金融的本质

金融的不断扩展，使得金融的本质不再是单纯的银行借贷关系，而发展成为复杂的、多种多样的债权债务关系和所有权关系。直接金融方式与间接金融方式的不断完善，使得金融活动更加丰富多彩，银行和其他金融机构更加进步，金融市场的类型更加健全。由此带来了金融宏观调控和金融监管问题。顺应这一客观需要，各国中央银行和其他金融监管机构逐步建立与发展起来，以促进金融的健康发展。

（二）金融职业道德

1. 金融职业道德的重要性

金融业是社会经济运行的货币性基础行业，其行业的特殊性要求从业人员诚实守信的高度自觉性远超一般服务业的要求，因为金融行业本身是从事货币服务的行业，从业人员违规舞弊、弄虚作假的行为可能对整个行业乃至社会经济造成重大影响。同时，金融业从业人员还必须具有自觉防范金融风险的意识，这种根植于深厚道德修养的意识有助于在千变万化的金融形势中迅速找到职业道德的落脚点，以道德标准判断大是大非，将金融风险防患于未然。另外，由于金融业是专业性、综合性很强的行业，业务操作往往具有不可重复、不可撤销的特点，要求从业人员必须具备完全的职业胜任能力，避免任何可能发生的业务差错。

2. 金融职业的特点

当前我国金融业主要包括银行业、保险业、证券业以及期货业。金融危机的教训表明，在金融体系中加强职业道德建设是从业者遵守法律法规正常开展金融工作的重要保证，也是我国金融业未来持续稳定发展的必然要求。金融危机后，金融职业道德的要求进一步扩展和延伸，可以总结为自觉防范金融风险、自觉遵守法律法规和自觉培养专业胜任能力。

金融行业的特殊性要求金融人才必须养成高度的诚实守信自觉性。新形势下，我国金融行业正在经历重大转变，金融行业在整个国民经济中的地位越来越重要，金融对实体经济发展的贡献越来越大。服务经济发展，服务人民生活，推动社会经济和谐发展，是新时期金融行业的根本任务。在全球化不断发展的今天，在社会经济增长方式创新突破的今天，传统行业的经营思想理念和文化都在发生着重大变化，服务成为一个行业存在的价值所在，成为一个行业发展壮大的重要基础。只有更好地服务，才能更好地生存和发展，唯有不断拓展自己的服务面，提升服务质量，才能赢得更多的客户和市场，方能在竞争日益激烈的市场中获得相应的生存和发展机遇。尤其是在互联网金融快速发展的今天，传统金融行业面临重大冲击，需要进行更多的转变和创新突破，利他主义成为新时期经济发展的新思维，金融行业需要为他人和社会提供更多的优质服务，以更为全面的高效服务来争取更多更优质的客户，以此来实现自身的发展。

3. 金融职业道德的内容

金融职业必须有良好的职业操守。当前，我国市场经济的信用制度还不尽完善，唯利是图、自私自利、损人利己的行为随处可见。在金融领域则更多的是金融职务犯罪，目前有很多金融高级管理人员出现违规操作、违法受贿，职业道德意识淡薄，为了金钱不计法律后果而铤而走险。这就对金融从业人员的思想道德教育和法治教育提高了要求，提醒金融工作者在金钱诱惑下保持清醒的头脑。

广大金融工作者的素质高低，直接决定了一个国家金融业发展水平的高低；广大金融工作者的道德水准，直接决定了一个国家金融体系的安全性与稳定性。建设金融强国宏伟目标的实现，有赖于国家金融体系长期健康稳定的运行。而金融危机的经验教训告诉我们，恪守道德标准，加强对金融行业人员的道德教育，是保障金融机构平稳运行的坚实内部保障，是防范与化解金融危机的内部坚强堡垒。相反地，金融危机中倒闭的外国银行与其他金融机构，其倒闭或多或少与员工长期忽视职业道德、盲目从事多种高风险金融衍生交易有关，这无疑是对我国金融行业的一大警示。

（1）严守信用，维护形象。诚实守信是良好的道德品质，也是道德规范的普遍要求。在金融职业道德中，诚实守信占有非常重要的地位，无论是中国人民银行对金融系统的职业道德要求还是各金融机构自身提出的职业道德规范，都把信用放在首位。

在市场经济条件下，任何一个国家经济的发展，都离不开信用的支持。从这一意义上来说，现代经济基本上是一种信用经济。金融机构能否坚持信誉第一，不仅对其自身的存在与发展至关重要，对全社会的经济活动都是至关重要的。俗话说："诚招天下客，信牵万人心。"因此，作为金融机构必须在群众的心目中树立起信得过、靠得住的形象，才能取得客户的信任和支持，才能得以进一步发展。随着金融业的不断发展，竞争的日益激烈，客户选择余地日益增大，信誉对于金融机构的发展将越来越重要。

严守信用的基本要求主要表现在：

首先，金融工作者必须牢固树立"信誉至上"的金融道德观念。金融工作者必须自觉地按照"信誉至上"的职业道德规范约束自己的行为，用讲信誉、守信用的原则指导自己的工作，努力在自己从事的各项具体活动中去实践它、维护它。例如，在银行信贷业务中，银行工作者必须信守合同，坚持信贷原则，对贷款用途不当、单位资金信誉差、经济效益不好等不符合贷款条件的，应拒绝发放贷款，从而保证贷款按照合同规定的用途正确使用。因此，这就要求银行工作者必须把正确贯彻贷款偿还原则作为自己的重要职责，这样才能既有利于维护金融机构自身的利益，又有利于维护金融机构的信誉。

其次，金融工作者必须坚持公开、公正、公平的原则。金融工作本身具有较强的专业性，许多具体细节并不为群众所熟悉和了解，金融工作者在工作中应主动宣传有关金融政策和法规，实事求是，不蒙蔽、不欺骗群众，树立诚信第一、童叟无欺的职业道德意识，处理问题要公正客观，不偏不倚，以客观事实为依据，以高度负责的精神赢得顾客的信任和支持。

最后，金融工作者要养成严谨的工作作风。作为信用机构的一员，金融工作者必须努力防止金融差错，保证工作质量，取信于顾客；要认真执行规章制度和操作规程，养成严谨的工作作风，认真细致，精力集中。例如，银行的收、支、存、放、汇等业务活动，都直接关系到国家、集体和个人的切身利益，关系到资金的使用和安全，关系到银行在人民群众中的声誉。因此，这就要求金融工作者必须做到不轻率、不松弛、不懒散，给服务对象树立严谨、规范、紧张、有序的职业形象。

（2）优化服务，提高素质。优质的服务是金融职业道德的核心内容，是金融行业职业责任和义务的集中体现，也是金融工作者必须具备的道德意识和必须履行的职业责任。金融行业作为专门经营货币这一特殊的商品的服务行业，每天都与客户和群众保持着密切的联系。服务质量的优劣，直接关系到金融行业的前途与发展，关系到社会经济的稳定。如果金融工作者不能为社会提供优质高效的服务，金融行业就失去了信誉，就失去了赖以生存的基础。

优质的服务除了要有高标准的服务质量、快捷的服务效率之外，最重要的就是要有良好的服务态度。热情周到、亲切自然的服务态度不仅能够很好地维护金融机构的信誉，加深顾客对金融机构的感情，密切双方的关系，进一步发展金融业务，而且也体现出金融工作者对自己从事的职业的热爱和自身的尊重，体现出良好的职业修养和道德风范。因此，这就要求金融工作者必须做到：

一是要文明礼貌待人，热情周到服务。金融工作者对顾客要主动接待，和气礼貌，有问必答，百问不厌，要想顾客之所想，急顾客之所急，帮助顾客解决各种具体问题，以自己的良好服务态度赢得顾客与群众的信赖和支持。

二是要钻研业务，提高技能。高质量的服务来源于高超的业务技能。因此，钻研业务、提高技能是优质服务的前提和基本要求。熟悉业务，对技术精益求精，在此基础上提高服务质量，是金融职业道德的重要内容。随着改革开放的不断深入以及社会主义市场经济体制的建立和不断完善，金融业务的范围不断扩大，业务量不断增加，金融业内部的竞争也越来越激烈。如果没有精湛熟练的业务技能，就不可能有上乘的服务质量，不可能圆满地完成任务，也就难以在竞争中取胜。因此，金融工作者必须做到努力钻研业务，提高技能，要认真学习国家的经济建设方针、政策、金融政策法规和金融管理知识；掌握业务的操作程序，具有一定的计算机技术、核算技术以及与金融有关的生产、流通、市场、保险、外事、外语、国际金融等方面的知识，不断研究新情况，解决新问题。

实践证明，金融工作者只有刻苦学习文化科学知识，努力钻研业务知识，才能真正为顾客提供优质服务，为经济发展做出贡献。

（3）热爱本职，尽职尽责。热爱金融事业，努力做好本职工作是每一位金融工作者从各方面遵守金融道德的基础。金融工作者只有深刻认识自己所从事职业的重要性，并将个人对事业的理想寓于这一职业中，才能自觉地从各方面遵守职业道德，做好本职工作。

热爱金融事业是与整个金融工作在现代经济中的核心地位分不开的。金融工作在我国国民经济建设中发挥着筹集资金、融通资金、调节货币流通、提高资金使用效益以及加强国际经济交流等重要作用。金融工作者只有深刻认识这种地位和作用，才能产生出对金融事业的热爱，具有一种职业荣誉感，从而形成一种巨大的推动力，促使金融工作者去完成自己承担的工作。改革开放以来，我国金融战线广大干部职工正是靠着这种对金融事业重要意义的正确认识，大胆改革，辛勤工作，热情服务，从而有效地促进国民经济的顺利发展。

做好本职工作是热爱金融工作的具体体现。金融工作者只有将自己的职业理想、职业荣誉感同具体的工作岗位结合起来，这种荣誉感才不会是虚幻的，才能够坚持长久。金融系统的业务种类繁多，分为各个不同的岗位，而所有岗位的一个共同的特点就是工作过程都离不开金钱，工作结果容不得半点差错。每一项工作都是具体的、细致的，有着实实在在的工作内容。因此，热爱金融工作就要体现在这些具体的实际工作中。离开了日常的具体工作，热爱本职就会成为一句空话，职业理想和职业荣誉感也就无从谈起。热爱本职，尽职尽责就要求每个金融工作者必须做到：

第一，培养热爱本职的道德情感。列宁说过，没有人的感情，就从来没有也不可能有对于真理的追求。一个人对于本职工作抱着积极的态度，就会产生浓厚的兴趣，就会优先把自己的注意力集中于本职工作上来，就会从这种工作中体验到某种浓厚的、积极的情感，并且会全身心地做好本职工作，一个人对事业的追求，必须以真挚的情感和强烈的热爱作为动力。因此，不论是金融工作者还是金融专业的大学生，都应注重在工作实践中培养热爱金融事业的道德情感，正确处理好本职工作与个人的爱好、志趣之间的关系，处理好国家需要与个人利益之间的关系。由于金融业在国民经济中所处的重要地位，使金融行业一度成为热门行业，金融工作者在社会上受到人们的青睐，少数金融工作者也沾沾自喜，觉得比别人优越。随着我国市场经济的发展及金融体制的逐步完善，对金融行业人员的要求将越来越高。因此，金融工作者必须加强自身的职业道德修养，努力提高道德素质，克服思想上的优越感，增强危机感，在新形势下培养自己热爱金融事业的道德情感，以高度的事业心和责任感，去完成自己承担的各项工作。

第二，培养对工作极端负责的精神和诚实劳动的工作态度。对金融工作的热爱体现在实际工作中，就要求金融工作者必须具备对工作极端负责的精神和诚实劳动的工作态度。金融工作者在工作中要做到态度认真，一丝不苟，尽职尽责。无论是银行信贷员、出纳、会计或储蓄员，都要严格按规章制度办事，认真履行自己的义务。同时，金融工作者要有诚实劳动的工作态度，工作中要勇于吃苦，不怕困难，牢固树立爱岗敬业、忠于职守的主人翁精神。金融行业，特别是基层行、社，点多、面广、人员分散，工作任务重、难度大、要求高。广大金融工作者如果没有以行为家、热爱事业、诚实劳动的思想，缺乏主人翁的责任感和使命感，不去做艰苦扎实的工作，就会损害银行的形象，损害银行事业的发展。因此，金融工作者要充分认识到自己在金融事业中的主人翁地位，以自己的辛勤劳动为金融事业做出贡献。

（4）遵纪守法，严守秘密。金融工作者既是国家金融法律法规的具体执行者，又是财经纪律的监督者，国家的许多经济政策、金融法律法规都要通过金融工作者去执行。金融业本身又是直接经营货币业务的，因此遵纪守法有着特殊的重要意义。

金融政策、法规和金融职业道德，在内容与要求上都是一致的。一般说来，金融政策所要求的内容，也是金融工作应该贯彻执行的内容；金融法规所禁止的行为，也是违背金融道德的行为。严格遵守金融法律法规是金融职业道德的最低要求。

金融工作者必须严守法纪，坚持原则，百折不挠地贯彻执行党和国家的路线、方针、政策，严格遵守金融纪律和金融法律法规。具体要做到以下几个方面：

第一，认真学习，深刻领会国家有关金融的方针、政策、法律法规，增强执法、守法的自觉性。金融工作者要严格按照有关规定办事，做到不贪污受贿，不越权贷款，更不允许挪用或冒领用户存款。金融工作者要坚决杜绝一切有法不依、有章不循、随意"变通"的违规行为，努力使自己成为遵纪守法的模范。金融工作者要坚持秉公办事，以维护国家、人民利益为最高原则，做到办理业务、处理问题公正无私。

第二，清正廉洁，不谋私利。金融行业掌握着一定的权力，金融工作者每天与金钱接触，时时受到金钱的诱惑。在这种环境下，能否保持清醒的头脑，保持清正廉洁就显得格外重要，稍有放松，就会给国家造成巨大损失，自己也将受到法律的制裁。因此，清正廉洁，不谋私利就成为金融工作者头脑中的第一道防线。为了使这道防线不被冲垮，就要求金融工作者充分认识清正廉洁的重要意义，提高自我约束、自我控制的能力，时刻保持清醒的头脑，彻底摒弃"金钱万能"和"金钱至上"等拜金主义、利己主义价值观，自觉抵制各种不正之风的侵蚀，爱惜自己作为金融管理人员的身份，爱惜自己的品格和荣誉，当一名真正的金融战线的"卫士"。

第三，提高对金融安全重要性的认识，增强保密意识。这是对金融工作者的特殊要求。各类金融机构集中收付，保管着大量的货币，国家重要经济、金融的机密情况都能够通过各类金融机构得以反映出来。金融机构一旦出现重大问题，将使国家的经济发展及人民群众生活遭受巨大损失，甚至影响社会的稳定。因此，金融工作者必须严格现金管理制度，严守操作规程，严格执行保密原则，勇敢捍卫金融机构安全，加强自身职业道德修养。这既是广大金融工作者的特殊职能，也是必须承担的法律责任。

总之，热爱本职、尽职尽责，遵纪守法，严守秘密，是金融道德规范的重要内容，也是金融工作者义不容辞的道德责任。上述要求又必须通过金融工作者职业道德素质的提高来体现。金融工作者要在工作中严格要求自己，锤炼自己的品格，陶冶自己的情操，不断培养良好的道德品质。

二、金融的分类

（一）直接金融与间接金融

金融可以按照不同标准进行分类，如按照金融活动是否通过媒介体划分，金融可分为直接金融和间接金融。直接金融是指资金供求双方直接进行融资。在直接金融市场上，筹资者发行债务凭证或所有权凭证，投资者出资购买这些凭证，资金就从投资者手中直接转到筹资者手中，而不需要通过信用中介机构。间接金融是指以银行等金融机构作为信用中介进行融资。在间接金融市场上，是由资金供给者首先把资金以存款等形式借给银行等金融机构，两者之间形成债权债务关系；再由银行等金融机构把资金提供给需求者，银行等金融机构与需求者形成债权债务关系，通过信用中介的传递，资金供给者的资金间接地转到资金需求者手中（见图1-1）。

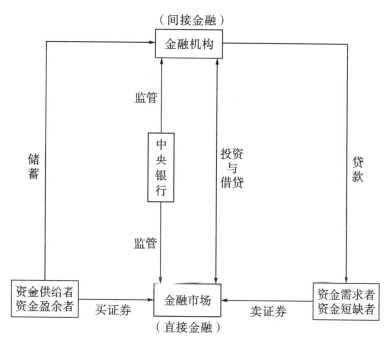

图 1-1　直接金融和间接金融

（二）宏观金融与微观金融

按照金融活动的运行机制划分，金融可分为微观金融和宏观金融。微观金融是指金融市场的主体（工商企业、政府、金融中介机构和个人）的投资融资行为及其金融市场价格的决定等微观层次的金融活动。宏观金融是指金融体系各构成部分作为整体的行为及其相互影响以及金融与经济的相互作用，包括货币供求、物价变动、货币政策和财政政策以及国际收支等。

（三）政策性金融、商业性金融与合作性金融

按照金融活动的目的划分，金融可分为政策性金融、商业性金融和合作性金融。政策性金融是政府为实施一定的社会经济政策或意图，设立专门的金融机构，在特定的领域内直接或间接从事的政策性融资活动。其主要特点是不以营利为目的。商业性金融是金融企业按照市场经济原则以商业利益为经营目标的金融活动。其以利润最大化为目的。商业银行、保险公司、证券公司和信托投资公司等的融资活动都是商业性金融。合作性金融是互助合作组织在成员之间进行的金融活动。其不以营利为目的，主要是为了解决成员的融资需求。

（四）官方金融与民间金融

按照金融活动是否接受政府监管划分，金融可分为官方金融和民间金融。官方金融又称正规金融，是由政府批准的金融活动，是属于正式金融体制范围内的，即纳入我国金融

监管机关管理的金融活动。民间金融是与官方金融相对而言的，民间金融主要是指在我国银行保险系统、证券市场、农村信用社以外的经济主体从事的融资活动，属于非正规金融范畴。其主要包括民间借贷、民间集资、地下钱庄等。因为这些民间金融行为往往是非法存在的，所以常被称为"地下金融"。

（五）国内金融与国际金融

按照金融活动的地理范围划分，金融可分为国内金融和国际金融。国内金融是由一国的资金供求双方直接或间接进行的融资活动。其参与者都是本国的政府、金融机构、企业和个人，运作的对象是本国货币。国际金融是跨越国界的货币流通和资金融通活动。其参与者为不同国家的政府、金融机构、企业、个人和国际金融机构，运作的对象既可以是本国货币，也可以是外币。

（六）政府金融、公司金融与个人金融

按照金融活动的主体划分，金融可分为政府金融、公司金融与个人金融。政府是金融市场上的重要主体，一方面政府是资金的需求者，通过发行国债筹集资金；另一方面政府又是市场的协调者，通过货币政策的制定和执行监管并控制金融市场上的系统性风险。公司在金融市场上主要是资金的需求者，可通过票据、向商业银行申请贷款等途径筹集资金，也可通过发行股票或债券在资本市场上筹集长期资金。随着经济的发展及人民生活水平的提高，个人金融在金融市场上的主体性逐年增加，投资理财业务日益成为民众关心的话题，金融市场为个人投资者带来越来越多的选择，增加投资收益的同时也带来了不同程度的金融风险。

第二节　货币和货币制度的演变

一、货币的产生与发展

（一）货币的产生

货币不是人类社会一开始就有的，是商品生产和商品交换发展到一定阶段的必然产物。在商品交换中，人们必须衡量商品的价值，而商品价值的实体——人类的一般劳动耗费看不见也摸不到，只能通过交换表现在另一种商品上。这种价值表现形式随着商品交换的不断发展而演变，货币也应运而生。这一过程大致经历了几个发展阶段：第一，简单或偶然的价值形式，如1只羊＝1担稻谷。第二，扩大的价值形式，如1只羊＝1担稻谷＝2千克茶叶＝20尺棉布。第三，货币价值形式，如1只羊＝1担稻谷＝2千克茶叶＝20尺棉布＝1克黄金。

可见，货币是商品经济发展的必然产物，它源于商品，并伴随着商品经济的发展而自

发的产生。货币产生以后，以物易物的直接交换就转变成以货币为媒介的商品流通，从而大大地促进了商品经济的发展。

（二）货币的发展

1. 实物货币

早期的实物货币一般都是由普通的、大家乐意接受的商品来充当，它本身既作为商品，同时又作为货币充当媒介。历史上，贝壳、丝绸、牲畜都充当过货币。这些实物基本上保持原来的自然形态，其典型特征是能代表财富，是普通的供求对象，但体积大、不易分割、不易携带、缺乏统一的价值衡量标准，不是理想的货币材料。

2. 金属货币

随着经济的发展，实物货币发展到它的高级阶段——金属货币阶段。金属货币是指以金、银、铜、铁作为货币材料的货币。金属货币经历了从贱金属到贵金属，从金属称量制到金属铸币制的发展过程。其中，以黄金、白银作为货币，几乎是所有国家共同的历史。这主要是因为黄金和白银币值稳定、价值较高、易于分割、便于保存和携带。金属货币虽有很多优点，但缺点也随着商品流通的不断扩大而日渐暴露出来，即鉴别成色和称量麻烦；携带运输成本高且有相当风险；因磨损而减轻分量，使铸币面值与实际价值不相符；等等。于是，金属货币逐渐被其他货币形式所取代。

3. 信用货币

信用货币是以信用为保证，通过一定信用程序发行的，独立行使货币职能的现代货币形态。信用货币不以任何贵金属为基础，不能与贵金属相兑换，其后盾是国家权力，依存的是信用关系。目前世界各国都采用这一货币形态。例如，现金，即通常说的钞票，包括纸币和金属辅币。在日常经济生活中，现金主要服务于居民个人用于消费品购置、支付工资等，同时也用于企业单位的小额零星购置与支付。银行存款也是信用货币的主要组成部分。在日常经济生活中，存款货币主要服务于企业单位之间的经济往来以及税款上缴、财政经费下拨、银行贷款的发放与收回等活动。银行存款的种类很多，并且随着信用关系的发展，其应用范围也越来越广，居民个人的日常货币收付也越来越多地采用存款货币形式。因此，银行存款在信用货币中所占的比重越来越高。

4. 电子货币

电子货币是指用电子计算机系统存储和处理的存款，表现为各种各样的价值贮藏卡。例如，目前应用最为广泛的信用卡等，其显著特征是货币形态无纸化。在日常生活中，人们购买商品、享受服务或进行支付时，只需在银行安装的终端机上刷卡，电子计算机便会自动将交易金额分别记入收付双方的银行账户，体现出货币流通网络化的特征，但是没有网络的地区、地点和部门无法实现电子货币的流通。电子货币具有转移迅速，相对安全和节约费用的优点，目前呈现出蓬勃发展的势头。

二、货币制度的演变

（一）货币制度的形成及内容

1. 货币制度的形成

货币制度简称币制，是一个国家以法律形式确定的该国货币流通的结构、体系与组织形式。换句话说，货币制度是国家为保障货币流通的正常进行而制定的货币和货币运动的准则与规范。

2. 货币制度的内容

（1）货币材料。货币材料是确定用何种材料充当货币。确定的货币材料不同，就有不同的货币制度。例如，以白银作为货币材料就是银本位制，以黄金作为货币材料就是金本位制，以纸币作为货币材料就是纸币本位制等。"本位"是货币制度的一个术语，源于国家规定何种币材作为法偿货币。

（2）货币单位（价格标准）。货币材料确定后，就要进一步确立货币单位，包括规定货币单位的名称和单位货币价值量，如在金属本位制下，要确定单位货币包含的货币金属重量。例如，英国的货币单位为"英镑"（pound sterling）货币符号"£"。1816年5月，美国的金币本位制法案规定，1英镑含成色11/12的黄金123.744 7格令，合7.97克。美国的货币单位是"美元"（US dollar）货币符号"$"。根据美国1934年1月的法令规定。1美元含金量为0.888 867 1克。在我国历史上，1914年，北洋政府颁布的《国币条例》规定货币单位为"圆"，1圆含纯银0.648两，合23.977克。

（3）本位币和辅币的铸造、发行与流通程序。本位币是国家法律规定的标准货币。在金属货币制度条件下，本位币亦称"主币"，是一国计价、结算唯一合法的货币单位。金属本位币是用一定货币金属按照国家规定的货币单位铸造的铸币。起初，铸币在民间铸造，其信誉和流通范围受到一定限制，后来逐步改由国家铸造，因为拥有政府权力的国家最具权威，国家铸造一定形状、一定重量和成色，并打上印记的货币，能够起到稳定价值尺度、统一流通手段的作用。

金属本位币在流通上具有三大特征：其一，自由铸造，即每个公民都有权把货币金属送到造币厂铸成本位币。其二，无限法偿，即国家规定本位币拥有无限制的支付能力，不论每次支付的数量多么巨大，如果用本位币支付偿债，商品出卖者和债权人都不能拒绝接受或要求改用其他货币。其三，规定磨损公差。由于技术原因，有时会出现铸币的实际重量与法定标准不符或在流通中因逐渐磨损而使重量减轻。为了避免因此而导致的本位币贬值，货币制度规定了每枚铸币实际重量不足法定重量的限度，称为磨损公差，超过磨损公差的铸币不能流通使用。

辅币是本位币以下的小额通货，供日常交易和找零之用。其流通特点恰恰与本位币相反：其一，限制铸造。由于辅币通常由贱金属铸造，其名义价值往往高于实际价值，因此辅币仅限于国家垄断铸造。其二，有限法偿，即法律规定辅币在一次支付中具有最高限额，超过限额，受款人和债权人有权拒收。

随着经济的发展，金属货币远不能适应生产和流通扩大的需要，于是出现了信用货币价值符号的流通。在当代不兑现的信用货币制度下，国家授权中央银行集中货币（纸币）发行，并授予这类价值符号无限法偿的能力。

（4）黄金准备制度。黄金准备制度是指一国货币发行的物质基础。从历史上看，黄金准备制度长期以来一直是准备制度的主要内容。黄金准备制度是指国家集中储备黄金，作为稳定货币和汇率的平准基金以及发行货币的准备金。

黄金准备的用途有作为国际支付的准备金，作为调节国内金属货币流通的准备金，作为支付存款和兑换银行券的准备金。

在目前贵金属货币停止流通的条件下，货币金属准备的第二个用途、第三个用途已经消失，只有第一个用途依然存在，因为黄金仍然是国际支付和结算的最后手段。

目前，世界各国建立了以特定自由兑换的外汇，如美元、欧元、日元，还有这些货币的债权等作为准备金的制度，以便用于国际支付结算。需要指出的是，在现代信用货币制度下，保障货币发行和流通正常的准备制度的主要内容已经不再是黄金和外汇，而是国内的商品保有量和未来的产出量。商品的价值总量是发行和流通信用货币的最重要和最主要依据之一。外汇和黄金只是用于国际支付，起着保持本国货币对外兑换比率稳定的平准基金作用。

（5）规定货币的对外关系。规定货币的对外关系是指规定本国法定货币同外国货币是自由兑换货币，还是不自由兑换货币，即管制货币。货币的对外关系是由一国的政治、经济、文化和历史传统等诸多因素决定的。

（二）货币制度的类型

纵观世界各国货币制度的演变过程，大体上经历了银本位制、金银复本位制、金本位制、纸币本位制几种类型（见图1-2）。

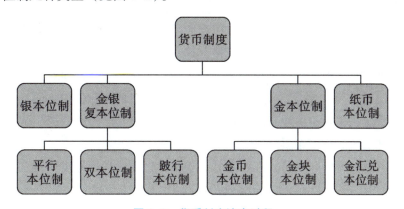

图1-2 货币制度演变过程

1. 银本位制

银本位制是以白银作为本位币的一种货币制度。其基本内容是：本位币的币材是白银，银币可以自由铸造、自由熔化，银行券可以自由兑换成银币，白银与银币可以自由输入输出，银币具有无限法偿能力。

银本位制是历史上最早的货币制度，16世纪以后开始盛行，如墨西哥、日本、印度等国都实行过银本位制。银本位制分银两本位制和银币本位制。我国自宋代开始银铜并行，直至1910年4月清政府颁布了《币制则例》，正式确定我国实行银本位制。而我国银本位制的健全则是在1933年，国民政府宣布"废两改元"，公布《银本位铸造条例》，但1935年11月又宣布实行"法币改革"，废止了银本位制。

2. 金银复本位制

金银复本位制是指同时以金、银两种金属作为本位货币的货币制度。其基本内容是：金、银两种金属同时作为币材；金币和银币都可以自由铸造、自由熔化，自由输入输出；金币和银币都具有无限法偿能力。实行金银复本位制，必须确定金币和银币的比价。按比价的确定方式不同，金银复本位制又分为以下三种：

（1）平行本位制。平行本位制是指金币和银币间的比价由金银本身的市场价值决定。例如，英国1663年铸造的金币"基尼"与银币"先令"并用，两种通货按金银的市场实际价值比价流通。

（2）双本位制。双本位制是指金币和银币间的比价由国家及货币管理当局规定。例如，美国在1792年规定，金币与银币的法定比价是1：15。

（3）跛行本位制。这是从复本位制向金本位制过渡时出现的一种特殊的货币制度。由于法定使用银币向金币过渡中，先是银币多、金币少，后是金币多、银币少，类似跛行者的一足短、一足长的现象。

金银复本位制在理论和实践上都存在重大缺陷。从理论上看，货币是市场上价值衡量的准绳，具有排他性和独占性，一个市场只能有一个价值尺度，市场上也只认一个衡量权威。复本位制的双重标准，必然在实践中引起商品流通的混乱。当金币和银币都按照其本身所含的价值流通时，商品就出现两种价格，这两种价格又会随着金银本身的市场价格变化而变化。如果由官方硬性规定金与银的法定比价（双本位制），随着金银本身比价变化会出现"劣币驱逐良币"现象，又称"格雷欣法则"。两种实际价值不同而法定价值固定的通货同时流通时，实际价值较高的通货（良币），会被人们收藏，退出流通；而实际价值较低的通货（劣币）则会充斥市场，最终将良币完全逐出市场。

任何社会形态的产生和发展，都要求有一个相对稳定的货币制度。英国率先从复本位制过渡到金本位制，其后欧洲诸国相继效仿，到19世纪末，世界主要工业化国家都实行了金本位制。

3. 金本位制

金本位制是指以黄金为本位币的货币制度。其具体形式先后经历了金币本位制、金块本位制和金汇兑本位制。

（1）金币本位制。金币本位制又称金铸币本位制。是典型的金本位制，其基本内容是：黄金是本位币的币材，金币可以自由铸造、自由熔化，黄金和金币可以自由输入输出，银行券可以自由兑换成金币，金币具有无限法偿能力。

上述特征决定了金币本位制是独具稳定性的货币制度。这种稳定性突出的表现在自发调节货币流通量、通货的币值对黄金的不贬值、外汇市场的相对稳定等方面。

英国是最早实行金币本位制的国家，于 1816 年宣布实行，从 1819 年正式实施。其后，19 世纪 70 年代先后有德国、丹麦、瑞典、挪威、法国等欧洲工业化国家相继由金银复本位制过渡到金币本位制。到 20 世纪初，世界各国已经广泛实行金币本位制。

金币本位制这一稳定的货币制度，极大地推动了资本主义经济的发展。人们把金币本位制下的金币流通称为"货币的黄金时代"。第一次世界大战以后，由于各资本主义国家经济发展不平衡与黄金存量不平衡的加剧，英国、法国等国家的黄金存量减少，资本主义国家要恢复第一次世界大战前那种典型的金本位制已经不可能了，于是建立了变相的金本位制，即金块本位制和金汇兑本位制。

（2）金块本位制。金块本位制又称生金本位制，是指国内不铸造、不流通金币，而流通代表一定重量黄金的纸币，黄金由国家集中储存，纸币可以按照一定条件向中央银行兑换成金块。其特点是：纸币单位规定含金量，在一定数额、一定用途内兑换黄金。例如，英国于 1925 年规定，1 700 英镑（合 400 盎司纯金）以上才能兑换黄金；法国于 1928 年规定兑换黄金的最低限额为 21 500 法郎。其间实行金块本位制的国家还有荷兰、比利时等国。

（3）金汇兑本位制。金汇兑本位制又称虚金本位制，是实行纸币流通，但只准以外汇间接兑换黄金的货币制度。其特点是：货币规定单位含金量，但不能直接兑换黄金，只能兑换外汇，以外汇间接兑换黄金；中央银行将黄金外汇存于另一个实行金本位制的国家，规定本国货币与该国货币的法定比率；以固定价买卖外汇，稳定币值和汇率。

实行金汇兑本位制的国家，实际上是使本国货币依附于经济实力雄厚的外国货币，如英镑、美元等，但会在经济上和货币政策上受这些国家的左右乃至控制。

资本主义周期性危机，特别是 1929—1933 年的世界经济危机，使资本主义经济遭受重创。严重的经济危机冲击了货币制度，各国纷纷放弃金本位制，转而实行不兑现的信用货币制度。

4. 纸币本位制

纸币本位制是指以纸币为本位币的货币制度，属于不兑现和信用货币制度。纸币是由国家强制发行和流通的、不兑换金银的货币符号。纸币本位制取代金属货币本位制，是货币制度演进的质的飞跃，突破了商品形态的桎梏，而以本身没有价值的信用货币作为流通中的一般等价物。不兑现的信用货币制度有以下特点：

（1）流通中的货币都是信用货币，金银不再作为货币进入流通。

（2）信用货币由中央银行垄断发行，并由国家法律赋予无限法偿能力。

（3）信用货币的发行量不受黄金准备的限制，而取决于货币管理当局实施货币政策的需要。

（4）信用货币都是通过银行信用程序投入到流通领域的，通过银行信用的扩张或收缩可以调节货币流通量。

（5）中央银行对货币流通的调节日益成为国家对宏观经济调控的一个重要手段。

不兑现的信用货币制度仅有很短的历史，这种货币制度创造了货币对经济调节的"弹性"作用，适应商品生产和交换的发展，显示出较为优越的特性，成为当今世界各国普遍采用的货币制度。但是其核心内容是币值稳定，促进经济增长。而纸币币值稳定与否主要取决于银行的信用、社会资源的保证程度以及社会公众的信心。

第三节　货币的本质、职能与衡量

一、货币的本质

在日常生活中，我们几乎天天都要和钱打交道。中国的钱叫"人民币"，美国的钱叫"美元"，日本的钱叫"日元"，英国的钱叫"英镑"，大多数欧盟国家的钱叫"欧元"，看来这个世界上的每个国家都有自己的货币。货币的本质到底是什么呢？我们可以从三方面来理解。

（一）货币是商品

早期的实物货币一般都是由普通的、大家乐意接受的商品来充当，其本身既作为商品，同时又作为货币充当媒介。从货币的发展史来看，牲畜、贝壳等都充当过货币。在中国的殷商到西周时期（约公元前 1562 年至公元前 771 年）就用贝壳作为货币。中国古代的铸币曾铸成刀、铲、斧、环等形状，说明在古代的交换中也有农具充当过货币。

（二）货币是特殊商品

货币是固定充当一般等价物的特殊商品。这种特殊商品有以下两个显著特征：

第一，它是衡量和表现一切商品价值的材料，通过货币"标价"，表明各个商品含有价值及价值量的大小。但是货币能表现一切商品的价值，那么其自身的价值，即币值又是什么呢？在黄金货币本位制下，货币的币值，即黄金本身的价值；在现代信用货币制度（纸币制度）下，货币的价值是由货币的购买力来表现的。

第二，它可以购买任何商品，货币具有同一切其他商品直接交换的权利，其地位是独特的。货币是价值的直接体现者，是社会财富的代表，是一切购买力的代表，因此货币成为每个商品生产者追求的对象。

（三）货币体现了一定的社会生产关系

在商品货币关系中，具体劳动、个别劳动向抽象劳动、社会劳动的转化，或者说凝结于商品价值中的私人劳动，能否为社会所承认，取决于能否换回货币（卖出去）和换回多少货币（卖什么价格）。这一切是在市场竞争中进行的。货币像一只看不见的手，自发地核算着商品生产者的劳动。商品生产者的投入成本和产出效益是盈是亏，是通过货币显示出来的。货币在核算社会劳动的同时，还具有调节资源配置的作用。

因此，货币作为社会公认的一般等价物，集中体现了社会生产关系，即人们之间的经济利益关系。

二、货币的职能

货币作为一般等价物，在现代经济中具有以下五项职能。

（一）价值尺度

价值尺度是指货币具有表现商品和劳务的价值，并能衡量其价值量大小的功能，即货币在衡量并表示商品价值量的大小时，执行价值尺度职能。商品的价值用货币表现出来后，即成为商品的价格，所以说价格是商品价值的货币表现。由于各种商品的价值量不同，表现为货币的数量和价格的高低也不同。例如，1辆自行车的价格是500元，1辆小汽车的价格是15万元。作为价值尺度的货币只是观念形态，不需要现实的货币。

（二）流通手段

流通手段是指货币在商品交换中充当交易媒介的功能，即货币在商品交换中起媒介作用，执行流通手段职能。货币出现后，商品交换不再是物与物的直接交换，而是商品所有者先把商品换成货币，即"卖出"，然后再用货币换取所需商品，即"买进"。这种以货币为媒介的商品交换，即商品流通。货币充当商品交换的媒介，执行流通手段的职能，降低了买卖的难度，缩短了交易时间，节省了交易成本，大大提高了交换的效率，并确保了商品流通的链条连续运转。与货币的价值尺度职能不同的是，充当流通手段的货币不能是观念上的货币，而必须是现实的货币。当然由于货币只是交换的手段，不是目的，因此这里所说的现实的货币不需要有足值的货币本体，可以用货币符号来代替，如实际价值低于名义价值的不足值的铸币、用纸印制的钞票等。

（三）贮藏手段

当货币暂时退出流通，被人们当成社会财富保存起来时，货币就执行了贮藏手段职能。在金属货币流通的条件下，贮藏金银是积蓄和保存价值的典型形式，其作用显而易见，即调节流通中的货币量。当流通中需要的货币减少时，多余的金属货币就会退出流通领域被贮藏起来；反之，当流通中需要的货币较多时，贮藏的金属货币又会重新进入流通领域以满足商品流通的需要。如果说贮藏货币是"蓄水池"，那么贮藏手段就是"排水沟"和"引水渠"。在现代信用货币流通的条件下，人们除了以金银及其他资产，如房产、珠宝等贮藏价值外，更为普遍的还是采用银行存款的形式。对价值储藏者来说，只要不发生通货膨胀，币值稳定，信用货币的贮藏同样具有积蓄和储存价值的意义，但从全社会来看，这并不意味着有相应数量的货币退出流通，因为银行等机构可以通过贷款等方式将其重新投入流通领域，而不像金属货币贮藏那样退出流通，暂时处于静止状态。因此，在信用货币流通的条件下，需要货币管理当局加以调控，方能实现货币流通的稳定。

（四）支付手段

支付手段是指货币作为价值的独立形态进行单方面的转移时，用以清偿债务或进行付款的功能。货币支付手段的职能最初是由商品赊销引起的。商品的买方在偿还赊销款项时，货币已经不是作为商品交易的媒介，而是作为价值的独立形态单方面转移到卖方。随着商品交换及信用关系的发展，货币支付手段职能的领域不断扩大，除了货币借贷及商品流通领域之外，缴纳税赋、交付租金、支付工资等，都是货币在执行支付手段的职能。

执行支付手段职能的货币与执行流通手段职能的货币一样，都是现实的货币，流通中的每一枚货币，常常是交替执行这两种职能。因此，流通中需要的货币数量不仅取决于商品价格总额，即执行流通手段职能所需要的货币数量，同时还受货币执行支付手段职能的影响。

（五）世界货币

随着国际贸易及其他对外经济往来的发展，货币超越国界在国际市场上发挥一般等价物的作用，执行价值尺度、流通手段、支付手段、贮藏手段职能时，货币便成为世界货币。

三、货币层次划分

随着货币与经济关系日益密切，客观上要求政府对现金的发行及信用的扩张加以控制，使货币的供给适应经济发展的需要，避免产生经济的波动和危机。因此，货币供应量的概念及对货币供应量层次的划分也就应运而生了。

我国对货币层次的研究起步较晚，但发展迅速。划分货币层次必须按照以下原则：划分货币层次应把金融资产的流动性作为基本标准；划分货币层次要考虑中央银行宏观调控的要求，应把列入中央银行账户的存款同专业银行的存款区别开来；划分货币层次要能反映出经济情况的变化，考虑货币层次与商品层次的对应关系，并在操作和运用上有可行性；划分货币层次宜粗不宜细。

（一）以货币职能作为标准划分

现金货币、存款货币和各种有价证券均属于货币范畴，随时都可以转化为现实的购买力，但不等于现金，存款货币、有价证券的流动性相同，货币性一样。比如现金和活期存款是直接的购买手段和支付手段，随时可以形成现实的购买力，货币性或流动性最强。而储蓄存款一般要转化为现金才能用于购买，定期存款到期方能用于支付，如要提前支付，还要蒙受一定损失，因而流动性较差。票据、债券、股票等有价证券要转化为现实购买力，必须在金融市场出售之后还原为现金或活期存款。

由于上述各种货币转化为现实购买力的能力不同，从而对商品流通和经济活动的影响有区别。因此，有必要把这些货币形式进行科学地分类，以便中央银行分层次区别对待，提高宏观调控的计划性和科学性。

货币按购买力的性质划分如下：

M0 = 现金。

M1 = M0+活期储蓄+机关团体活期存款。

M2 = M1+定期储蓄。

M3 = M2+企业活期存款+专用基金存款+基本建设存款。

M4 = M3+财政存款+企业定期存款+国库券。

（二）以资产与国民经济之间的关系作为标准划分

货币供应量（或货币供给）是指在一定时点上由政府和存款机构之外的经济主体拥有的货币总量。在货币供应量的构成方面，大多数经济学家认为货币应包括那些在商品交易及债务支付中作为交易媒介和支付手段而被普遍接受的东西，他们把货币定义为流通中的现金和支票存款，这就是狭义货币 M1。有些经济学家认为金融机构的储蓄存款及其他短期流动资产是潜在的购买力，很容易变成现金，因此主张以流动性为标准，划分更为广义的货币概念层次，从而形成广义的货币供应量指标 M2、M3、M4 等。这种观点已经被大多数西方国家的政府接受，各国的中央银行都用多层次或多口径的方法来计算和定期公布货币供应量。

货币从供给管理的角度划分如下：

M0 = 流通中的现金。

M1 = M0+专业银行的各项存款。

M2 = M1+财政金库存款+基建存款+机关团体存款+邮政储蓄存款。

（3）以资产流动性作为标准划分

货币按金融资产的流动性划分如下：

M0 = 现金。

M1 = M0+企业活期存款+机关团体部队存款+农村存款+个人持有的信用卡类存款。

M2 = M1+城乡居民储蓄存款+企业存款中具有定期性质的存款+信托类存款+其他存款。

M3 = M2+金融债券+商业票据+大额可转让定期存单等。

其中，M1 是通常所说的狭义货币的供应量，M2 是广义货币的供应量，M2-M1 是准货币，M3 是考虑到金融不断创新的现状而增设的。

本章小结

金融机构的种类众多，各不相同的金融机构构成金融机构体系。按照不同的标准，金融可以划分为不同的种类。按照业务性质和功能不同，金融可分为政策性金融、商业性金融和合作性金融。在我国金融机构体系中，银行业一直占据着主要地位，商业银行是我国金融业的主体，以银行信贷为主的间接融资在社会总融资中占主导地位。随着直接金融比重的日益增加，建设一个稳健而富有活力的金融体系对于我国具有重要意义。

货币产生后，许多学者从理论上对货币进行论述。从币材演变的角度看，货币形式经历了从商品货币到信用货币的演变过程。推动货币形式演变的真正动力是商品生产、商品交换的发展对货币产生了更高的要求，不仅货币的数量要能够伴随着不断增长的商品数量而保持同步的增长，而且还要使得交换更加便利、安全和快速。正是适应这种需求，货币对自身的外在形式进行不断地扬弃，从低级逐渐走向高级。

货币制度是指国家对货币的有关要素、货币流通的组织和管理等进行的一系列的规定。国家制定货币制度的目的是保证货币及货币流通的稳定，为经济的正常运行提供一个稳定的货币环境。较为规范、完善的国家货币制度是在 16 世纪以后逐步建立起来的。沿着历史的脉络看，国家货币制度的类型大致经历了银本位制、金银复本位制、金本位制和不兑现的信用货币制度。

本章的学习重点为理解金融的本质，掌握金融市场的基本含义，认识金融职业的含义和特点，明确金融职业的道德要求，掌握金融市场的构成要素，掌握金融市场的种类，区分直接融资和间接融资，区分宏观金融与微观金融，区分政策性金融、商业性金融与合作性金融，区分官方金融与民间金融，理解金融市场的功能，了解货币的起源，了解货币形式的演变历史，理解货币的职能，了解货币制度的基本构成及国家货币制度的演变，掌握人民币制度的主要内容，理解以不同标准划分货币层次的意义。

本章的学习难点在于领会基本理论的同时，对现实的金融问题进行一定的分析；明确我国各类金融机构的性质和职能；熟悉金融体系的概念、构成要素以及功能；掌握常见的金融工具，能为企业融资方式的选择出谋划策；具备分析金融一般问题的能力；养成初步识别金融机构的职业素养；培养结合我国金融现状分析和发展经济的职业素养。

关键概念

1. 直接金融　2. 间接金融　3. 政策性金融　4. 信用货币　5. 银本位制
6. 金银复本位制　7. 金本位制　8. 价值尺度　9. 货币层次　10. 流动性

思考题

1. 金融的构成是怎样的?

2. 甲企业因购买了乙企业价值300万元的设备,成为乙企业的债务人;乙企业向甲企业购买了200万元的服装,成为甲企业的债务人。在清理债权债务时,总值500万元的商品交易,双方的债权债务部分抵消以后,最后由甲企业向乙企业支付100万元的货币了结。这项交易体现了货币的什么职能和作用?应注意什么问题?

3. 请解释物物交易及其局限性,并举例说明物物交易为什么一般存在于落后的传统社会。

4. 请阐述货币的职能,并就货币的每一个职能举例予以说明。

5. 在不兑现信用货币制度下,货币有哪些特点?

6. 说明人民币制度的基本内容。

练习题

一、单项选择题

1. 被看成我国最早的货币的是(   )。

    A. 兽皮   B. 贝壳   C. 牲畜   D. 粮食

2. 下列选项中,属于足值货币的是(   )。

    A. 纸币   B. 银行券   C. 金属货币   D. 电子货币

3. 实物货币与金属货币都属于(   )。

    A. 不定值货币   B. 商品货币   C. 信用货币   D. 电子货币

4. 迄今为止,货币的主要存在形式是(   )。

    A. 实物货币   B. 金属货币   C. 商品货币   D. 信用货币

5. 在电子技术迅速发展的情况下,货币的主要形态呈现为(   )。

    A. 不兑现信用货币   B. 存款货币

    C. 银行信用卡   D. 电子货币

6. 推动货币形式演变的真正动力是(   )。

    A. 国家对货币形式的强制性要求

B. 发达国家的引领

C. 经济学家的设计

D. 商品生产、交换的发展对货币产生的需求

7. 货币作为计价单位，是指用货币计量商品和劳务的（　　）。

    A. 价格   B. 价值   C. 单位   D. 数量

8. 货币用来为商品标明价格时，执行（　　）。

    A. 计价单位职能   B. 交易媒介职能

    C. 财富贮藏职能   D. 支付手段职能

9. 在商品流通中，起媒介作用的货币被称为（　　）。

    A. 交易媒介   B. 交换媒介   C. 支付媒介   D. 流通媒介

10. 以货币形式贮藏财富的最大缺点是（　　）。

    A. 收益较高   B. 风险较高   C. 使用不方便   D. 收益较低

11. 货币作为补足交换的一个独立环节时发挥的是（　　）。

    A. 计价单位职能   B. 交易媒介职能

    C. 支付手段职能   D. 财富贮藏职能

12. 在借贷、财政收支等活动中，货币执行（　　）。

    A. 计价单位职能   B. 交易媒介职能

    C. 支付手段职能   D. 财富贮藏职能

13. 金属货币制度不包括（　　）。

    A. 不兑现的信用货币制度   B. 金本位制

    C. 银本位制   D. 金银复本位

14. 金银复本位的典型形态是（　　）。

    A. 双本位制   B. 金币本位制

    C. 银本位制   D. 金本位制

15. 在（　　）货币制度下，已经不再铸造金币，市场上流通的都是银行券。

    A. 金本位制   B. 金块本位制

    C. 虚金本位制   D. 金汇兑本位制

16. 金本位制的典型形态是（　　）。

    A. 金币本位制   B. 金块本位制

    C. 金汇兑本位制   D. 金条本位制

17. 下列选项中，（　　）不是货币的职能。

    A. 交易媒介   B. 对易货贸易的支持

    C. 价值尺度   D. 记账单位

18. 中国农业发展银行属于（　　）。

  A. 国有专业银行   B. 国有商业银行

  C. 国有投资银行   D. 国有政策性银行

19. 下列选项中，（　　）是典型的互助性组织。

  A. 信用社   B. 股份有限公司

  C. 商业银行   D. 中央银行

20. 货币的形态经历的阶段依次是（　　）。

  A. 实物货币→信用货币→代用货币   B. 实物货币→代用货币→信用货币

  C. 信用货币→金属货币→代用货币   D. 金属货币→代用货币→信用货币

21. 货币可以以观念形态执行的职能是（　　）。

  A. 价值尺度   B. 流通手段   C. 贮藏手段   D. 支付手段

22. 在财政的收支、银行吸收存款和发放贷款中，货币执行（　　）职能。

  A. 价值尺度   B. 流通手段   C. 贮藏手段   D. 支付手段

23. 货币层次中的 M0 是指（　　）。

  A. 居民手持现金   B. 流通中的现金   C. 储蓄存款   D. 狭义货币

24. 货币层次的划分国际上一般以货币的（　　）作为主要依据。

  A. 安全性   B. 稳定性   C. 流动性   D. 变现性

二、多项选择题

1. 下列选项中，属于非银行金融机构的是（　　）。

  A. 中央银行   B. 保险公司

  C. 证券公司   D. 信托投资公司

  E. 邮政储蓄

2. 我国的商业银行体系是由（　　）机构组成的。

  A. 国有或国有控股的商业银行   B. 股份制商业银行

  C. 城市商业银行   D. 外资商业银行

  E. 农村信用社

3. 我国现有政策性银行包括（　　）。

  A. 中国农业银行   B. 中国农业发展银行

  C. 国家开发银行   D. 中国进出口银行

  E. 中国银行

4. 货币最基本的职能包括（　　）。

  A. 价值尺度   B. 流通手段   C. 贮藏手段   D. 支付手段

5. 我国流通中使用的法定货币是人民币，其具体形态有（　　）。

    A. 现金　　　　　　B. 信用卡　　　　　C. 支票　　　　　　D. 银行存款

6. 下列关于人民币的说法中，正确的是（　　）。

    A. 人民币是一种货币符号　　　　　　B. 人民币是由国家强制发行的

    C. 人民币是一种信用货币　　　　　　D. 人民币是一种可以兑现的货币

7. 中国人民银行定期公布的货币层次是（　　）。

    A. M0　　　　　　　B. M1　　　　　　　C. M2　　　　　　　D. M3

8. 目前国际收支和外汇市场交易中的主要货币是（　　）。

    A. 欧元　　　　　　B. 日元　　　　　　C. 美元　　　　　　D. 港币

（练习题参考答案）

（本章学习课件）

第二章　理解信用与计算利息

学习目标

知识目标

1. 掌握信用的不同含义，正确理解不同含义之间的关系
2. 掌握现代信用体系的构成
3. 掌握利息和利率的概念，了解利息的来源和本质，理解利息与收益资本化的关系
4. 掌握利率的两种计算方法，了解利率的主要分类标准及其主要的种类
5. 了解利率的决定因素，了解利率变化的经济、政治和制度等方面的影响因素，掌握我国利率的决定因素
6. 掌握利率的一般功能，了解利率在宏观经济活动和微观经济活动中的作用

能力目标

1. 能明白信用的含义，学会判断信用形式
2. 能认识商业信用在企业经营中的作用
3. 能认识银行信用在社会融资中的地位和作用
4. 能运用政府的融资形式学会债务管理和债券的投资
5. 能运用利息与利率的知识判断利率高低，选择投资融资方式
6. 能运用利息的计算方法进行投资和融资决策
7. 能运用利率的决定及其影响因素进行宏观经济分析

素养目标

1. 通过信用的学习，能养成诚实守信的品德
2. 通过利息方法的学习，能明白钱能生钱的道理，养成正确的理财观念

引导案例

[案例] 信用卡欠款0.6元 罚息竟超过9 000元

市民虞先生曾于2007年在常州读大学，当时通过学校统一办理了一张信用卡。上学时用信用卡透支了0.6元（2009年4月14日，虞先生最后一次使用信用卡透支了0.6元）。毕业后，虞先生前往外地工作，由于更换了手机号码，他一直未收到银行的催还通知，也一直没有想起来这笔欠款。

直到最近虞先生想要贷款买房，才发现自己的信用报告上已经有了逾期记录，当初0.6元的信用卡欠费，到2015年4月1日为止，逾期产生利息1 561.72元、滞纳金7 547.94元、超限费7.03元、年费150元、消费透支0.6元，合计9 267.2元。

虽然虞先生最后一次使用信用卡透支了0.6元，并不意味着他当时的账单只有0.6元，除了最后一次的消费外，在当期的账单日内，虞先生有可能还做了其他消费，但是由于他没有全额还款，就导致他无法享受免息期，需要从消费当天开始计收利息，而信用卡的利息是按日计息按月复利的，也就是说每个月都会把上个月没还款的本金、利息、滞纳金、年费等一起作为基数来计息，这就导致了6年后利息如此之高。

思政课堂

诚实守信，不逾越底线①

国家艺术基金资助项目、新编历史晋剧《日昇昌票号》里有这样的情节：当饥寒交迫的魏老太拿着被水浸过的汇票来兑银子，伙计难辨数额怎么办？日昇昌票号大掌柜雷履泰责人详查账目底簿，当机立断，兑！当伙计忽略差价少给客商兑了七两八钱银子怎么办？雷履泰斩钉截铁，补齐！正是靠着这种诚信精神，日昇昌票号实现了分号遍布全国几十个城市、商埠重镇，以"汇通天下"著称于世。

2022年1月27日，正在山西晋中考察调研的习近平总书记来到日昇昌票号博物馆，了解晋商文化和晋商精神的孕育、发展等情况，强调"要坚定文化自信，深入挖掘晋商文化内涵，更好弘扬中华优秀传统文化，更好服务经济社会发展和人民高品质生活"。这是对历史的深刻总结，也是对金融文化传承创新的明确要求。

---

① 资料来源：本报评论部. 诚实守信，不逾越底线 [N]. 人民日报，2024-02-08（05）.

推动金融高质量发展、建设金融强国，离不开文化的滋养浸润。在 2024 年 1 月 16 日省部级主要领导干部推动金融高质量发展专题研讨班开班式上，习近平总书记鲜明提出培育和弘扬中国特色金融文化这一重大课题，深刻阐明中国特色金融文化五个方面的实践要求。中国特色金融文化，既吸收了中华优秀传统文化精髓，又彰显了现代金融元素、金融理念、金融精神，是"两个结合"特别是"第二个结合"在金融领域的生动体现。其中，"诚实守信，不逾越底线"居于首位。推动我国金融高质量发展、建设金融强国，必须深入贯彻落实这一实践要求。

"信，国之宝也，民之所庇也。"中华优秀传统文化强调重信守诺，诚实守信是中华民族在长期社会活动中积累的道德观、经营观的重要体现。四川成都，交子金融博物馆，"千斯仓"钞版印样等展品，无声讲述着世界最早纸币"交子"的故事。北宋初年，成都已是内陆繁华的商贸中心，各地商旅云集于此。当时四川用铁钱，买一匹绢需要 90 斤到 100 斤的铁钱，携带不便。为破解"值轻量重"的难题，成都出现了经营铁钱保管业务的"交子铺"。存款人把铁钱交给铺了，铺了用楮纸印刷纸券作为支付凭证，上面清晰标注了用户存放的铁钱数量，供其异地兑现，这种楮纸券即为"交子"。以信用为依托，一张张薄薄的纸券，成为蜀地商贸业繁盛的重要支撑。从商鞅"徙木立信"，到季布"一诺千金"，再到"交子"以信兴商，对诚信的重视与追求，深深融入中国人的精神血脉。时代在变，但诚实守信始终是我们不变的价值追求。

金融行业以信用为基础，没有信用就没有金融。小到个人办理信用卡，大到企业获得融资授信，金融活动时时刻刻建立在信用之上。新时代以来，针对资金空转、套利等现象，国家开展市场乱象专项治理；扎实推动中小金融机构改革化险，加强金融机构公司治理；出台《金融控股公司监督管理试行办法》《系统重要性银行评估办法》《系统重要性保险公司评估办法》等文件，防范化解金融风险取得重要成果。截至 2023 年年底，我国银行机构通过全国一体化融资信用服务平台网络累计发放贷款 23.4 万亿元，信用在金融风险识别、监测、管理、处置等环节的基础作用得以发挥，让"诚实守信，不逾越底线"更加深入人心。积极培育中国特色金融文化，方能筑牢金融高质量发展的"诚信之基"。

积极培育中国特色金融文化，既要靠自律，也要靠他律。一方面，我国应在金融系统大力弘扬中华优秀传统文化，引导金融机构和从业人员恪守市场规则和职业操守，将诚实守信融入各项业务，自觉履行社会责任和服务承诺；要发扬铁算盘、铁账本、铁规章精神，始终不做假账，诚实经营，珍惜信誉，不逾越底线。另一方面，我国应加强社会信用体系建设，加快构建完备有效的金融监管体系，健全符合我国国情的金融法治体系。坚持法治和德治相结合，中国特色金融文化将为金融高质量发展提供更优质的软环境。

启示：习近平同志在浙江工作时，曾以百年老店胡庆余堂的故事阐释"坚守讲义守信的品行和操守"——"大堂内挂着的是'戒欺'的牌匾，告诫员工牢记诚信经营；大堂外挂的是'真不二价'的招牌，接受客户的评定监督"。对于金融行业而言，诚实守信更

是安身立命、不断发展的生命线。我国既加强现代金融机构和金融基础设施等"硬实力"建设，也促进价值观、行为规范等"软实力"提升，推动金融机构和从业人员将"诚实守信，不逾越底线"扎扎实实落实在本职岗位上、具体行动中，就一定能不断谱写金融高质量发展新篇章。

第一节　信用概述

信用，简言之，就是人们之间的一种社会交往的关系。从字面上理解，信即信任，用即措施或行动，合起来即可理解为建立在信任基础上的行为。信用是在商品货币关系的基础上产生的。随着信用的发展，经济活动中出现了各种信用形式，如商业信用、银行信用、国家信用、消费信用等。同时，在信用的发展过程中，逐渐产生了各种各样的信用工具，一方面人们可以用其来证明信用关系的存在；另一方面人们可以通过信用工具的流通转让，来实现债权债务关系的转移及资金的融通。本节主要内容包括信用的内涵，及其构成要素、信用的经济功能、现代经济中主要的信用形式和信用工具。

一、信用的内涵及构成要素

（一）信用的内涵

日常生活中经常讲到的"信用"一词，从不同角度有不同理解。经济学中的信用是指商品和货币的所有者（贷出者）把商品或货币的使用权暂时让渡给商品或货币的使用者（借入者），后者到期偿还并支付一定利息的价值运动形式。要准确把握信用的内涵必须从以下三个方面来理解：

1. 信用是一种特殊的价值运动形式

商品或货币的借贷不同于一般的商品买卖关系，也不同于货币价值的赠予。在商品买卖中，卖者在卖出具有一定使用价值的商品时，取得了与自己商品等值的价值；而买者在付出一定价值时，取得了自己所需要的具有某种使用价值的商品，从而实现了等价交换。在信用交易中，商品或货币不是被卖出，而是被贷（借）出，让渡的是商品或货币在一定时期的使用权，其所有权不发生变更和转移，因此到期要偿还贷出者同样的商品或货币。

2. 信用是以支付利息为条件的借贷行为

信用交易的贷出者让渡商品或货币的使用权，目的是获得一定的报酬。在现代商品货币经济中，贷出货币或商品的价格表现为利息，也就是说贷出者获得的报酬以借入者到期支付的利息为条件。

3. 信用从属于商品货币经济的范畴

信用关系反映了社会经济组织和个人之间的一种让渡商品或货币的经济关系。信用及信用形式是随着商品货币关系的产生而产生和发展的。

信用活动与金融活动是两个既有联系又有区别的范畴。在资本主义社会以前，信用和金融虽然也有密切的联系，但其主要方面是各自独立发展的。信用产生于原始社会末期，而金融是在资本主义生产条件下，在信用不断发展下才得以产生和发展的。随着信用货币取代金属货币而成为流通中货币的基本形式，任何独立于信用活动之外的货币制度已不存在，相应的信用活动也都和货币的运动相结合。信用活动和金融活动也表现为范围上的区别。广义的金融泛指一切与货币流通和资金运动有关的运动，包括货币的发行、保管、兑换和流通等，在内涵上包括货币信用和股票融资，而不包括实物信用。信用包括所有的信用活动，既包括货币信用，也包括实物信用。但在现代经济关系中，两者在一定条件下又具有同一性，信用活动即资金融通，金融活动包含信用关系。由于在现代经济条件下，商品货币关系越来越发达，实物信用形式越来越少，同时由于现代金融市场已经相当发达，对投资者来说，可选择的金融产品种类很多，一定程度上淡化了实物信用的形式，因此信用和金融这两个范畴越来越趋于相同。

（二）信用的构成要素

信用行为的发生一般需要有以下五个基本要素：

1. 信用主体

信用作为特定的经济交易行为，要有行为的主体，即行为双方当事人，其中转移资产、服务的一方为授信人，而接受的一方则为受信人。授信人通过授信取得一定的权利，即在一定时间内向受信人收回一定量货币和其他资产与服务的权利，而受信人则有偿还的义务。在有关商品或货币的信用交易过程中，信用主体常常既是授信人又是受信人；而在信用贷款中，授信人和受信人则是分离的、不统一的。

2. 信用客体

信用作为一种经济交易行为，必定有被交易的对象，即信用客体。这种被交易的对象就是授信方的资产，可以是有形的（如以商品或货币形式存在），也可以是无形的（如以服务形式存在）。没有这种信用客体，就不会产生经济交易，因而不会有信用行为的发生。

3. 信用内容

授信人以自身的资产为依据授予对方信用，受信人则以自身的承诺为保证取得信用。因此，在信用交易行为发生的过程中，授信人取得一种权利（债权），受信人承担一种义务（债务），没有权利与义务的关系也就无所谓信用。具有权利和义务关系是信用的内容，是信用的基本要素之一。

4. 信用流通工具

信用双方的权利和义务关系，需要表现在一定的载体上（如商业票据、股票、债券等），这种载体被称为信用流通工具。信用流通工具是信用关系的载体，没有载体，信用关系无所依附。作为载体的信用流通工具，一般具有如下几个主要特征：

（1）返还性。商业票据和债券等信用工具，一般都载明债务的偿还期限，债权人或授信人可以按信用工具上记载的偿还期限按时收回其债权金额。

（2）可转让性。可转让性，即流动性，是指信用工具可以在金融市场上买卖。对于信用工具的所有者来说，其可以随时将持有的信用工具卖出而获得现金，收回其投放在信用工具上的资金。

（3）收益性。信用工具能定期或不定期地给其持有者带来收益。

5. 时间间隔

信用行为与其他交易行为的最大不同就在于，信用行为是在一定的时间间隔下进行的，没有时间间隔，信用就没有栖身之地。

二、信用的经济功能

信用在市场经济中具有极为重要的经济功能，对市场主体的交易行为可以产生多方面的经济影响。信用的经济功能主要体现在以下几个方面：

（一）维护市场关系的基本准则

随着市场经济的不断发展和信用制度的逐步完善，市场交易方式逐步发生变化，先后经历了三个阶段：实物交易阶段、货币交易阶段和信用交易阶段。交易方式的演变，提高了效率，降低了成本。在现代经济中，之所以信用交易优于货币交易，货币交易又优于实物交易，就是因为交易成本的逐渐降低。

由此看来，信用交易是市场经济高度发达和完善的表现。目前，西方国家90%的交易方式都采用信用交易。然而，如果进行信用交易时一方不守信用，交换关系和市场秩序就会遭到破坏，不仅信用交易无法进行，实物交易与货币交易也会受到影响，经济活动就难以健康发展。

（二）促进资金再分配，提高资金使用效率

信用是促进资金再分配的最灵活的方式。借助于信用可以把闲置的资金和社会分散的货币集中起来，转化为借贷资本，在市场规律的作用下，使资金得到充分利用。

在信用活动中，价值规律的作用得到充分发挥，那些具有发展和增长潜力的产业往往容易获得信用的支持。同时，通过竞争机制，信用还会使资金从利润率较低的部门向利润率较高的部门转移，在促使各部门实现利润平均化的过程中，也提高了整个国民经济的资金效率。

（三）节约流通费用

利用各种信用形式能节约大量的流通费用，增加生产资金投入。这是因为：第一，利用信用工具代替现金，节省了与现金流通有关的费用；第二，在发达的信用制度下，资金

集中于银行和其他金融机构，可以减少整个社会的现金保管、现金出纳以及簿记登录等流通费用；第三，信用能加速商品价值的实现，这有助于减少商品储存和保管费用的支出。

此外，各种债权债务关系可以利用非现金结算方式来处理，不仅节约了流通费用，还可以缩短流通时间，增加资金在生产领域发挥作用的时间，有利于扩大生产和增加利润。

（四）有利于资本集中

信用是资本集中的有力杠杆。借助于信用，可以不断扩大资本积聚的规模。信用可以使零星资本合并为一个规模庞大的资本，也可以使个别资本通过合并其他资本来增加资本规模。现代兼并收购活动很多都是利用信用方式来进行并完成资本集中的。资本集中与积聚有利于大工业的发展和生产社会化程度的提高，推动经济增长。

（五）调节经济结构

信用调节经济的功能主要表现为国家利用货币和信用制度来制定各项金融政策与金融法规，利用各种信用杠杆来改变信用的规模及其运动趋势。金融机构通过各种金融业务，有效地集中和输出货币资金，形成了一个良性循环、不断增加的过程，能够为社会生产力的发展提供巨大的推动力。国家借助信用的调节功能既能抑制通货膨胀，也能防止经济衰退和通货紧缩，刺激有效需求，促进资本市场平稳发展。国家利用信用杠杆还能引导资金的流向，通过资金流向的变化来实现经济结构的调整，使国民经济结构更合理，经济发展更具持续性。

三、信用形式

信用活动是通过具体的信用形式表现出来的，随着商品经济的发展，信用形式也随之多样化，如商业信用、银行信用、国家信用、消费信用、国际信用、民间信用等。按照现代社会信用运作的主体来划分，一般可以把信用形式简单分为个人信用、企业信用、政府信用三种形式。因为企业信用包含的内容比较复杂，所以又可以将企业信用分为商业信用和银行信用。

（一）个人信用

个人信用是指个人通过信用方式，向银行等金融机构获得自己当前所不具备的预期资本或消费支付能力的经济行为。个人信用使得个人不再是仅仅依靠个人资本积累才能进行生产投资或消费支出，而是可以通过信用方式向银行等金融机构获得预期资金或消费支付能力。消费信用主要有两种类型：第一类是工商企业以赊销商品（延期付款）、分期付款的方式向消费者提供的信用。第二类是银行或其他金融机构以货币形式向消费者提供的消费信用，也就是消费贷款。消费贷款属于长期消费信用，一般用于购买汽车或住房，时间可长达 20~30 年，或者采取抵押贷款方式，或者采取信用贷款方式。

个人信用的基本特征是利率较高，风险较大。一般情况下，个人信用的活跃程度同一个国家、一个地区的金融服务发达状况成正比。

（二）商业信用

商业信用是指工商企业之间在商品交易时，以契约（合同）作为预期的货币资金支付保证的经济行为。商业信用的物质内容可以是商品的赊销，而其核心却是资本运作，是企业间的直接信用。商业信用在商品经济中发挥着润滑生产和流通的作用。商业信用的具体形式包括企业间的商品赊销、分期付款、预付货款、委托代销等。

1. 商业信用的特点

（1）商业信用的主体是厂商。商业信用是厂商之间相互提供的信用，债权人和债务人都是厂商。

（2）商业信用的客体是商品资本。商业信用提供的不是暂时闲置的货币资本，而是处于再生产过程中的商品资本。

（3）商业信用与产业资本的动态一致。在繁荣阶段，商业信用会随着生产和流通的发展、产业资本的扩大而扩张；在衰退阶段，商业信用又会随着生产和流通的消减、产业资本的收缩而萎缩。

2. 商业信用的优点与局限性

由于商业信用具有以上特点，因此其优点在于方便和及时。商业信用的提供，既解决了资金融通的困难，也解决了商品买卖的矛盾，从而缩短了融资时间和交易时间。同时，商业信用是商品销售的一个有力竞争手段。正因为如此，一般在商业信用能解决融资问题的情况下，购货企业无需求助于银行信用。商业信用是西方国家信用制度的基础和基本形式之一。

商业信用虽有其优点，但由于其本身具有的特征，又决定了其存在和发展具有局限性。

（1）规模和数量上的局限性。商业信用是企业间买卖商品时发生的信用，是以商品交易为基础的。因此，信用的规模受商品交易量的限制，生产企业不可能超出自己拥有的商品量向对方提供商业信用。商业信用无法满足由于经济高速发展产生的巨额的资金需求。

（2）方向上的局限性。因为商业信用的需求者也就是商品的购买者，这就决定了企业只能同与自己的经济业务有联系的企业发生信用关系，通常只能由卖方提供给买方，而且只能用于限定的商品交易。

（3）信用能力上的局限性。相互不甚了解信用能力的企业之间就不容易发生商业信用。

（4）信用期限的局限性。商业信用期限较短，受企业生产周转时间的限制，商业信用只能解决短期资金融通的需要。

（三）银行信用

银行信用是以货币资本借贷为经营内容，以银行及其他金融机构为行为主体的信用活动。银行信用是在商业信用基础上发展起来的一种间接信用。银行信用与商业信用相比，具有以下差异：

第一，作为银行信用载体的货币，在其来源和运用上没有方向限制，既可以流入，也可以流出。

第二，由于金融交易的数量和规模一般都比较大，因此现代银行信用较之商业信用发展更快。银行信用产生以后，在规模、范围、期限上都大大超过商业信用，成为现代市场经济中占主导地位的信用形式。银行信用的主要形式是吸收存款和发放贷款。

与商业信用相比，银行信用有其自身的特点和优点。

1. 银行信用的特点

（1）银行信用是间接融资信用。

（2）银行信用是以货币形态提供的信用。

（3）银行信用的主体包括银行、其他金融机构、工商企业以及个人等，银行在信用活动中交替地以债权人和债务人的身份出现。

（4）银行信用与产业资本的动态不完全一致。例如，当经济衰退时，会有人批产业资本不能用于生产而转化为借贷资本，造成借贷资本过剩。

（5）在产业周期的各个阶段，对银行信用与商业信用的需求不同。在繁荣时期，对商业信用的需求增加，对银行信用的需求也增加；而在危机时期，由于产品生产过剩，对商业信用的需求会减少，但对银行信用的需求却有可能增加，即此时企业为了支付债务，避免破产，有可能加大对银行信用的需求。

2. 银行信用的优点

由于银行信用具有以上特点，因此其克服了商业信用的局限性，成为比较良好的信用形式。其优点如下：

（1）银行信用的规模巨大。这就在规模和数量上克服了商业信用的局限性。

（2）银行信用的投放方向不受限制。银行信用以货币形态提供，货币具有一般的购买力，谁拥有它，谁就拥有选择任何商品的权利。因此，任何部门、企业和个人暂时闲置的货币或资本都可以被各种信用机构动员起来，投向任何一个部门和企业，以满足任何方面的需要，不受任何方向上的限制。

（3）银行信用的期限长短均可。这就克服了商业信用在期限上的局限性。

（4）银行信用的能力和作用范围大大提高和扩大了。

需要指出的是，银行信用和商业信用之间具有非常密切的联系，二者之间的关系可做如下理解：

第一，商业信用始终是一切信用制度的基础。

第二，只有商业信用发展到一定阶段后才出现了银行信用。银行信用正是在商业信用广泛发展的基础上产生与发展的。

第三，银行信用的产生又反过来促使商业信用进一步发展与完善。

第四，商业信用与银行信用各具特点，各有其独特的作用，二者之间是相互促进的关系，并不存在相互替代的问题。

（四）政府信用

在信用经济的链条中，政府信用是极其重要的一环。政府不仅运用信用手段筹集资金，为社会提供公共产品、服务和承担风险较大的投资项目，而且政府信用创造的金融工具为中央银行调节货币供应量提供了操作基础。政府信用最终要表现在两方面：一方面是政府政策、条例不能随意撤销、变更和废除；另一方面是如果迫不得已要撤销、变更或废除，也要赔偿因此给老百姓造成的损失。政府信用基本形式有：一是由国家发行政府债券，包括国库券和公债券。二是政府发行专项债券，即政府为某个项目或工程发行债券。三是银行透支或借款。其中，最主要的形式是国家发行国库券和公债券。

政府信用在经济生活中起着积极的作用。第一，政府信用是解决财政困难的较好途径。解决财政赤字的途径有三种：增税、从银行透支和举债。增税不仅立法程序繁杂，而且容易引起公众不满、抑制投资和消费；从银行透支容易导致通货膨胀，而且按照国家法律的规定，也禁止财政从银行透支；举债是一种信用行为，有借有还，有经济补偿，相对来说问题少一些。第二，政府信用可以筹集大量资金，改善投资环境、创造投资机会。

四、信用工具

信用工具又称金融工具，是以书面形式发行和流通，借以保证债务人义务和债权人权利的书面凭证。在早期的信用活动中，借贷双方仅凭口头协议或记账而发生信用关系，因无法律上的保障，极易引起纠纷，并且不易将债权和债务转让。信用工具的产生和发展克服了口头信用和记账的缺点，使信用活动更加顺畅，更加规范化，而且通过信用工具的流通转让形成了金融市场。在现代经济中，人们融通资金往往要借助于信用工具，因此信用工具又被称为金融工具。金融工具对其买进者或持有者来说就是金融资产。

一般来说，信用工具由以下五大要素构成：

第一，面值，即凭证的票面价格，包括面值币种和金额。

第二，到期日，即债务人必须向债权人偿还本金的最后日期。

第三，期限，即债权债务关系持续的时间。

第四，利率，即债权人获得的收益水平。

第五，利息的支付方式。

信用工具的种类繁多，按照不同的标准有不同的分类，一般采取两种分类方法：第一，按照融资方式不同，信用工具可以分为直接信用工具和间接信用工具。直接信用工具是指非金融机构为筹集资金直接在市场上发行或签署的各种信用凭证，如商业票据、股票、公司债券、公债、国库券、抵押契约、借款合同等。这些信用工具是用来在金融市场上直接进行借贷或交易的。间接信用工具是指银行和其他金融机构发行或签署的各种信用凭证，如钞票、存款单、银行票据、银行发出的大额可转让存单、保险公司发出的保险单、通过信托投资公司发出的各种基金等。这些信用工具是由融资单位通过银行和其他金融机构融资而产生的。第二，按照融资时间不同，信用工具可以分为短期信用工具和长期信用工具。

（一）短期信用工具

短期信用工具是指期限在一年以下的信用工具，主要包括国库券、各种商业票据，如汇票、本票、支票等。

票据是具有一定格式，载明金额和日期，到期由付款人对持票人或指定人无条件支付一定款项的信用凭证。

票据的一般行为有出票、背书、承兑、保证、贴现等。

出票，即签发票据，是创造票据的行为。签发票据形成债权与债务关系。

背书是转让人为了将未到期的票据转让给别人而在票据的背面进行转让签名、盖章表示负责的行为。背书人一经背书即为票据的债务人，背书人与出票人同样具有对票据的支付责任。若票据的出票人或承兑人不能按期支付款项，票据持有人有权向背书人要求付款。

承兑是票据的付款人在票据上以文字表示"承认兑付"，承诺票据到期付款的行为。

贴现是持票人以未到期的票据向银行兑取现款，银行扣除自贴现日至到期日的利息买进该票据的行为。贴现在形式上是票据买卖，但实际上是一种信用活动。

票据一般分为汇票、本票、支票。

汇票是由出票人签发，付款人见票后或到期时，对收款人无条件支付款项的信用凭证。汇票按出票人不同，可以分为银行汇票和商业汇票。

银行汇票是指汇款人将款项交给当地银行，由银行签发给汇款人持往异地指定银行办理转账结算或向银行兑取现款的票据。

商业汇票是由债权人发给债务人，命令其在一定时期内向指定的收款人或持票人支付一定款项的支付命令书。商业汇票一般有三个当事人：一是出票人（债权人），二是受票人或付款人（债务人），三是收款人或持票人（债权人的债权人）。由于商业汇票是由债权人发出的，因此必须经过票据的承兑手续才具有法律效力。在信用买卖中，由债务人承兑的汇票称为商业承兑汇票；由银行受债务人委托承兑的汇票称为银行承兑汇票。

本票是债务人对债权人签发的在一定时期内承诺付款的信用凭证。本票又分为银行本票和商业本票。在我国现行的票据制度中只规定有银行本票。

银行本票是申请人将款项交存银行，由银行签发给申请人凭以在同城范围内办理转账结算或支取现金的票据。

商业本票又叫商业期票，和商业汇票同是商业信用的信用工具，统称为商业票据。因为商业本票是债务人对债权人签发的，所以无须承兑。商业本票也可以经背书后转让或向银行贴现。

支票是银行活期存款人通知银行从其账户上无条件支付一定金额给票面指定人或持票人的信用凭证。

支票按支付方式不同可分为现金支票和转账支票。现金支票可以用来支取现金，也可以办理转账结算。转账支票只能用于转账，不能提取现金，因常常在票面上用两条平行线来表示，又称为划线支票。

当存款人签发的支票的票面金额超过其银行存款账户余额的时候，这种支票称为空头支票，而空头支票是不能兑付的。我国对签发空头支票者要给予结算制裁，通常是按支票面额的一定比例处以罚款。

此外，还有一种特殊的支票——旅行支票。旅行支票是由银行或旅行社签发，由旅行者购买，以供其在外地使用的定额支票。

(二) 长期信用工具

长期信用工具通常是指期限在一年以上的信用工具。长期信用工具主要有债券和股票等有价证券。

1. 股票

股票是股份公司签发的，证明股东按其所持股份享有权利和承担义务的所有权凭证。

2. 债券

债券是债务人向债权人承诺在一定时期内还本付息的债务凭证。债券一般分为政府债券、公司债券和金融债券。

政府债券是政府为筹集资金而发行的债务凭证。政府债券是一种国家信用工具，一般包括公债券、国库券和地方政府债券。

公司债券（企业债券）是公司或企业向社会发行的承诺在一定时期内还本付息的债务凭证。

金融债券是银行或其他金融机构作为债务人发行的债务凭证。金融债券是金融机构一种较为理想的筹集长期资金的信用工具。我国金融债券的期限一般为 1~5 年不等，利率略高于同等期限的定期存款。

[案例] 贷款广告诉求

某民间贷款公司的广告上写着：借 1 万元的 1 天的利息等于喝一杯咖啡的钱。一杯咖啡以 10 元计算，实际利率是多少呢？

若一年内仅付息，一年后还本，则有 $(1+10/10\ 000)^{365}-1=44\%$，利率高达 44%。因此，不要被 1 天的利息等于喝一杯咖啡的钱所迷惑。

第二节 利息与利率

一、利息的本质和利率

（一）利息和利率

利息是债权人因贷出货币资金而从债务人处获得的报酬，或者说是债务人为取得货币资金的使用权而付出的代价。利息可以看成使用资金的价值。

利率（interest rates），就其表现形式来说，是指一定时期内利息额同借贷资本总额的比率。利率是单位货币在单位时间内的利息水平，表明利息的多少。利率是一种重要的经济杠杆，对宏观经济运行和微观经济运行都有极其重要的调节作用。一般来说，一个经济体系中市场越发达，金融资产越丰富，微观经济主体的独立权益越受保护，利率发挥作用的余地就越大。因此，利率政策往往成为货币当局重要的调控手段之一。

（二）利息的本质

关于利率本质的论述，西方经济学家有各种观点。17 世纪英国古典政治经济学创始人威廉·配第认为利息是因暂时放弃货币的使用权而获得的报酬。亚当·斯密认为借款人借钱以后，可用作资本投入生产，也可用于消费。利息的来源有两个方面：一是当借款用于资本时，利息源于利润；二是当借款用于消费时，利息来源于别的收入，如地租等。著名经济学家凯恩斯认为利率是在一定时期内放弃资金周转灵活性的报酬。当然还有其他许多关于利息本质的论述。总体来看，西方经济学对利息本质的看法基本围绕着这样一个思路，即把利息看成在一段时期内放弃货币流动性的报酬或放弃投资的机会成本。马克思对利息的本质做了最为透彻的论述。马克思认为利息是借贷资本家（贷款人）凭借自己的资本所有权向职能资本家（借款人）索取的报酬。利息来源于借贷资金投入生产或流通过程而创造的剩余价值。剩余价值必须一分为二，一部分作为企业主收入自留，一部分作为利息准备还给贷款人。因此，利息是劳动者创造的，是剩余价值的特殊转化形式。

（三）利率的种类

1. 年利率、月利率和日利率。

这是根据计算利息的时间单位划分的。年利率是以年为时间单位计息，俗称"分"；月利率是以月为时间单位计息，俗称"厘"；日利率以日为时间单位计息，俗称"毫"。

2. 长期利率和短期利率

这是以信用行为期限长短为标准划分的。长期利率指借贷时间在一年以上的利率，短期利率指借贷时间在一年以内的利率。由于借贷期限越长，不确定因素越多，风险越大，因此利率越高；反之期限越短，利率越低。

3. 固定利率和浮动利率

这是根据在借贷期内利率是否调整为标准划分的。固定利率是指在整个借贷期限内，利率不随借贷资金的供求状况而变动的利率。固定利率尽管计算资金成本比较方便，但在有严重通货膨胀时，会给债权人带来很大的损失。浮动利率是指在借贷期限内随市场利率的变化而定期调整的利率。借贷双方可以在签订借款协议时就规定利率可以随物价或其他市场利率等因素进行调整。浮动利率可以避免固定利率的某些弊端，但计算依据多样，手续繁杂。

4. 市场利率与官方利率

这是以利率是否按市场规律自由变动为标准划分的。市场利率是指由借贷资金的供求关系决定的利率。当资金供大于求时，市场利率下跌；当资金供小于求时，市场利率上升。资金的供求均衡点决定了市场利率。官方利率是指由政府金融管理部门或中央银行确定的利率。官方利率是根据宏观经济运行状况而定的，是国家调节经济的重要杠杆。我国的利率基本上是官定利率，比如中国人民银行制定的基准利率就是我国的官方利率。中国人民银行制定的基准利率是中国人民银行公布的商业银行存款、贷款、贴现等业务的指导性利率，我国银行存款利率暂时不能上下浮动，贷款利率可以在基准利率基础上下浮 10% 至上浮 70%。

5. 实际利率和名义利率

实际利率是指在物价不变，货币购买力不变条件下的利率，在通货膨胀情况下就是剔除通货膨胀因素后的利率。名义利率则是没有剔除通货膨胀因素的利率（借贷契约和有价值证券上载明的利率）。在出现通货膨胀时，名义利率提高了，但从实际购买力考察，利率实际上并没有增加或没有名义上增加的那么多。因此要得知实际利率提高与否，必须先剔除通货膨胀的影响。在没有发生通货膨胀或在金属货币流通条件下，没有实际利率与名义利率之分。一般来说，实际利率的计算公式如下：

$r = i + p$

其中，r 为名义利率，i 为实际利率，p 为通货膨胀率。

例如，某银行发放的一年期贷款利率为 10%，该国当年的通货膨胀率为 4%，则该贷款的实际利率为 6%。

6. 存款利率和贷款利率

这是按利率依附的经济关系划分的。存款利率是银行吸收存款支付利息采用的利率；贷款利率是银行发放贷款向借款人收取利息采用的利率。

7. 银行利率、非银行金融机构利率、债券利率和市场利率

这是按借贷主体划分的利率。银行利率是银行存取款采用的利率，主要包括中央银行利率和商业银行利率。中央银行利率主要有再贴现、再贷款利率等，商业银行利率包括存款利率、贷款利率、贴现率等。非银行金融机构利率是非银行金融机构投资和融资采用的

利率。债券利率是发行债券主体发行债券时用于结算利息采用的利率。市场利率是指由借贷资金的供求关系决定的利率。

二、决定和影响利率变化的因素

利率是经济学中一个重要的金融变量，几乎所有的金融现象、金融资产均与利率有着或多或少的联系。利率的高低决定着一定数量的借贷资本在一定时期内获得利息的多少。合理的利率对发挥社会信用和利率的经济杠杆作用有着重要的意义。影响利息率的因素主要有资本的边际生产力或资本的供求关系，此外还有承诺交付货币的时间长度以及所承担风险的程度。利率政策是西方宏观货币政策的主要措施，政府为了干预经济，可以通过变动利息率的办法来间接调节通货。在萧条时期，降低利息率，扩大货币供应，刺激经济发展；在膨胀时期，提高利息率，减少货币供应，抑制经济的恶性发展。我国利率水平影响因素主要如下：

（一）利润率的平均水平

社会主义市场经济中，利息仍作为平均利润的一部分，因而利息率也是由平均利润率决定的。根据我国经济发展现状与改革实践，这种制约作用可以概括为利率的总水平要适应大多数企业的负担能力。也就是说，利率总水平不能太高，太高了大多数企业承受不了；相反，利率总水平也不能太低，太低了不能发挥利率的杠杆作用。

（二）资金的供求状况

在平均利润率既定时，利息率的变动则取决于平均利润分割为利息与企业利润的比例。而这个比例是由借贷资本的供求双方通过竞争确定的。一般地，当借贷资本供不应求时，借贷双方的竞争结果将促进利率上升；相反，当借贷资本供过于求时，竞争的结果必然导致利率下降。在我国市场经济条件下，由于作为金融市场上的商品的"价格"——利率，与其他商品的价格一样受供求规律的制约，因此资金的供求状况对利率水平的高低仍然有决定性作用。

（三）物价变动的幅度

由于价格具有刚性，变动的趋势一般是上涨，因此怎样使自己持有的货币不贬值或遭受贬值后如何取得补偿，是人们普遍关心的问题。这种关心使得从事经营货币资金的银行必须使吸收存款的名义利率适应物价上涨的幅度，否则难以吸收存款；同时也必须使贷款的名义利率适应物价上涨的幅度，否则难以获得投资收益。因此，名义利率水平与物价水平具有同步发展的趋势，物价变动的幅度制约着名义利率水平的高低。

（四）国际经济的环境

改革开放以后，我国与其他国家的经济联系日益密切。在这种情况下，利率也不可避免地受国际经济因素的影响。其表现在以下几个方面：第一，国际资金的流动，通过改变我国的资金供给量影响我国的利率水平；第二，我国的利率水平要受国际商品竞争的影响；第三，我国的利率水平要受国家的外汇储备量的多少和利用外资政策的影响。

[案例] 购物分期付款划算吗？

看到自己想要买的东西，而手头又很紧的话，假如买的是家电等耐用消费品，其使用效用可延长至好几年，可以将其视为与借钱置产同样的道理，以分期付款的方式来享用耐用消费品的效用，但分期付款的年限不要超过耐用消费品的使用年限。分期付款时应比较现金一次付清与分期付款期限以及每期付款额，来换算所支付的利率。例如，现金支付需要 10 000 元的商品，分 12 个月支付，每月支付 1 000 元，$r(12, -1\,000, 10\,000, 0) = 2.92\%$，月利率 2.92% 相当于年利率 35%，不是很划算，还不如用较低利率先借钱买下来。若是零利率的分期付款，即使手头上现金足够，也可以选择分期付款来善用货币的时间价值。高价商品一开始就标榜分期付款支付方式的时候，通常若一次支付可以享受总价的折扣。例如，定价 10 000 元的商品 10 个月分期付款每月 1 000 元，看起来是免息的，但若现金付清可以有 5% 的折扣，分期付款利率 = $r(10, -1\,000, 9\,500, 0) = 0.94\%$，换算年利率为 11.3%，也不算低，把存款解约来一次付清是比较划算的。

第三节 货币时间价值

一、货币时间价值的概述

(一) 概念

货币时间价值是指货币在无风险的条件下，经历一定时间的投资而发生的增值，或者是货币在使用过程中由于时间因素而形成的增值，也被称为资金时间价值。投资者都知道这样一个道理，今天手中拥有的 1 元钱与未来获得的 1 元钱的价值是不一样的。同等数量的货币或现金流在不同时点是不同的，货币时间价值就是两个时点之间的价值差异。例如，在年初存入 10 000 元，当存款利率为 3.5% 的情况下，到年终其价值变为 10 350 元，其中 350 元即是货币时间价值。而货币之所以具有时间价值，主要是因为以下三点：

第一，现在持有的货币可以用作投资，从而获得投资回报。

第二，货币的购买力会受到通货膨胀的影响而降低。

第三，未来的投资收入预期具有不确定性。

(二) 货币时间价值的影响因素

1. 时间

时间的长短是影响货币时间价值的首要因素，时间越长，货币时间价值越明显。例如，以年均 5% 的通货膨胀率计算，2000 年的 100 元钱的购买力（其时间价值）相当于 2010 年的 163 元，相当于 2020 年的 265 元。

2. 收益率或通货膨胀率

收益率是决定货币在未来增值程度的关键因素，而通货膨胀率则是使货币购买力缩水的反向因素。

3. 利息计算方法：单利或复利

单利始终以最初的本金为基数计算收益，而复利则以本金加利息计算收益，从而产生利上加利、息上添息的收益倍增效应。

例如，王先生将 20 万元人民币存入银行，若按年均 3% 的单利来计算，10 年后资金变为 26 万元，即每年固定增加 20×3%＝0.6 万元。若按年均 3% 的复利来计算，10 年后资金变为 200 000×（1+3%）^{10}＝268 783 元，这比单利多 8 783 元。

一、单利与复利

货币时间价值的计算有单利和复利两种方法，计算内容涉及利息、现值、终值和年金等。

（一）单利法

单利法是指在规定的期限内获得的利息均不计算利息，只就本金计算利息的一种方法。

单利利息的计算公式为：

$I = P \times i \times n$

单利终值是指按单利计算的利息与本金之和。单利终值的计算公式为：

$F = P + P \times i \times n$

例 2-1： 你今天存到银行 1 000 元，10 年后能得到多少本息呢？假定年存款利率是 3%，则 10 年后的本息和为 1 000×（1+3%×10）＝1 300 元。

单利现值是指依据未来的终值，按单利计算的现在价值。单利现值的计算公式为：

$P = F - I = F - P \times i \times n = F /（1 + i \times n）$

例 2-2： 小陈希望在 5 年后取得 10 000 元，用来支付他出国留学的费用，年利率是 5%，若以单利计算，小陈现在应该存入银行的资金是多少呢？

$P = 10\ 000/（1+5×5\%）= 8\ 000$（元）

（二）复利法

复利法是指将每一期利息分别滚入下期连同本金一起计算利息的方法，俗称利滚利。复利终值就是一定数量的本金在一定的利率下按照复利的方法计算出若干时期以后的本金和利息。

例 2-3： 刘江今年年初存了 1 000 元，年利率为 10%，在未来 4 年内，该笔存款每年年底的金额为多少？

该笔存款每年年底的金额分别如下（复利计算如图2-1所示）：

第一年年末的金额 = 1 000×（1+10%）= 1 100（元）

第二年年末的金额 = 1 100×（1+10%）= 1 210（元）

第三年年末的金额 = 1 210×（1+10%）= 1 331（元）

第四年年末的金额 = 1 331×（1+10%）= 1 464（元）

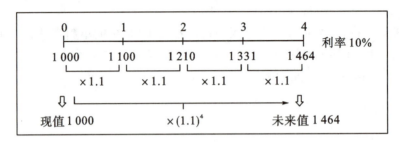

图 2-1　复利计算

复利终值的计算公式为：

$$F = P \times (1+i)^n$$

公式中的 $(1+i)^n$ 通常被称为复利终值系数，用符号 $(F/P, I, n)$ 表示1元本金 n 期末的复利终值。

例如，$(F/P, 5\%, 2)$ 表示利率为5%的2期末现在1元钱的复利终值。为了便于计算，有"复利终值系数表"可供查询。

例2-4：你存入银行1 000元，假定年存款利率是3%，若按照复利方法计算，10年后的本息和是多少呢？

按照公式，本息和 $F = P(1+i)^n = 1\,000(1+3\%)^{10} = 1\,343.9$（元）

复利现值是复利终值的逆运算，指未来一定时间的资金按复利计算的现在价值，或者说是为取得将来一定本利和现在所需要的本金。

例2-5：刘江预计3年后要存够10 000元，年利率为10%，在3年内，该笔存款每年年初的金额为多少？

答：该笔存款每年年初的金额分别如下：

第三年年初的金额 = 10 000/（1+10%）= 9 090（元）

第二年年初的金额 = 9 090/（1+10%）= 8 260（元）

第一年年初的金额 = 8 260/（1+10%）= 7 510（元）

复利现值的计算公式为：

$$P = F \times (1+i)^{-n}$$

公式中的 $(1+i)^{-n}$ 通常被称为复利现值系数，用符号 $(P/F, I, n)$ 表示1元本金 n 期末的复利终值。

例如，（P/F，5%，10）表示利率为 5% 时 10 期末 1 元钱的复利现值。为了便于计算，有"复利现值系数表"可供查询。

例 2-6：小陈希望在 3 年后取得 10 000 元，用来支付他出国留学的费用，年利率是 5%，若以复利计算，小陈现在应该存入银行的资金是多少呢？

$$P = 10\ 000/(1+5\%)^3 = 10\ 000 \times (P/F, 5\%, 3) = 10\ 000 \times 0.863\ 8 = 8\ 638 （元）$$

三、年金（annuity）

年金是指等额、定期的系列收付款项。在实际工作中，分期收付款、分期偿还贷款、发放养老金、分期支付工程款等，就属于年金收付形式。按照收付的次数和支付的时间划分，年金主要有普通年金、预付年金和永续年金。

（一）普通年金

普通年金是指一定时间内每期期末等额收付的系列款项，又称后付年金。普通年金的形式如图 2-2 所示，PMT 表示每期金额、PVA 和 FVA 分别表示年金的现值和终值。

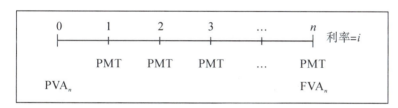

图 2-2　普通年金的形式

1. 普通年金终值的计算

普通年金终值是指最后一次支付的本利和，它是每次支付的复利终值之和。

例 2-7：每年年末存款 100 元，年利率 10%，经过 5 年，普通年金终值的计算如图 2-3 所示。

计算过程如下：

第一年年末存入 100 元 4 年后的终值 = 100（1+10%）^{4} = 146.41（元）

第二年年末存入 100 元 3 年后的终值 = 100（1+10%）^{3} = 133.1（元）

第三年年末存入 100 元 2 年后的终值 = 100（1+10%）^{2} = 121（元）

第四年年末存入 100 元 1 年后的终值 = 100（1+10%）^{1} = 110（元）

第五年年末存入 100 元 0 年后的终值 = 100（1+10%）^{0} = 100（元）

100 元年金 5 年后的终值为 610.51 元。

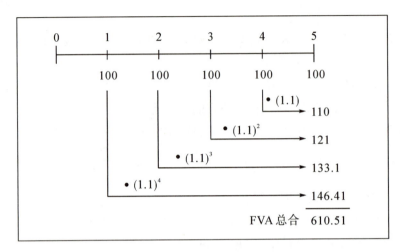

图 2-3　普通年金终值的计算

计算普通年金终值的一般公式为：

$$\text{FVA}_n = \text{PMT} \times \left[1 + (1+i) + (1+i)^2 + \cdots + (1+i)^{n-1} \right] = \text{PMT} \times \frac{(1+i)^n - 1}{i} = \text{PMT} \times \text{FVIFA}_{i,n}$$

该式中 $\text{FVIFA}_{i,n}$ 是普通年金 1 元、利率为 i，经过 n 期的年金终值，记作 $(F/A, i, n)$，有"普通年金终值系数表"可供查询。

2. 普通年金现值的计算

年金现值是指一定时期内每期期末收付款项的复利现值之和。

例 2-8：每年年末存款 100 元，年利率 10%，经过 5 年，普通年金现值的计算如图 2-4 所示。

计算过程如下：

第一年年末存入 100 元 1 年前的现值 = 100（1 + 10%）$^{-1}$ = 90.91（元）

第二年年末存入 100 元 2 年前的现值 = 100（1 + 10%）$^{-2}$ = 82.64（元）

第三年年末存入 100 元 3 年前的现值 = 100（1 + 10%）$^{-3}$ = 75.13（元）

第四年年末存入 100 元 4 年前的现值 = 100（1 + 10%）$^{-4}$ = 68.30（元）

第五年年末存入 100 元 5 年前的现值 = 100（1 + 10%）$^{-5}$ = 62.09（元）

100 元年金 5 年的现值为 379.07 元。

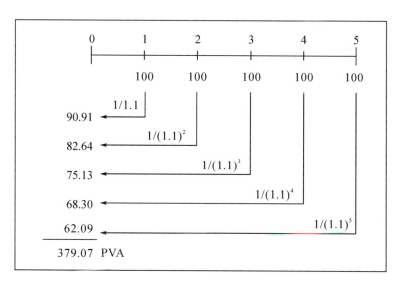

图 2-4　普通年金现值的计算

计算普通年金现值的一般公式为：

$$PVA_n = PMT \times \left[(1+i)^{-1} + (1+i)^{-2} + \cdots + (1+i)^{-n} \right] = PMT \times \frac{1-(1+i)^{-n}}{i} = PMT \times PVIFA_{i,n}$$

该式中 $PVIFA_{i,n}$ 是普通年金 1 元、利率为 i，经过 n 期的年金现值，记作 $(P/A, i, n)$，有"普通年金现值系数表"可供查询。

（二）预付年金

预付年金是指在每期期初支付的年金，又称即付年金或先付年金。预付年金比普通年金早了一期，预付年金的形式如图 2-5 所示。

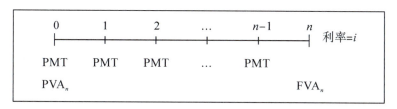

图 2-5　预付年金的形式

1. 预付年金的终值的计算

预付年金终值的计算公式如下：

$$FVA_n = PMT \times \left[(1+i) + (1+i)^2 + \cdots + (1+i)^n \right] = PMT \times \frac{(1+i)^n - 1}{i} \times (1+i)$$

$$= PMT \times FVIFA_{i,n} \times (1+i)$$

我们可以利用"普通年金终值系数表"查得 n 期的系数值，然后乘以 $(1+i)$ 后得到

1 元预付年金终值。

例 2-9：黄先生为长期投资者，5 年来黄先生每年年初买入 1 000 股某公司股票，其间一直持有不卖出，如果该公司每年发放股票股利为每股 0.2 股，到了第 5 年年底时，黄先生拥有该公司多少股的股票？

$$FVA = 1\ 000 \times FVIFA_{20\%,5} \times 1.2 = 1\ 000 \times 7.441\ 6 \times 1.2 = 8\ 930\ （股）$$

2. 预付年金的现值的计算

预付年金的现值计算公式如下：

$$PVA_n = PMT \times \left[(1+i)^{-1} + (1+i)^{-2} + \cdots + (1+i)^{-n} \right] = PMT \times \frac{1-(1+i)^{-n}}{i} \times (1+i)$$

$$= PMT \times PVIFA_{i,n} \times (1+i)$$

我们可以利用"普通年金现值系数表"查得 n 期的系数值，然后乘以（$1+i$）后得到 1 元预付年金现值。

例 2-10：张某分期付款购买小汽车，约定每年年初付 30 000 元，要付 5 年。假设银行年利率为 8%，则这辆车现在的价格是多少元？

答：$PVA = 30\ 000 \times PVIFA_{8\%,5} \times 1.08 = 30\ 000 \times 3.993 \times 1.08 = 129\ 363\ （元）$

（三）永续年金

永续年金是指无限期等额收付的特种年金，可视为普通年金的特殊形式，即期限趋于无穷的普通年金。例如，诺贝尔存入了一笔基金作为科学奖每年发放一次，就是永续年金。由于永续年金没有终止时间，终值也就无限大，因此一般不计算其终值，只计算其现值。

永续年金现值的计算公式如下：

$$PVA = PMT \times \left[(1+i)^{-1} + (1+i)^{-2} + \cdots \right] = PMT/i$$

例 2-11：A 市政府自明年年初起，每年将有 5 亿元的社会福利支出，如果年利率固定为 5%，A 市政府希望今年年初存入一笔钱之后，可以应付每年的社会福利支出，不会中断且不必再筹款，则今年应存款多少？

答：$PVA = PMT/i = 5/5\% = 100\ （亿元）$

例 2-12：刘先生近日购买 A 股票，每股股票每年年末支付股利 1 元，如果年利率固定为 5%，那么 A 股票的价格是多少？

答：$PVA = PMT/i = 1/5\% = 20\ （元）$

四、复利频率

复利频率，即复利的时间间隔。复利频率决定了一年内的复利次数。如果一年内以利率 i 对一笔资金计 m 次复利，则 n 年后，该笔资金得到的价值为：

$$FV = PV \times (1 + \frac{i}{m})^{m \times n}$$

例2-13：将 10 000 元按年利率 12% 投资 2 年，当计息期为年、季度、月时，分别计算该笔投资的终值。

计息期按年计算该笔投资的终值：

$$FV_1 = 10\ 000 \times (1 + \frac{12\%}{1})^{1 \times 2} = 12\ 544\ （元）$$

计息期按季度计算该笔投资的终值：

$$FV_2 = 10\ 000 \times (1 + \frac{12\%}{4})^{4 \times 2} = 12\ 667.7\ （元）$$

计息期按月计算该笔投资的终值：

$$FV_3 = 10\ 000 \times (1 + \frac{12\%}{12})^{12 \times 2} = 12\ 697.3\ （元）$$

五、货币时间价值的应用

对于一项投资而言，每期的现金流出和流入都可能不一样，评价该项投资的好坏主要通过比较其净现金流的大小。由于货币具有时间价值，需要计算每期净现金流的现值之和，即净现值（NPV），才能加以比较。如果 NPV 大于零，表明该项目有利可图；相反，如果 NPV 小于零，表明该项目无利可图。

例2-14：初始投资 10 000 元，共投资 4 年，各年现金流量如表 2-1 所示。

表 2-1 各年现金流量

年份/年	0	1	2	3	4
投资额/元	−10 000	2 000	3 000	4 000	5 000

该项目预计投资回报率为 5%，则该项目的净现值为：

$$NPV = \sum_{t=0}^{T} \frac{C_t}{(1+i)^t} = -10\ 000 + \frac{2\ 000}{1.05} + \frac{3\ 000}{1.05^2} + \frac{4\ 000}{1.05^3} + \frac{5\ 000}{1.05^4} = 2\ 194.71\ （元）$$

结果显示 NPV 大于 0，说明该项目有利可图。

本章小结

1. 经济学中的信用是指商品和货币的所有者（贷出者）把商品或货币的使用权暂时让渡给商品或货币的使用者（借入者），后者到期偿还并支付一定利息的价值运动形式。

2. 信用行为发生过程一般需要有五个要素：信用主体、信用客体、信用内容、信用工具、时间间隔。

3. 信用的经济功能主要体现在：维护市场关系的基本准则、促进资金再分配、节约流通费用、有利于资本集中、有利于调节经济结构。

4. 信用的主要形式有个人信用、商业信用、银行信用、政府信用。

5. 利率的主要分类包括日利率、月利率和年利率等。

6. 决定和影响利率的主要因素社会平均利润率、资金供求关系、物价变动幅度和国际经济环境等。

7. 利息的计算方法有单利法和复利法。

8. 货币时间价值有现值和终值，重点在复利法下单期和年金的现值、终值的计算。

关键概念

1. 信用　2. 利率　3. 单利　4. 复利　5. 年金

思考题

1. 你很想买一台电脑，但现在没有能力支付。销售人员注意到了你看那台标价为7 790 元的电脑时的表情，因此他为你提供了一个分期付款的购买建议。方案一：你首付380 元，以后每月支付 380 元，总共需支付 24 期，这样你可以把电脑搬回家。方案二：你利用银行贷款，月利率为 1%，每月月末还款，共还款两年，这样也可以把电脑抱回家。请问：你应该选择银行贷款还是分期付款呢？

2. 某企业拟建立一项基金，每年年初投入 100 000 元，若利率为 10%，5 年后该项资本本利和将为多少元？

3. 当银行利率为 10% 时，一项 6 年后付款 800 元的购货，若按单利计息，相当于第一年年初一次现金支付的购价为多少元？

4. 假定 A 公司贷款 1 000 万元，必须在未来 3 年每年年底偿还相等的金额，而银行按贷款余额的 6% 收取利息。请你编制还本付息表（保留小数点后 2 位）。

5. 某人以 10% 的利率借得 50 000 元，投资于寿命期为 5 年的项目，为使该投资项目成为有利的项目，每年至少应收回的现金数额为多少元？

6. 某人 6 年后准备一次性付款 180 万元购买一套住房，他现在已经积累了 70 万元，若折现率为 10%，为了顺利实现购房计划，他每年年末还应积累多少钱？

练习题

一、单项选择题

1. 债券是债务人发给（　　）的书面信用凭证。

    A. 商业企业 　　　　B. 债权人 　　　　C. 工业企业 　　　　D. 行政机关

2. （　　）是股份公司发给投资者的股份资本所有权的书面证明。

    A. 商业票据 　　　　B. 银行汇票 　　　　C. 股票 　　　　D. 银行本票

3. 商业信用与银行信用的最大区别是（　　）。

    A. 信用工具不同 　　　　　　　　B. 提供信用的形式不同

    C. 债权人不同 　　　　　　　　　D. 债务人不同

4. 商业汇票与商业本票的区别在于（　　）。

    A. 出票人不同 　　B. 付款人不同 　　C. 债权人不同 　　D. 付款时间不同

5. 优先股相对于普通股来说，在（　　）方面优先。

    A. 股东有优先认购新股权

    B. 可参与公司管理和制定重大决策

    C. 代表的资本及股利与公司经营状况联系密切

    D. 分配股利优先于普通股

6. 下列选项中，不属于股票的特点的是（　　）。

    A. 不返还性 　　　　B. 风险性 　　　　C. 流通性 　　　　D. 期限性

7. 债权人和债务人都是企业的信用形式是（　　）。

    A. 商业信用 　　　　B. 银行信用 　　　　C. 国家信用 　　　　D. 消费信用

8. 下列选项中，属于所有权凭证的金融工具是（　　）。

    A. 债券 　　　　B. 股票 　　　　C. 商业票据 　　　　D. 银行票据

9. 由银行签发的，承诺自己在见票时或一定日期后无条件支付确定的金额给收款人（或持票人）的票据称为（　　）。

    A. 银行汇票 　　　　B. 银行本票 　　　　C. 商业汇票 　　　　D. 定额支票

10. 现代经济中最基本的、占主导地位的信用形式是（　　）。

    A. 国家信用 　　　　B. 商业信用 　　　　C. 银行信用 　　　　D. 国际信用

11. 国家信用的主要形式是（　　）。

    A. 发行政府债券 　　B. 短期借款 　　C. 长期借款 　　D. 自愿捐助

12. 利息率的高低与（　　　）成反比。

  A. 平均利润率   B. 资金供求状况

  C. 通货膨胀   D. 国际利率水平

13. 必须经过承兑才具法律效力的信用工具是指（　　　）。

  A. 银行本票   B. 银行汇票   C. 商业本票   D. 商业汇票

14. 信用的基本特征为（　　　）。

  A. 支付利息   B. 还本付息   C. 无偿性   D. 安全性

15. 不具有偿还性的信用工具是（　　　）。

  A. 债券   B. 股票

  C. 回购协议   D. 大面额可转让存单

16. 回购协议实质上是一种以（　　　）为抵押的短期贷款。

  A. 票据   B. 存款   C. 贷款   D. 证券

17. 中央银行可以在公开市场上买卖（　　　）进行公开市场操作，以实现其货币政策目标。

  A. 国库券   B. 股票   C. 期货   D. 利率指数

18. 同时具有直接信用和间接信用特点的信用形式是（　　　）。

  A. 银行信用   B. 商业信用   C. 国家信用   D. 消费信用

19. 整个信用形式的基础是（　　　）。

  A. 银行信用   B. 消费信用   C. 国家信用   D. 商业信用

20. 在整个贷款期间利率不固定，而是根据市场利率变化的情况进行调整的利率是（　　　）。

  A. 官定利率   B. 市场利率

  C. 固定利率   D. 浮动利率

21. 当借贷资金的量一定时，平均利润率越高，利率相对（　　　）。

  A. 不变   B. 稳定   C. 越高   D. 越低

22. 中央银行的再贴现利率和再贷款利率可称为（　　　）。

  A. 优惠利率   B. 基准利率   C. 差别利率   D. 实际利率

23. 负利率是指（　　　）。

  A. 名义利率低于零   B. 实际利率低于零

  C. 实际利率低于名义利率   D. 名义利率低于实际利率

24. 由于债务人不能履行偿还本息的义务而产生风险称为（　　　）。

  A. 其他风险   B. 流动性风险

  C. 市场风险   D. 违约风险

二、多项选择题

1. 下列选项中，表明金融工具基本特征的是（　　）。

   A. 期限性　　　　　　B. 风险性　　　　　　C. 流动性　　　　　　D. 收益性

   E. 可测性

2. 金融工具的流动性一般会受到（　　）的影响。

   A. 偿还期限　　　　　B. 风险性　　　　　　C. 收益性　　　　　　D. 债务人信誉程度

3. 金融工具一般可划分为两大类：票据和有价证券。目前我国的票据主要有（　　）。

   A. 商业汇票　　　　　B. 银行汇票　　　　　C. 银行本票　　　　　D. 支票

4. 就股东权利划分，股票有普通股和优先股两种，普通股的特点有（　　）。

   A. 股利和公司经营状况密切相关　　　　B. 股东有参与公司决策的权利

   C. 股东有均等的红利分配权　　　　　　D. 股东有优先认购新股权

5. 商业汇票是一种商业信用工具，其当事人有（　　）。

   A. 发票人　　　　　　B. 收款人　　　　　　C. 付款人　　　　　　D. 银行

6. 信用是在（　　）基础上产生的。

   A. 私有制　　　　　　B. 社会分工　　　　　C. 贫富分化　　　　　D. 商品交换

7. 直接信用主要有（　　）。

   A. 证券信用　　　　　B. 银行信用　　　　　C. 信托信用　　　　　D. 合作信用

   E. 商业信用

8. 下列选项中，属于直接金融工具的是（　　）。

   A. 商业票据　　　　　B. 银行票据　　　　　C. 金融债券　　　　　D. 公司债券

   E. 股票

9. 商业信用是现代信用的基本形式，是指（　　）。

   A. 工商企业之间存在的信用

   B. 以商品的形式提供的信用

   C. 是买卖行为和借贷行为同时发生的信用

   D. 是商品买卖双方可以互相提供的信用

   E. 规模大小取决于产业资本规模的信用

10. 股票和债券的主要区别是（　　）。

    A. 有无投票权　　　　　　　　　　B. 有无收益权

    C. 有无还款期限　　　　　　　　　D. 有无固定的收益率

    E. 风险大小有别

11. 短期信用工具有（　　）。

  A. 股票   B. 国库券

  C. 票据   D. 大面额可转让存单

  E. 债券

12. 根据在借贷期内利率是否调整，利率可以分为（　　）。

  A. 固定利率   B. 浮动利率

  C. 长期利率   D. 短期利率

  E. 优惠利率

13. 按对利率决定的主体不同，利率可分为（　　）。

  A. 中央银行利率   B. 一般利率

  C. 商业银行利率   D. 优惠利率

  E. 信用社利率

14. 影响利息率上升的因素包括（　　）。

  A. 平均利润率下降   B. 银行经营成本上升

  C. 信贷资金供应过多   D. 预期通货膨胀率上升

  E. 经济处于扩张阶段

15. 在利率体系中起主导作用的利率有（　　）。

  A. 基准利率   B. 存款利率

  C. 再贴现率   D. 市场利率

  E. 再贷款利率

16. 在西方，属于中央银行基准利率的有（　　）。

  A. 优惠利率   B. 市场利率

  C. 再贴现利率   D. 差别利率

  E. 再贷款利率

17. 影响利息率下降的因素包括（　　）。

  A. 平均利润率下降   B. 银行经营成本下降

  C. 市场资金供应减少   D. 预期通货膨胀率下降

  E. 经济处于衰退期

18. 影响利率的上限和下限的因素有（　　）。

  A. 剩余价值率   B. 平均利润率

  C. 企业成本   D. 银行利差

三、简答题

1. 信用与诚信的区别和联系是什么？
2. 商业信用的特点和局限性是什么？
3. 常见的信用形式有哪些？各自有哪些工具？
4. 比较商业信用和银行信用的联系与区别。
5. 国家信用的主要形式和作用有哪些？
6. 信用工具有哪些基本的分类？
7. 利息的本质是什么？
8. 决定和影响利率的因素有哪些？

（练习题参考答案）

（本章学习课件）

第三章　熟悉商业银行业务

学习目标

知识目标

1. 了解商业银行的性质和职能
2. 了解商业银行的经营管理原则
3. 掌握商业银行的业务
4. 熟悉货币市场的构成及各工具的特点

能力目标

1. 能对商业银行业务种类进行分析
2. 区分货币市场和资本市场

素养目标

1. 养成初步识别货币市场工具的职业素养
2. 培养管理资产安全性、流动性和盈利性的职业素养

引导案例

[案例] 算一算，商业银行创造出多少派生存款？

假定 A 银行拥有 10 000 元原始存款，法定准备金率为 20%，需上缴 2 000 元准备金，剩下的 8 000 元出借后不会立即被全部提现，于是被借款人存入 B 银行。这样 B 银行就有了 8 000 元的原始存款，而 B 银行也只需缴纳 8 000×20% = 1 600 元的存款准备金，剩余 6 400 元又能出借了。假设 6 400 元出借后也不会立即被全部提现，于是被借款人存入 C 银行，这样 C 银行就有了 6 400 元的原始存款，而 C 银行也只需缴纳 20% 的存款准备金，剩余的钱也能出借了。这样一次又一次地出借，就会不断派生出新的存款，从而创造出数倍于原始存款的派生存款。

问题：

(1) 银行 C 需要缴纳多少元存款保证金？

(2) 通过商业银行的信用创造，创造出多少派生存款？

思政课堂

美国硅谷银行倒闭的启示①

2023 年 3 月 10 日，美国硅谷银行宣告倒闭。3 月 8 日，硅谷银行的账簿上还拥有 2 120 亿美元的资产和 160 亿美元的市值，为何会在 48 小时内倒闭？

硅谷银行成立已有 40 年，总部位于美国加利福尼亚州，是美国第 16 大银行。2020 年第一季度结束时，硅谷银行只有 600 多亿美元存款，硅谷初创公司、创投机构客户们大量现金的存入，让硅谷银行的存款大幅增加。到了 2022 年第一季度结束时，硅谷银行存款增至约 2 000 亿美元。

硅谷银行的客户多为科技创业公司和投资机构。长期以来，硅谷银行一直声誉良好，而且被认为经营稳健。随着存款暴增，硅谷银行大量购买长期国债及政府担保抵押贷款债券，这也被认为是最安全的资产投资。

倒闭根源是美联储加息，集体挤兑导致资不抵债。2023 年，美国联邦储备委员会（FED）采取了 40 年来最剧烈的升息行动。由于利率猛然攀升，首次公开募股（IPO）与私下募资环境冷清，导致初创企业客户需动用存款来维持运作，于是纷纷去硅谷银行挤兑，造成硅谷银行资本短缺。

3 月 8 日，硅谷银行增资 22.5 亿美元以弥补债券投资亏损，此举引发恐慌。美国几家大的创投公司纷纷指示他们旗下全体初创公司将存款取出。担心如果硅谷银行发生挤兑，无法取得自己存款的初创公司将会面临破产，这再次引发用户集体挤兑提款。社交媒体添油加醋更增恐慌，硅谷银行股价大跌，因为挤兑潮导致资不抵债。

3 月 9 日营业时间结束时，硅谷银行的客户一共提领了高达 420 亿美元的存款，使硅谷银行现金资产沦为 -9.58 亿美元，并且不能从其他渠道筹集到充足的抵押品。3 月 10 日，美国政府介入，硅谷银行宣布破产，由美国联邦存款保险公司（FDIC）接管。美国财政部部长珍妮特·耶伦 3 月 12 日表示硅谷银行破产关闭的核心问题在于美联储持续上调利率，美联储连续八次加息，联邦基金利率目标区间已升到 4.5%～4.75% 之间。

启示：道德风险——倒闭前抢发年度奖金，首席执行官（CEO）卖股票净赚 227 万美元。据彭博社报道，在无预警宣告倒闭前几个小时，硅谷银行给员工发了年度奖金，基层员工约可领 1.2 万美元，总经理级别的高层则可领 14 万美元。硅谷银行 CEO 贝克尔在银行倒闭前几周套现股票和期权，净赚 227 万美元。据《每日邮报》报道，Etsy 是一家知名

---

① 资料来源：郭霁.美国硅谷银行为何在 48 小时内倒闭：三天两家美国银行倒闭 对全球银行有何影响？[N].华商报，2023-03-14（C1）.

的全球电子商务平台，业务主要在北美洲和欧洲，有约750万名卖家。Etsy卖家收到警告称，由于硅谷银行倒闭，原本计划3月10日支付给卖家的款项将被延迟。硅谷银行倒闭影响了约1 000家初创企业，其中有1/3的企业将无法在未来30天内发放工资。硅谷银行破产让很多初创企业的员工都惶惶不安。一些初创公司把钱存到了硅谷银行，而且没有取出来。这意味着员工工资不能及时发放，进一步会影响员工房贷、车贷和个人征信，甚至会导致大规模裁员。一批初创企业若来不及找到足够的资金周转，可能引起一系列连锁反应。

第一节　商业银行概述

一、商业银行及其演变

（一）商业银行的概念

《中华人民共和国商业银行法》第二条规定："本法所称的商业银行是指依照本法和《中华人民共和国公司法》设立的吸收存款、发放贷款、办理结算等业务的企业法人。"根据这一定义，商业银行有狭义和广义之分，狭义的商业银行是指具有银行功能的各类金融机构的总称；广义的商业银行不仅包括银行类金融机构，还包括进行监督、管理和制定相关标准的其他机构，如商业银行或零售银行、批发银行或商人银行（英国称为商人银行，美国和欧洲大陆称为投资银行，中国和日本则称为证券公司）以及储蓄银行、合作银行和信用社、中央银行。

目前中国的银行体系构成如下：

中央银行——中国人民银行。

监管机构——国家金融监督管理总局。

银行业自律性机构——中国银行业协会。

政策性银行——中国进出口银行、中国农业发展银行、国家开发银行。

国有商业银行——中国工商银行、中国农业银行、中国银行、中国建设银行、交通银行。

全国性股份制商业银行——中信银行、光大银行、华夏银行、招商银行、上海浦东发展银行、民生银行、兴业银行等。

储蓄银行——中国邮政储蓄银行。

城市商业银行——各地中小型商业银行、农村信用合作社等。

外资银行——主要指经批准的外资法人银行，如汇丰银行、渣打银行、花旗银行、恒生银行等。

（二）商业银行的产生与发展

研究金融发展的历史可以看出，最早从事金融交易的中介机构是银行，而且准确地说是商业银行。随着商品经济的发展，货币得以产生，以偿还和支付利息为基本特征的借贷行为——信用也产生并兴旺发达，由此出现了专门从事货币兑换、保管和经营的早期银行，这就是商业银行的前身，以后又逐渐发展为现代商业银行。

早期银行业的产生与国际贸易的发展有着密切的联系。中世纪的欧洲地中海沿岸各国，尤其是意大利的威尼斯、热那亚等城市是著名的国际贸易中心，商贾云集，市场繁荣。但由于当时社会的封建割据，货币制度混乱，各国商人携带的铸币形状、成色、重量各不相同，为了适应贸易发展的需要，必须进行货币兑换。于是，单纯从事货币兑换业并从中收取手续费的专业货币商便开始出现和发展了。随着异地交易和国际贸易的不断发展，来自各地的商人们为了避免长途携带货币而产生的麻烦和风险，开始把自己的货币交存在专业货币商处，委托其办理汇兑与支付。这时候的专业货币商已反映出银行萌芽的最初职能：货币的兑换与款项的划拨。

与西方的银行相比，中国的银行则产生较晚，但我国的银行业也具有悠久的历史。《周礼》中就有"泉府"的记载，即办理赊贷业务的机构。春秋战国时期，借贷行为已经很普遍。到了商业发达的唐代，不仅开办了称为"飞钱"的汇兑业务，还出现了"质库"，即当铺。后来宋代设置的"便钱务"，元代的"解典铺"，明代的"钱庄"和清代的"票号"，都是从事货币经营业务的机构。

中国关于银行业的记载，较早的是南北朝时的寺庙典当业。北宋真宗时，由四川富商发行的交子，成为中国早期的纸币。到了明清以后，当铺是中国主要的信用机构。明末，一些较大的经营银钱兑换业的钱铺发展成为银庄。银庄产生初期，除兑换银钱外，还从事放贷业务，到了清代，才逐渐开办存款、汇兑业务，但最终在清政府的限制和外国银行的压迫下，走向衰落。中国近代银行业是在19世纪中叶外国资本主义银行入侵之后才兴起的。近代银行虽然已具备了银行的基本特征，但其主要以政府和封建贵族为放款对象，并且放款利率很高，通常都在20%甚至30%以上，带有明显的高利贷性质。

17世纪末到18世纪期初，随着资本主义的发展，为适应社会化大生产的要求，新兴的资产阶级迫切需要建立和发展资本主义商业银行。资本主义商业银行的产生主要通过两种途径：一是旧的高利贷性质的银行逐渐适应新的经济条件，演变为资本主义银行；二是新兴的资产阶级按照资本主义生产关系组织的股份制银行。1694年，英国政府支持创办了第一家资本主义股份制商业银行——英格兰银行，标志着资本主义商业银行制度开始形成以及现代银行的产生。继英格兰银行之后，欧洲各资本主义国家都相继成立了资本主义商业银行，现代银行开始在世界范围内普及和发展。

我国的第一家银行是1845年英国在我国香港成立的丽如银行，即后来的东方银行。

1857 年成立的英国麦加利银行（渣打银行）、1865 年成立的英国汇丰银行、1889 年成立的德国德华银行以及 1894 年成立的法国东方汇理银行是当时几家主要的外资银行。1897 年在上海成立的中国通商银行，是我国自主创办的第一家银行，标志着我国现代银行的产生。现代商业银行通过吸收存款、发放贷款、办理结算业务等为资金融通提供服务。目前世界各国金融机构体系中商业银行都属于主体地位。

随着资本主义经济的进一步发展，政府对社会经济生活的干预不断加强，产生了建立中央银行的需要。1668 年，瑞典政府将成立于 1656 年、由私人创办的欧洲第一家发行银行券的银行改组成瑞典国家银行，使瑞典国家银行成为最早的中央银行，但直到 1897 年其才独占货币发行权。1844 年改组后的英格兰银行则被普遍认为是真正的中央银行的开始。英格兰银行于 1833 年取得法偿货币发行者的资格，即英格兰银行发行的银行券由政府赋予无限法偿资格。1844 年，英国通过《英格兰银行条例》，即《皮尔法案》，英格兰银行获得独占货币发行的权力，成为真正的中央银行。到 19 世纪，各资本主义国家相继成立了中央银行，美国到 1913 年开始建立联邦储备体系。1920 年，布鲁塞尔国际金融会议决定，凡未成立中央银行的国家应尽快成立，这直接推动了世界上几乎所有国家中央银行的成立。

二、商业银行的性质与职能

（一）商业银行的性质

商业银行是现代金融体系中最重要的金融机构，在现代经济中发挥着重要的作用。商业银行具有以下性质：

1. 企业性

商业银行隶属于企业范畴，是依法设立的企业法人，有独立的法人财产，并以其全部财产对债务承担责任。与一般工商企业相同，商业银行以营利为目的，自主经营、自负盈亏、自我约束。

现代商业银行大多采用了公司制的形式，并且以有限责任公司和股份有限公司较为典型。我们可从商业银行法定名称的全称中观察到这一点。例如，中国工商银行的全称是"中国工商银行股份有限公司"。因此，商业银行的设立和运作不仅要受专门的商业银行法的约束，还要符合公司法的有关规定，这也正是商业银行区别于中央银行和政策性银行的关键所在。

2. 金融性

一般工商企业和商业银行的显著差异体现在它们的经营对象上，前者的经营对象是具有一定使用价值的商品和服务，而后者则是以金融资产和金融负债为经营对象，经营的是货币这种特殊的商品。经营对象的不同导致了它们在经营方式上的差异，与一般工商企业相比，商业银行主要依靠借贷的方式从事经营，自有资本在其资金来源中所占的比例非常低，大量资金来自存款、借款等负债。这使得商业银行能够获得比一般企业更大的财务杠杆效应，但同时也会面临着更高的经营风险。

3. 银行性

与保险公司、证券公司、基金管理公司等非银行金融机构相比，商业银行还有一个非常重要的特性——银行性。这表现在：第一，商业银行能够吸收公众存款，尤其是能够签发支票的活期存款，同时能够办理贷款和转账结算业务，从而具有信用创造的功能。因此，商业银行通常也被称为存款货币银行。《中华人民共和国商业银行法》第十一条明确规定："未经国务院银行业监督管理机构批准，任何单位和个人不得从事吸收公众存款等商业银行业务，任何单位不得在名称中使用银行字样。"第二，贷款是商业银行主要的资产运用形式，同时也是各类经济活动主体尤其是工商企业和个人的主要外部融资形式。第三，商业银行能够为客户办理各种支付结算业务，是现代支付体系的中心。除此之外，商业银行的业务范围广泛，功能更全面，除了提供传统的存、贷、汇服务，还可以办理投资理财、代收代付、咨询顾问等多种业务。

商业银行以营利为重要目标，通过多种金融负债筹集资金，以多种金融资产和负债为经营对象，为客户提供多样化的金融服务，并将传统商业银行转化为银行信用，参与信用创造，维系着当前整个信用经济的运转。随着金融业的不断创新，商业银行在社会中的地位并没有被其他金融机构取代，而是不断开拓新业务、焕发新生。

（二）商业银行的职能

商业银行担负着金融体系和信用体系正常维持与运转的重要责任。其主要体现在以下几个方面：

1. 信用中介职能

信用中介职能指商业银行通过自身的负债业务，汇集来自不同经济主体的闲散货币资金，随后作为中介，通过其自身的资产业务把资金借给需要的部门。

2. 支付中介职能

支付中介职能指商业银行通过对客户的资金进行存款账户转移，代理客户进行支付，或者在存款的基础上为客户兑付现款，成为其货币保管者和收付代理人。

3. 信用创造职能

在拥有吸收存款并将其贷出的能力后，商业银行在支票流通和转账结算的前提下，进行非全额货币资金支出的放贷。由于部分准备金制度的实施，某一商业银行的部分贷款在另一家银行又被变为存款，实质上这就是商业银行创造的派生存款。

4. 金融服务职能

随着科技的不断创新，许多新技术也被用于银行业，银行间的竞争愈加趋近白热化，这就催生了商业银行在金融行业的服务科技化。信息技术被广泛运用于银行业务，极大地方便了资金供求的参与方，而银行在信息领域的优势又使得自身的服务领域不断拓宽，创造了更大的获利空间。

第二节　商业银行的业务

一、商业银行的负债业务

商业银行的主要资金来源是通过负债实现的，其负债业务就范围来说，有广义和狭义之分。广义负债包括商业银行自有资本在内的一切资本来源，而狭义负债则仅指商业银行存款、借款等一切非资本性的负债。负债业务与银行的成本、收益等直接相关。因此，商业银行的经营管理离不开负债业务。商业银行负债业务的开展是资产业务和中间业务开展的前提与基础。负债包括存款负债、借入负债和结算中负债三个方面。

（一）负债的种类

1. 存款负债

商业银行的存款种类很多，根据期限划分，可分为储蓄存款、定期存款、活期存款等，体现了筹集资金的稳定性不同。

储蓄存款是指吸收到的社会上的闲散资金，主要是居民个人为储蓄货币并取得相应的利息收入而设立的存款账户。储蓄存款可分为定期储蓄存款、活期储蓄存款、定活两便储蓄存款等。

定期存款是指存款客户与商业银行事先商定好存款期限及利率，到期银行支付相应的本金和利息的存款。由于商定的期限较长，若客户提前支取，则会遭受相应的损失。

活期存款是指随时提取或支付的存款，相比定期存款，更加方便灵活，而且相对银行而言，支付客户的利息较少，是银行成本较低、风险较小的融资渠道。

2. 借入负债

借入负债，顾名思义是指商业银行通过向金融市场或中央银行直接借款所形成的负债。相对于存款的被动性，借入负债是一种主动负债，主要分同业拆借、向中央银行借款、回购协议、公众借款和境外借款五种类型。同业拆借和回购协议将在本章第四节详细介绍。

由于中央银行是"银行的银行"，担负着最后借款人的职责，商业银行向中央银行借款方式主要有再贴现和再贷款两种途径，而这两种途径都具有很强的存款派生功能，因此中央银行对借款资金数量、再贴现期限等多方面都具有严格限制。公众借款和境外借款是指银行面向国际金融市场及境外企业或个人通过发行金融债券融资。

3. 结算中负债

商业银行在办理转账结算业务时，常常会面临一些临时负债，如一些应付款项等则构成商业银行的结算中负债。结算中负债大部分由中间业务形成，反映了银行中间业务和表外业务的发展程度，并且资金期限短、成本低。

相比而言，存款业务是商业银行负债的重点，在银行负债中占了很大比重，但存款负债为被动负债，存款的期限和金额都是由客户自行决定的，银行缺乏一定的控制权。借入负债则为主动负债，银行的借入资金由商业银行的经营管理者决定，因此对银行经营者而言，借入负债比存款负债具有更大的主动性、灵活性和稳定性。

（二）影响银行存款的主要因素

1. 外部因素

（1）经济发展水平和经济周期。经济和货币信用发达的国家和地区，社会存款来源渠道多、存量大、未来增长潜力大，商业银行可调动的资金量大，生存发展的空间广阔；经济欠发达、信用关系简单的国家和地区，社会积累较少，存款来源有限，商业银行很难获得维持生存发展所需要的存款规模，未来发展空间狭小。在经济周期的不同阶段，银行受制于宏观经济的发展状况，吸收存款的难易程度也有很大差别。在经济高涨时期，有效需求猛增，社会资金充裕，银行存款规模会大幅增长；在经济萧条时期，有效需求不足，社会资金匮乏，银行存款增幅下降甚至存量下降。

（2）银行同业的竞争。任何一个国家和地区，在一定时点上，可动用的社会存款总量是一定的，过多的银行等金融机构追逐有限的资金来源，必然会影响到银行的存款规模。

（3）中央银行的货币政策。中央银行货币政策的变动会直接或间接地影响整个社会的存款水平，从而影响商业银行存款业务的发展。

（4）金融法规。为了协调经济发展，维护金融秩序，各个国家都制定有专门的法律法规规范商业银行的行为。当一个国家或地区政府制定的政策有利于商业银行发展时，银行存款的增长就快；反之，银行存款的增长就慢。

（5）人们的储蓄习惯和收入、支出预期。由于生活环境、文化背景、社会制度等方面的差异，人们的储蓄习惯和支出预期各不相同，这些因素必然反映到人们的存款态度上，从供给方面影响银行的存款水平。

2. 内部因素

（1）存款计划与实施。银行应在详细调查市场的基础上制定出切实可行的存款规划。银行应先做到机构网点布局合理，然后配置好得力的人员，在此基础上合理分配存款增加任务，并根据进展情况及时加以调整。

（2）存款利率。存款利率代表存款人的存款收益，提高利率能提高存款人的存款积极性，从而扩大银行的存款规模。但是，由于竞争的存在，一个银行提高存款利率必然激起其他银行争相效仿，最终的结果很可能是该银行不但没有提高存款的市场占有率，反而提高了整个银行业的利率成本。

（3）银行服务。服务项目、服务质量、营业时间等都是商业银行增强存款吸收能力的重要方法。

（4）银行的实力和信誉。在其他条件相同的情况下，存款人更愿意把钱存入实力雄厚、信誉卓著的大银行。

（5）银行的社会联系。良好的社会联系是银行吸收存款的"无形资产"。银行员工的行为、银行的形象等都可以成为影响银行存款业务的重要因素。银行通过向企业提供存款、贷款、结算等服务，可以增强与企业的联系，稳定并扩大企业存款。

（三）负债业务对商业银行的意义

（1）负债业务为商业银行提供了重要的资金来源。商业银行作为社会的信用中介，首先是"借者的集中"，然后才是"贷者的集中"，因而负债业务是商业银行最主要、最基本的业务。

（2）一定规模的负债是商业银行生存的基础。商业银行的负债总额需要达到一个适度的规模，即经济负债规模。低于这一规模，商业银行不能合理地进行资产运作，无法摊销员工工资、固定资产折旧等费用支出，必将招致亏损。高于这一规模，也可能产生资金运用风险和管理风险，从而导致亏损。

（3）负债业务的规模和结构制约着商业银行资产业务的规模和结构，从而限制了商业银行的盈利水平并影响其风险结构。负债规模的大小是商业银行经营实力的重要标志，关系到自身的生死存亡。同时，信贷资金的运动规律决定了商业银行的负债和资产之间在期限、利率、风险等方面有着内在的联系，负债结构在很大程度上制约着资产结构，影响着盈利水平和风险状况。

（4）负债业务为商业银行的流动性管理提供了资产业务以外的基本操作手段。保持资产的流动性是商业银行经营管理的原则之一，利用主动型负债业务解决流动性需要，商业银行则可以处于主动的地位，在满足流动性的同时兼顾了盈利性，使商业银行的流动性管理更加灵活机动。

（5）负债业务的开展有利于银行与客户建立稳定的业务联系，为银行提供更多的信息来源。银行通过吸收社会存款等各项负债业务及相关的结算业务，可以及时掌握各类存款人的资金状况和经营情况，为进一步吸收存款、开展贷款等资产业务、评价风险状况等提供必要的信息，有利于银行进行业务决策。

（四）商业银行负债业务的经营管理目标

（1）努力增加负债总量，提高负债的稳定性。存款负债是商业银行负债业务的主体，但是存款对商业银行来说有很大的不稳定性，这种不稳定性不利于商业银行开展期限较长的资产业务，从而降低了盈利水平。因此，为不断增加盈利能力，商业银行既要提高服务水平稳定现有存款等各项负债余额，又要下大力气挖掘新的资金来源渠道。这些都要求商业银行制定科学的负债业务管理规划，采取切实可行的方法措施组织更多的资金，增加负债规模，并努力提高负债的稳定性。

（2）调整优化负债结构。负债管理除了增加负债总量以保持并增加负债的稳定性外，还必须兼顾结构上的合理性。合理的负债结构需要长短期负债合理搭配，不片面地强调任何一种业务，必须着眼于商业银行资产业务发展的需要，对长短期负债进行优化组合，使商业银行的负债结构既可以与资产运用的需要相匹配，又能满足降低资金风险和保持必要流动性的要求。

二、商业银行的资产业务

我国商业银行的资产主要包括现金资产项目、二级准备项目、信贷资产项目、证券投资项目和固定资产项目。

（一）现金资产项目

现金资产是指商业银行随时可以用来偿付还债需要的资产，是银行资产中流动性最强的资产，又被称为一级准备，包括中央银行存款、同业存款和自有库存现金三部分。其中，中央银行存款包括法定准备金存款和超额准备金存款。同业存款是为了在保持商业银行资产流动性的同时，兼顾收益性，提高资金使用效率，同时也方便对客户的跨行支付进行结算。自有库存现金是为了应付客户的日常取现及其他日常业务的开展。由于现金资产项目的收益率是所有资产项目中最低的，因此商业银行在经营中总是在确保流动性与安全性的前提下减少现金资产的持有。

（二）二级准备项目

二级准备是指流动性强于信贷资产但弱于现金资产，同时收益率也介于现金项目与信贷项目之间的资产，主要包括贵金属、待出售证券、同业拆出和逆回购协议。商业银行投资持有的贵金属，主要是黄金和白银。商业银行有时也充当贵金属回购的逆方，即收到客户抵押的贵金属，贷出款项。待出售证券是银行持有的，即将用于出售的证券。同业拆出一般是小银行为了提高收益，将资金拆借给大银行，而大银行通过连续的拆借获得稳定的资金来源。逆回购协议是商业银行作为回购协议的另一方，得到正回购方质押的证券并借出资金。到期时，正回购方按约定条件向商业银行付息或是溢价购回质押的证券，从而使逆回购方获得收益。

（三）信贷资产项目

信贷资产项目包括贷款业务和票据贴现业务。贷款业务是商业银行最重要的资产，是商业银行经营管理的核心，指商业银行通过发放贷款，期望未来收回本金和利息，扣除各项成本后获得利润，是商业银行的主要盈利来源。根据贷款保证形式的不同，信贷资产项目分为信用贷款、担保贷款、抵押贷款等。信用贷款是指根据借款人的信誉，不需提供任何抵押品贷款，分为普通借款限额、透支、备用信贷、消费贷款。担保贷款是指有担保的贷款，根据担保的形式可以分为抵押贷款、质押贷款和保证贷款。

（四）证券投资项目

作为商业银行一种主要盈利资产，证券投资项目在商业银行资产项目中通常占有约20%甚至更高的比重。证券投资业务是指商业银行在金融市场上购买有价证券，追求买卖价差的活动。商业银行证券投资业务的功能包括分散风险、获得稳定收益、保持资产流动性、投资避税组合以合理避税等。证券投资对象主要有国库券、中长期国债、政府机构债券、地方政府债券等。

（五）固定资产项目

固定资产项目是指商业银行为了日常办公、研发技术、创造产品、出租或经营管理这些目的而持有的，使用期限超过 1 年的有形资产。从实物形态上看，商业银行的固定资产主要包括房地产、交通工具、电子设备、其他耐用办公用具等设备。这些固定资产作为商业银行进行持续经营的载体，为商业银行提高竞争力、扩展业务空间、增强创新能力、建设良好的经营环境等方面发挥了重要作用。

（六）资产的功能

对商业银行而言，资产的功能主要如下：

第一，银行的资产是商业银行获得收入的主要来源。

第二，资产的规模是衡量一家商业银行实力和地位的重要标志，商业银行的信用高低直接与其资产的规模大小有关。

第三，资产质量是银行前景的重要预测指标。一家银行的资产分布情况、贷款的对象和期限都影响着银行的资产质量，对资产质量进行分析可以使人们对商业银行的经营前景做出科学的预测，从而促使银行进一步提高经营管理水平，为银行的股东增加利润。

第四，资产管理不善是导致银行倒闭、破产的重要原因之一。由于银行资产管理在整个银行管理中处于非常重要的地位，银行资产管理不善，导致银行出现流动性危机，不能够及时足额地支付存款人的需要和融资人的融资要求，严重的话会出现银行倒闭现象。

三、商业银行的中间业务

商业银行中间业务是指商业银行从事的不必按照会计准则计入资产负债表，也不会影响资产负债额的业务，但这些业务形成银行非利息收入的业务，并且会影响到商业银行的当期损益。因为其不构成商业银行表内资产、表内负债，所以称为中间业务。中间业务可以分为以下九大类：

（一）支付结算类中间业务

支付结算类中间业务是指由商业银行为客户办理因债权债务关系引起的与货币支付、资金划拨有关的收费业务。例如，票据支付结算、汇兑、托收等。

（二）银行卡业务

银行卡是由经授权的金融机构（主要指商业银行）向社会发行的具有消费信用、转账结算、存取现金等全部或部分功能的信用支付工具，可以表现为电话银行、手机银行、网上银行等若干形式。

（三）代理类中间业务

代理类中间业务是指商业银行接受客户委托、代为办理客户指定的经济事务、提供金融服务并收取一定费用的业务，包括代理政策性银行业务、代理中国人民银行业务、代理商业银行业务、代收代付业务、代理证券业务、代理保险业务、代理其他银行的银行卡收单业务等。

（四）担保类中间业务

担保类中间业务是指商业银行为客户债务清偿能力提供担保，承担客户违约风险的业务，主要包括银行承兑汇票、备用信用证、各类保函等。

（五）承诺类中间业务

承诺类中间业务是指商业银行在未来某一日期按照事前约定的条件向客户提供约定信用的业务，主要有贷款承诺等。

（六）交易类中间业务

交易类中间业务是指商业银行为满足客户保值或自身风险管理等方面的需要，利用各种金融工具进行的资金交易活动，主要包括金融衍生业务。

（七）基金托管业务

基金托管业务是指有托管资格的商业银行接受基金管理公司的委托，安全保管所托管的基金的全部资产，为所托管的基金办理基金资金清算款项划拨、会计核算、基金估值、监督管理人投资运作，包括封闭式证券投资基金托管业务、开放式证券投资基金托管业务和其他基金的托管业务。

（八）咨询顾问类业务

咨询顾问类业务是指商业银行依靠自身在信息、人才、信誉等方面的优势，收集和整理有关信息，并通过对这些信息以及银行和客户资金运动的记录与分析，形成系统的资料和方案，提供给客户，以满足其业务经营管理或发展需要的服务活动。

（九）其他类中间业务

其他类中间业务包括保管箱业务以及其他不能归入上述八类的业务。

第三节　商业银行的管理

一、商业银行的组织结构

（一）商业银行的组织形式

现代商业银行一般都是按照公司治理形式组建的股份制企业，组织形式是为了保证组织目标的有效实现而建立起来的组织内部各构成部分之间的相互关系，是一个组织的经营风格和战略思想的具体体现，是保证有效管理的基础和前提。商业银行的成功首先要拥有一个高效率的组织结构。

1. 单一制组织结构模式

单一制也叫单元制，是商业银行业务只由一个独立的商业银行经营，不设任何分支机构的商业银行组织结构模式。这种银行主要集中在美国，因为美国历史上曾实行过单一银行制，规定商业银行业务应由各个相互独立的商业银行本部经营，不允许设立分支机构，每家商业银行既不受其他银行控制，也不得控制其他商业银行。这一制度的实施在防止银行垄断，促进银行与地方经济的协调等方面起到了积极的作用，但同时也带来许多弊端，不利于银行业发展。1994 年，美国国会通过《里格尼尔银行跨州经营及设立分支机构效率法》，取消了对银行跨州经营和设立分支机构的管制。但由于历史原因，美国仍有不少单一制商业银行。推行单一制模式的理由主要在于：

（1）可以限制商业银行之间的相互吞并，不易形成金融垄断。

（2）商业银行的地方性强，有利于协调银行与地方政府之间的关系。

（3）商业银行具有较大的独立性和自主性，业务经营上比较灵活。

（4）管理层次较少，从而决策层的意图传导较快。

但是，在单一制模式下，商业银行在整体实力的扩展上会受到较大限制，导致商业银行在经济发展和金融业的竞争中常会处于不利的地位。在经济全球化和金融国际化的背景下，这种模式日益显现出不利于经济外向型发展的趋势，甚至人为地造成资本的迂回流动。在信息技术飞速发展的时代，这种模式尤其不利于现代信息技术的开发、普及和推广应用，商业银行的业务发展和金融创新受到较大的限制。

2. 总分行制组织结构模式

总分行制模式是指法律允许商业银行除设立总行外，还可以在不同地区及同一地区普遍设立分支行并形成庞大的分支网络。《中华人民共和国商业银行法》第十九条规定："商业银行根据业务需要可以在中华人民共和国境内外设立分支机构。"实行总分行制的商业银行通常都有一个以总行为中心的、庞大的银行网络。总分行制组织结构模式的优点在于：

（1）便于吸收各种社会闲置资金，有利于扩大经营规模。

（2）便于利用现代化的信息技术和设备，提供优质的金融产品和服务。

（3）更容易实现规模经济效益。

（4）总分行制模式商业银行的应变能力和承担风险能力较强，各分支机构之间可以通过内部资金调剂来分散和化解风险。

（5）实行总分行制模式的国家中商业银行的家数较少，简化了政府对金融领域的控制。

（6）总分行制模式总行负责决策，分行负责执行，业务经营战略受地方政府干预较小。

但是不可否认的是，总分行制模式容易加剧银行业的兼并重组，从而导致金融垄断的加速。此外，商业银行内部的管理层次较为繁杂，政府的宏观调控的意图在传导中容易出现时滞，从而影响经济政策的实施效果。

3. 集团控股制组织结构模式

集团控股制是指由一家控股公司持有一家或多家商业银行的股份的组织结构模式，各商业银行的实际业务与经营决策权统属控股公司掌握。集团控股制模式的最初产生是为了解决商业银行业务发展中的实际问题，即规避跨地区设立分支机构的法律障碍。这种制度最初主要兴起于二战后的美国，弥补了单一制银行的缺点。总体来看，集团控股制模式的优点在于：

（1）集团控股制模式为商业银行在经营管理方面提供了相当大的灵活性，它们甚至可以兼并资产多样化的非银行企业，实现全方位扩展盈利的目标。

（2）商业银行在经济和税收条件较好情况下，可以有选择地设立分支机构，从而弥补了单一制模式的不足。

（3）集团控股公司能有更多的机会进入金融市场、扩大债务和资本总量，从而增强自身实力，提高抵御风险的能力和确保竞争中的优势地位。

但是相对于其他组织结构模式而言，集团控股制模式更容易导致银行业的集中并加速金融垄断的形成，从而不利于商业银行之间开展竞争，在一定程度上影响了商业银行的活力。

4. 连锁制组织结构模式

连锁制是指由某一个集团或企业购买若干家具有独立法人资格的商业银行的多数股票，从而控制这些商业银行，并将这些商业银行的经营决策权进行集中控制。连锁制模式与集团控股制模式的作用相同，主要的差别在于连锁制模式中没有集团公司的形式存在，即不必成立控股公司。连锁制模式的优势与集团控股制模式基本一致，但缺点在于连锁制模式下的商业银行在业务经营中容易受到个人或集团的控制，在资本扩张、业务发展等方面的独立性和自主性较差。

（二）商业银行的组织机构

商业银行的内部组织结构是指就单个银行而言，银行内部各部门及各部门之间相互联系、相互作用的组织管理系统。现代商业银行一般都是按照公司治理形式组建的股份制企业，以股份制形式为例，其组织机构可分为决策机构（决策层）、执行机构（执行层）和监督机构（监督层）三个层次。

其中，决策层由股东大会、董事会及董事会下设的有关委员会组成，执行层由总经理（或行长）及其领导的有关职能部门组成，监督层由监事会、总稽核及董事会下设的各种检查委员会组成。

1. 商业银行决策层

商业银行的决策层主要由股东大会和董事会及下设的各种委员会构成。股东大会是股份制商业制银行的最高权力机构，是股东们参与银行的经营管理等决策的途径。由于各国国情不一样，股东大会的权力有很大差异。

董事会是由股东大会选举产生的决策机构，对银行经营的方针、战略和重大投资进行决策。董事的任期一般为 2~5 年不等，可连选连任。在大多数情况下，董事在银行中并无具体经营职务，也不在银行领取薪金，但银行给予董事的费用补贴较高。在股东大会休会期间，银行的决策机构实际上就是董事会，由董事长召集，做出各项决策。商业银行的董事长由董事会决定。

2. 商业银行执行层

商业银行的执行和管理层次由总经理（行长）和副总经理（副行长）以及各业务职能部门组成。总经理（行长）是商业银行的行政首脑，其职责是执行董事会制定的经营方针和投资策略，对重大的经营性工作进行判断和决策，组织和实施商业银行日常业务活动的经营管理。

商业银行一般设置若干个副总经理（副行长）以及业务职能部门，如贷款、投资、信托、储蓄、资金交易、金融工程、财会、人力资源和公共关系及研究开发等部门，通常由银行的高级副总经理（副行长）主管各业务部门的工作，各职能部门由部门经理负责。

3. 商业银行监督层

商业银行的监督层由股东大会选举产生的监事会及银行的稽核部门组成。监事会的职责是对银行的一切经营活动进行监督和检查。监事会的检查比稽核委员会的检查更具权威性，一旦发现问题，可以直接向有关部门提出限期改进的要求。总稽核是董事会下设的监督部门，设置的目标在于防止篡改总账目、滥用公款和各种浪费行为的发生，确保商业银行资金运行的安全。总稽核与监事会的差别在与监事会是股东大会的代表，可以对董事会进行监督，而总稽核则是董事会的代表，其监督职责权限等较小。

4. 商业银行的部门设置

（1）业务拓展部门体系。商业银行的业务拓展部门体系是主要由前台处理部门组成的业务流程运行体系，面对分别由政府、金融同业、公司和个人客户组成的细分市场，并形成相对独立的业务部门。现代 商业银行的业务部门体系基本上分为两部分，一部分是负责零售业务的部门体系，另一部分是负责批发业务的部门体系。

（2）管理部门体系。现代商业银行的管理部门体系包括公共关系、财务管理、信贷管理、项目管理、风险控制、审计、法律事务等部门。此外，西方商业银行还有两个很特别的部门，一个是规则部门，专门负责落实和满足政府监管机构对商业银行提出的各种要求；另一个是变动管理部门，专门负责银行的战略制定与实施、例外情况的处理。

管理部门主要职责包括：制定规章制度、制定业务服务标准和规范、制定工作指引以及对业务部门工作内容的执行和落实情况进行检查和督导。管理部门不直接从事业务的操作，跟业务部门是分离的，只是负责对业务部门进行管理和控制。

二、商业银行的管理原则

为保证业务的可持续发展，在经营过程中，商业银行遵循安全性、流动性和盈利性三项原则。

（一）安全性

安全性要求银行在经营活动中，必须拥有一定的自有资本以保证足够的清偿能力，经得起重大风险和损失，能应付客户随时提款，防范可能因为清偿能力的不足带来的危机。商业银行高度负债经营，是其存在潜在风险的根本原因，而负债经营带来的风险主要是靠银行自有的资本来抵御与防范。因此，商业银行在经营其资产业务时，要合理安排资产规模与结构，控制好存贷比，维持一定量的自有资本，保障其经营的安全性。

（二）流动性

流动性是指商业银行应保证随时以适当的价格获取可用资金，以便应付客户从银行取现的能力。衡量流动性的标准包括变现速度和变现成本。变现速度指商业银行资产变现需要的时间长短，变现成本则是指变现带来的资产损失，该损失越小，该项资产的流动性越强。流动性最高的资产主要是指商业银行的库存现金、在中央银行的超额准备金存款以及在其他金融机构的活期存款。商业银行可以根据流动性需要调节这些资产的数量，从而保证足够的流动性。

（三）盈利性

盈利性是指作为一个企业，商业银行追求盈利最大化原则，这是商业银行经营的最主要目标。商业银行的盈利，主要来自其资产业务，但随着商业银行的发展，中间业务与表外创新业务也为商业银行带来了可观的收入。商业银行盈利能力较强的资产主要是流动性较差的资产，如长期贷款，而现金作为流动性最强的资产，其盈利能力却是最差的。因此，商业银行保持盈利能力，就必须将持有的现金资产控制在一定比例。同时，贷款与投资的损失以及经营过程中产生的成本，也会降低商业银行的盈利能力，这也应该是商业银行增强其盈利能力所需关注的。

（四）"三性"原则的关系

商业银行三个经营原则之间存在着矛盾冲突。例如，为了实现安全性和流动性目标，商业银行就必须扩大自有资本与流动现金，但这些与实现盈利性目标有了冲突。"三性"原则的平衡，往往是各商业银行根据自身业务特点和资产负债表的具体情况进行合理配置的结果。商业银行应该把安全性置于优先考虑的位置，在保证安全性的前提下，争取资产的最大盈利性。安全性和流动性相辅相成，因此商业银行要根据实际情况，积极安排资产结构，确保持有适当比例的流动性资产以抵御和防范风险，同时持有风险可承受的盈利性较高的资产。

第四节　货币市场

一、货币市场概述

（一）货币市场的概念

货币市场是指以期限在 1 年及 1 年以下的金融资产为交易标的物的短期金融市场。货币市场交易的对象是较短期（1 年以内）的票据和有价证券，一般具有"准货币"的性质，流动性强，安全性高，但收益较资本市场的交易对象低。货币市场的主要功能是保持金融资产的流动性，以便随时转换成现实的货币。货币市场一般没有正式的组织，所有交易特别是二级市场的交易几乎都是通过电信方式联系进行的。市场交易量大是货币市场区别于其他市场的重要特征之一。

（二）货币市场的工具

所谓货币市场的工具，是指期限小于或等于 1 年的债务工具，它们具有很高的流动性。主要的货币市场的工具由短期国债、大额可转让存单、商业票据、银行承兑汇票、回购协议和其他货币市场工具构成。

短期国债是一国政府为满足先支后收所产生的临时性资金需要而发行的短期债券，又称为国库券，英国是最早发行短期国债的国家。短期国债具有风险低（短期国债是政府的直接负债，政府在一国有最高的信用地位，一般不存在到期无法偿还的风险，因此投资者通常认为投资于短期国债基本上没有风险）、流动性强（由于短期国债的风险低、信誉高，工商企业、金融机构、个人都乐于将短期资金投资到短期国债上，并以此来调节自己的流动资产结构，为短期国债创造了十分便利和发达的二级市场）、期限短（基本上是 1 年以内，大部分为半年以内）的特点。

大额可转让定期存单（CD）是指银行发给存款人，按一定期限和约定利率计息，到期前可以流通转让的证券化的存款凭证。

大额可转让定期存单的特点在于：对银行来说，大额可转让定期存单可以绕过对储蓄利息的法律限制增加资金来源，而且由于这部分资金可视为定期存款而能用于中期放款。对于企业来说，投资于存单是利用它们的闲置资金的一个好出路。

我国大额可转让定期存单市场的基本规定如下：

（1）大额存单的发行者只限于各类银行，不准非银行金融机构发行。

（2）存单分为对个人发行和对单位发行两种，投资者主要是个人，企业为数不多。对个人发行的存单，面额为 500 元及其整倍数；对单位发行的存单，面额为 5 万元及其整倍数。

（3）存单期限分别为 1 个月、3 个月、6 个月、9 个月和 1 年。存单不分段计息，不能提前支取，到期时一次还本付息，逾期不计利息。

（4）存单全部由银行通过营业柜台向投资者直接发售，不需借助于中介机构。

（5）存单利率由中国人民银行制定出最高限度，各发行银行能够在这个限度内自行调整，一般是在同期限的定期储蓄存款的利率基础上，再加 1~2 个百分点，弹性不大。

（6）银行以大额存单方式吸收的存款，要向人民银行缴存存款准备金。

二、同业拆借市场

（一）同业拆借市场的概念

同业拆借市场又称同业拆放市场，是商业银行等金融机构之间进行短期资金融通、临时性头寸调剂的市场。

我国同业拆借市场基本业务如表 3-1 所示。

表 3-1 我国同业拆借市场基本业务

业务类型	主要内容	业务特点
头寸拆借	头寸拆借指为进行票据交换、清算资金收支差额而发生的交易。同一城市各金融机构在一个特定场所，通过彼此交换所持有的其他金融机构的票据清算并抵消其债权债务	一般为同城拆借
资金借贷	资金借贷是为解决金融机构之间资金运行不平衡而形成的资金短缺问题	一般为异地拆借，解决时间差、空间差问题

（二）同业拆借市场的特点

银行间同业拆借市场的特点：融资期限较短、市场准入条件严格、信用拆借、交易效率高、利率由交易双方议定。

（三）全国银行间同业拆借市场状况

形成期：1984—1991 年，地区间的交易，利率随专业银行贷款利率调整，发展迅速。

成长期：1992—1993 年，跨地区，跨行业，拆借与信贷活动紧密关联，政府和非金融机构介入，利率上涨和期限延长。

规范期：1994—1995 年，对头寸拆借和短期拆借进行区分，规定期限，利率协商议定。

1996 年 1 月 3 日，全国统一的拆借市场启动。

在同业拆借市场上，利率作为资金的价格至关重要。1996 年，我国设置了银行间同业拆借利率（CHIBOR），但 1998 年终止使用。为进一步推动利率市场化，培育中国货币市场基准利率体系，提高金融机构自主定价能力，指导货币市场产品定价，完善货币政策传导机制，中国人民银行借鉴国际经验，建立了上海同业拆借利率（SHIBOR），并从 2006 年 10 月 8 日起开始试运行，2007 年 1 月 4 日正式开始对外公布。SHIBOR 是由信用等级较高的银行组成报价团自主报出的人民币同业拆出利率计算确定的算术平均利率，是单利、无担保、批发型的利率。SHIBOR 报价银行团由 18 家商业银行组成，这些报价银行是公开市场一级交易商或外汇市场做市商，在中国货币市场上人民币交易相对活跃、信息披露比较充分。全国银行间同业拆借中心受权负责 SHIBOR 的报价计算和信息发布。每个交易日根据各报价行的报价，剔除最高、最低各 2 家报价，对其余报价进行算术平均计算后，得出每一期限品种的 SHIBOR，并于 11：30 通过上海银行间同业拆借利率网（www.shibor.org）对外公布。目前，对社会公布的 SHIBOR 品种期限包括隔夜、1 周、2 周、1 个月、3 个月、6 个月、9 个月以及 1 年共 8 种。

三、票据贴现市场

票据市场是以各种票据为媒体进行资金融通的市场。我国现行的票据主要包括银行汇票、商业汇票、银行本票和银行支票四种，除商业汇票为远期票据外，其余三种均为即期票据。因此，只有商业汇票可以进行票据的贴现、转贴现业务，行使交换和转让的功能，构成我国票据市场的主体。

（一）票据的含义

票据是指出票人依法签发的，约定自己或委托付款人在见票时或指定的日期向收款人或持票人无条件支付一定金额并可流通转让的有价证券。

1. 支票

支票是活期存款账户的存款人委托其开户银行，对于受款人或持票人无条件支付一定金额的支付凭证。

2. 本票

本票是由发票人签发的载有一定金额，承诺于指定到期日由自己无条件支付给收款人或持票人的票据。本票的基本关系人只有出票人和受票人。

3. 汇票

汇票是由出票人签发一定金额，委托付款人于指定到期日无条件付款给受款人或持票人的票据。

美国票据市场上的主要交易工具包括商业票据（commercial paper）和银行承兑汇票（bankers acceptances）；英国票据市场上的主要交易工具包括英国政府国库券、商业票据、中央和地方政府的债券以及可转让存单等证券；日本的票据贴现市场是金融机构之间进行票据贴现买卖的市场，是金融机构以贴现方式，通过买卖票据，相互融通中期资金的市场，是银行间同业拆借市场的延伸；欧洲票据市场上的主要交易工具包括欧洲短期票据、欧洲商业票据、欧洲中期票据，最具特色的是欧洲票据市场上出现的融资便利（facility）。

（二）票据承兑

票据（汇票）之所以需要承兑是因为汇票是一种支付委托，即由发票人委托付款人于指定日期无条件支付一定金额给收款人或持票人。票面上虽有付款人的姓名或公司名称，但仅是发票人单方面的记载，不是付款的承诺。因此，在付款人没有正式承诺之前，付款人对于票据所载内容不负任何责任。发票人为票据主要债务人。收款人或持票人若要确定票据所载权利，查明付款委托是否真实，以期到期取得票面的所载款项，就必须在票据到期以前得到付款人的正式承诺。付款人承诺付款以后，就成为票据的主要债务人，从而确定了收款人或持票人的权利。因此票据承兑有以下三个主要功能：

第一，确认债权债务关系。

第二，确定付款日期。见票后定期付款的汇票票据到期日应从承兑日算起，因此为确定票据到期日就需要先行承兑。

第三，减轻和明确发票人或背书人的权利。西方国家的票据法一般进行这样的规定：除见票即付的即期汇票外，发票人或背书人需在汇票上做请求承兑的记载，并确定请求承兑时间。执票人若在规定时间内提请付款人承兑或超过规定时间才提请承兑，在遭到拒绝时，发票人或背书人往往要求执票人提请承兑。如果在规定时间内付款人拒绝承兑，发票人或背书人可以早做准备，如果付款人进行了承兑，就可以减轻发票人或背书人的责任。

（三）票据贴现

票据贴现是持票人在需要资金时，将其收到的未到期承兑汇票，经过背书转让给银行，先向银行贴付利息，银行以票面余额扣除贴现利息后的票款付给收款人，汇票到期时，银行凭票向承兑人收取现款。就客户而言，贴现即贴息取现。一般来讲，用于贴现的商业汇票主要包括商业承兑汇票和银行承兑汇票两种。

根据票据的不同贴现，票据分为银行票据贴现、商业票据贴现、协议付息票据贴现三种。

在货币市场上，从事贴现业务的是商业银行、贴现公司、中央银行。贴现的票据主要有汇票、商业本票、短期债券等。

票据贴现从形式上看是票据买卖，是银行买入未到期的票据或持票人将未到期的票据卖给银行，但实质上是债权转移，是一种信用活动，是银行的一种放款业务，是短期资金融通。通过票据贴现，持票人的票据债权提前转化为货币资金，从而有利于市场经济的发展和资金周转。

在票据贴现时，银行实际支付给贴现人的金额由票据面值、贴现期限和贴现利率三个因素决定。票据面值是银行支付实际贴现金额的基础，贴现期限是贴现申请日至票据到期日的期限，以天来计算。贴现利率在不同时期因贴现票据的种类不同而有差异，各商业银行在政策许可的范围内可以根据中央银行的再贴现利率加以调整。

票据贴现额＝票据面值－贴现利息

贴现利息＝票据面值×贴现年利率×(到期日－贴现日)/360

例如，如果某票据距离到期日还有 100 天，面值为 100 000 元，年贴现利率为 7.2%，那么贴现利息为：100 000×7.2%×100/360 ＝ 2 000 元，贴现人能够获得的贴现金额为 98 000 元。

1979 年，中国人民银行批准部分企业签发商业承兑票据，商业信用有了合法存在的一席之地。1981 年，中国人民银行上海市分行率先恢复同城商业票据承兑。1985 年，全国的专业银行都获准对企业签发的商业票据承兑，进行再贴现。1986 年，转贴现得以开展，至此票据承兑市场在停办 30 多年后得到恢复。商业票据本质上是由企业发行的信用型票据，票据的利率取决于发行企业的信用水平。在金融市场上，一些信用良好的大型公司的票据的发行成本低于银行贷款，因此企业具有利用商业票据作为其融资手段的需求。但是根据现行规定，我国目前的商业票据需要有实际交易为背景，而不是一般性的融资性票据。因此，我国的票据市场对于解决产业密切关联的企业之间的相互拖欠资金问题具有十分明显的作用，但对于一般性的融资需求而言，作用相对有限。近年来，在中国人民银行的政策推动下，票据市场发展很快，商业票据贴现和再贴现均有很大的增长。

四、回购协议市场

(一) 回购协议市场的概念

回购是指证券持有人（回购方）在出售证券的同时，与买方（逆回购方）签订协议，约定在某一时间，以事先确定的价格买回同一笔证券的融资活动。从形式上看，回购是两次证券买卖的过程，但实质上是一种短期资金的融通。回购方是短期资金的需求方，称为融资方，逆回购方是短期资金的供给方，称为融券方。回购交易中买卖的证券通常为国债。

(二) 回购协议市场的特点

我国的回购市场主要包括质押式回购市场和买断式回购市场。

上海证券交易所和深圳证券交易所分别于 1993 年 12 月和 1994 年 10 月开办了以政府债券为主要交易品种的质押式回购交易。1997 年 6 月，中国人民银行发布了《关于银行间债券回购业务有关问题的通知》，规定全国统一同业拆借中心开办国债、政策性金融债券和中央银行融资券回购业务；商业银行间债券回购业务必须通过同业拆借市场进行。2002 年 12 月和 2003 年 1 月，上海证券交易所和深圳证券交易所又分别推出企业债回购交易。目前，沪深交易所的证券回购券种主要是国债和企业债。从回购期限来看，上海证券交易所质押式国债回购期限有 1 天、2 天、3 天、4 天、7 天、14 天、28 天、91 天、182 天 9 种，质押式企业债回购期限有 1 天、3 天和 7 天 3 种。深圳证券交易所现有质押式企业债回购期限有 1 天、2 天、3 天、4 天、7 天、14 天、28 天、63 天、91 天、182 天、273 天 11 种，质押式企业债回购期限有 1 天、2 天、3 天和 7 天 4 种。全国银行间债券市场回购期限最短为 1 天，最长为 1 年，参与者可以在此期间内自由选择期限，不得展期。

买断式回购交易出现比较晚。2004 年 12 月 6 日，上海证券交易所在大宗交易系统将 2004 年记账式（十期）国债用于买断式回购交易，期限为 7 天、28 天和 91 天。2005 年 3 月 21 日，上海证券交易所在竞价交易系统将 2005 年记账式（二期）国债用于买断式回购交易。在交易所市场，买断式回购的券种和回购期限由交易所确定并向市场公布，但回购期限不超过 91 天。与质押式回购不同的是，买断式回购按照一次成交，两次清算的原则进行清算。初次清算价格为上一交易日对应国债的收盘价（净价）加上交易日对应国债的应计利息，购回清算价为购回价（净价）加上到期日应计利息，具体清算交收遵守结算的相关规定。

本章小结

依据《中华人民共和国商业银行法》的定义，商业银行是依法设立的吸收公众存款、发放贷款、办理结算等业务的金融机构。负债是商业银行最基本、最重要的业务，在商业银行的资金来源中占有主要地位。负债数量、结构和成本的变化，在极大程度上决定着商业银行的规模、利润和风险状况。商业银行的负债业务主要包括存款负债、借入负债和结算中的负债。

商业银行的资产业务是对资金运用的结果，是其获得收入的最主要来源。商业银行的资产大体上可以分为现金资产项目、二级准备项目、信贷资产项目、证券投资项目和固定资产项目。商业银行中间业务是指商业银行从事的、按照通行的会计准则不记入资产负债表内，不会形成银行现实的资产或负债，却能影响银行当期损益的业务。

货币市场是期限在 1 年以内的金融工具为媒介进行短期资金融通的市场。交易期限短、流动性强、安全性高、交易额大是货币市场的基本特征。市场中的短期金融工具主要有同业拆借、票据贴现和回购协议等，对不同金融工具的交易行为形成了不同的货币市场子市场。

本章的学习重点为了解商业银行的产生与发展；了解商业银行的性质与职能；理解并

掌握商业银行的资产业务、负债业务、中间业务；分析商业银行的盈利来源；理解并掌握商业银行存款业务、贷款业务；了解商业银行的组织形式；掌握商业银行资产和负债的管理意义；掌握商业银行的经营管理原则，理解安全性、流动性和盈利性的关系；掌握货币市场的特点与功能；了解货币市场各个子市场的运行机制；掌握货币市场工具；了解我国货币市场的发展状况；领会票据承兑与贴现业务；理解回购协议的运作原理；掌握大额可转让定期存单的特征；计算大额可转让定期存单的收益。

本章的学习难点在于领会基本理论的同时，对现实金融问题进行一定的分析。具体为了解商业银行的性质和职能，了解商业银行经营管理原则，掌握商业银行的业务，熟悉货币市场的构成及各工具的特点，能对商业银行业务种类进行分析，能区分货币市场和资本市场，养成初步识别货币市场工具的职业素养，培养控制安全性、流动性和盈利性的职业素养。

关键概念

1. 商业银行　　2. 资产　　　3. 负债　　　4. 大额可转让存单　　5. 本票
6. 汇票　　　　7. 同业拆借　8. 承兑　　　9. 贴现　　　　　　　10. 回购协议

思考题

1. 比较商业银行资产和负债，并各列举至少 2 种资产业务和负债业务。
2. 解释银行是如何"创造"货币的，并解释这一能力的局限性。
3. 比较信用合作社和商业银行的区别。
4. 货币市场的功能主要体现在哪些方面？
5. 为什么同业拆借利率是观察市场利率趋势变化的风向标？
6. 什么是回购协议？什么是逆回购协议？比较两者之间的关系。
7. 简述证券回购价格、售出价格与回购利率之间的关系。
8. 大额可转让定期存单对商业银行改变经营理念起到什么作用？

练习题

一、单项选择题

1. 当今国际银行业最流行的组织形式是（   ）。

    A. 单一制商业银行   B. 总分行制商业银行

    C. 全国性商业银行   D. 控股公司制商业银行

2. 活期存款又被称为（   ）。

    A. 本票存款   B. 存折存款   C. 汇票存款   D. 支票存款

3. 商业银行的负债业务主要包括存款业务和（   ）。

    A. 贷款业务   B. 证券投资业务

    C. 借款业务   D. 现金资产业务

4. （   ）包括个人住房贷款、个人消费贷款、个人经营性贷款和银行卡透支等。

    A. 公司类贷款   B. 票据贴现   C. 个人贷款   D. 可疑贷款

5. 下列选项中，不能在货币市场上交易的金融工具是（   ）。

    A. 大额可转让定期存单   B. 国库券

    C. 普通股   D. 汇票

6. 下列选项中，资产的流动性最高的是（   ）。

    A. 现金   B. 国债   C. 股票   D. 贷款

7. 货币市场只涉及（   ）。

    A. 短期融资   B. 中期融资

    C. 长期融资   D. 所有以上类型的融资

8. 下列选项中，属于商业银行的负债的是（   ）。

    A. 证券投资   B. 在中央银行的存款

    C. 银行客户的存款   D. 银行持有的汇票

9. 假定一家银行的法定存款准备金率是10%，新增1 000元的现金存款，则整个银行系统最多可增加贷款量是（   ）。

    A. 100 元   B. 900 元   C. 1 000 元   D. 9 000 元

10. 下列选项中，不属于货币市场特点的是（   ）。

    A. 交易期限短   B. 流动性弱   C. 安全性高   D. 交易额大

11. 同业拆借的参与主体目前只有（   ）。

    A. 政府   B. 金融机构   C. 工商企业   D. 国际组织

12. 同业拆借市场上交易的主要是（　　　）。

  A. 商业银行存放在中央银行存款账户上的超额准备金

  B. 企业账面上的富余资金

  C. 居民手中的闲置资金

  D. 国际流动的闲置资金

13. 同业拆借市场最普遍的拆借期限是（　　　）拆借。

  A. 7 天   B. 隔夜   C. 14 天   D. 1 个月

14. 负责 SHIBOR 报价计算和信息发布的是（　　　）。

  A. 全国银行间同业拆借中心   B. 中国人民银行

  C. 银行业协会   D. 证监会

15. 有资格发行商业票据的公司是（　　　）。

  A. 信誉卓越的大公司   B. 信誉良好的小公司

  C. 信誉一般的大公司   D. 信誉一般的小公司

16. 一张面额为 1 000 元、3 个月后到期的汇票，持票人到银行贴现，若该票据的年贴现率为 4%，则持票人可得的贴现金额为（　　　）。

  A. 1 000 元 B. 999 元 C. 10 元 D. 990 元

17. 我国 20 世纪 90 年代叫停发行大额可转让定期存单的原因不包括（　　　）。

  A. 当时的投资者购入存单后一般不转让，流动性很差

  B. 大额可转让定期存单成了当时商业银行变相高息揽存的手段

  C. 广大投资者不愿购买

  D. 存单面额小，不符合原来的典型特征

二、多项选择题

1. 活期存款的特点包括（　　　）。

  A. 支取方便 B. 利率高 C. 运用灵活 D. 利息低

  E. 按约定时间支取

2. 定期存款的办理方式包括（　　　）。

  A. 随时支取 B. 整存整取 C. 零存整取 D. 整存零取

  E. 存本取息

3. 按期限长短不同，贷款可分为（　　　）。

  A. 信用贷款 B. 担保贷款 C. 短期贷款 D. 中期贷款

  E. 长期贷款

4. 按保障条件不同，贷款可分为（　　　）。

  A. 信用贷款 B. 担保贷款 C. 短期贷款 D. 中期贷款

  E. 长期贷款

5. 按具体担保方式不同，担保贷款又分为（　　）。

　　A. 保证贷款　　　　B. 抵押贷款　　　　C. 质押贷款　　　　D. 个人贷款

6. 银行从事证券投资业务的特点包括（　　）。

　　A. 主动性强　　　　B. 流动性强　　　　C. 收益稳定　　　　D. 易于分散管理

　　E. 收益波动性大

7. 下列关于回购协议的表述中，正确的是（　　）。

　　A. 本质上是一种以一定数量证券为质押品进行的短期资金融通行为

　　B. 回购价格高于出售价格

　　C. 期限通常在一年以上

　　D. 回购利率通常低于同业拆借利率

　　E. 属于货币市场金融工具

8. 下列选项中，属于银行的资产的是（　　）。

　　A. 客户存款　　　　　　　　　　B. 库存现金

　　C. 在中央银行的准备金存款　　　D. 给客户的贷款

9. 下列关于大额可转让定期存单的表述中，正确的是（　　）。

　　A. 存单面额大　　　　　　　　　B. 二级市场非常发达

　　C. 强化了商业银行的负债管理理念　　D. 存单不记名

10. 下列关于大额可转让定期存单的利率的说法中，正确的是（　　）。

　　A. 固定利率　　　　　　　　　　B. 利率高低取决于发行银行的信用评级

　　C. 利率高低取决于存单的期限　　D. 利率高低取决于发行量

三、计算题

某企业将没到期的银行承兑汇票转让给银行，原汇票金额为 10 万元，距到期日还有 15 天，银行月贴现利率为 1%，则银行该给企业的贴现金额是多少？

（练习题参考答案）

（本章学习课件）

第四章 学会证券交易

学习目标

知识目标
1. 掌握证券公司的概念
2. 掌握证券市场的功能
3. 掌握证券交易所的特征
4. 掌握股票的概念与特点
5. 掌握债券的定义和基本要素
6. 掌握基金与基金公司的概念
7. 掌握基金的类型

能力目标
1. 能明白证券的含义
2. 能认识证券公司的业务
3. 能掌握股票场内交易的程序
4. 能掌握债券投资收益和收益率的计算
5. 能运用政府的医疗保险制度规划自身的医疗保险计划

素养目标
1. 通过证券市场的学习，能养成具有关注证券市场动态的观念
2. 通过证券产品的学习，能明白投资的风险，养成正确的投资观念

引导案例

[案例] 股市的市场特征

股票的一大特征就在于其价格的波动性。我们投资股票时，时刻面临着因股市行情的涨跌而引起的风险，这种风险可以通过股票价格指数的波动来分析。

股票市场风险的一个最突出的表现就是股市暴跌，这甚至会导致股市危机。1987 年 10 月，西方股市发生暴跌风潮。1987 年 10 月 19 日，代表纽约股票市场价格的重要指数——道·琼斯 30 种工业股票平均价格指数在一天之内暴跌了 508.34 点，跌幅达 22.6%。据估计，在当天的几个小时内，美国的投资者共损失了 5 000 多亿美元。这一大，被投资者称为"黑色星期一"。我国股市在继 2014 年的火爆行情后，2015 年年初股票大盘指数继续震荡攀升。2015 年 6 月 12 日，上证综合指数创出了 5 178.19 点的近年最高点。但在这之后，大盘指数开始一路下跌，到 2016 年 1 月 27 日，上证综合指数跌至 2 638.30 点，跌幅达 46.59%，投资者损失惨重。

翻看中国股市以及世界各国股市中著名的暴涨行情，无一例外的都是暴涨之后必有暴跌。市场人气在一度膨胀进而失控的牛市之后，必然带来的是获利了结的情绪，这种情绪会形成空方压力，从而"多杀多"，导致股市加速下跌，形成"恶性踩踏"。

从个股角度看，市场主力借助"概念炒作"将个股行情推向疯狂，积累起巨大风险。沪深两地股市中有一些缺乏业绩支撑或透支未来业绩，而价格已达"市梦率"的概念股。真正的"慢牛"行情可以参考美国股市的历史记录，基本上这些行情都是从一开始就不温不火地涨，一年也涨不了多大幅度，但往往能一直涨下去，因为这样的行情根本吸引不了赌徒的关注，股市中更多的是价值投资者。

思政课堂

证券市场规范与法治精神——某上市公司高管内幕交易案

某上市公司在筹划一项重大资产重组事项，该事项对公司股价具有重大影响。在重组事项公开之前，公司的高管李某利用职务之便，提前获知了这一内幕信息。李某在获知内幕信息后，利用自己和他人的账户，在二级市场上大量买入该公司股票。随着重组事项的公开和市场的热烈反应，公司股价大幅上涨，李某因此获得了巨额的非法收益。

然而，李某的违法行为并没有逃脱监管部门的法眼。监管部门在调查中发现了李某的异常交易行为，并经过深入调查，确认了其内幕交易的犯罪事实。最终，李某被依法追究刑事责任，并被处以巨额罚款和市场禁入的处罚。

启示：通过这个案例，我们可以看到内幕交易的严重危害性和法治精神在维护证券市场秩序中的重要性。内幕交易破坏了市场的公平、公正和公开原则，使得一部分人能够利用未公开的信息获取不当利益，损害了其他投资者的权益。法治精神是遏制内幕交易等违法行为的有力武器。在这个案例中，监管部门依法查处了李某的违法行为，维护了市场的秩序和投资者的权益。

第一节 证券公司、证券市场、证券交易所与证券登记结算公司

一、证券公司的概念

证券公司（securities company）是专门从事有价证券买卖的法人企业，分为证券经营公司和证券登记公司。狭义的证券公司是指证券经营公司，是经主管机关批准并到有关工商行政管理局领取营业执照后专门经营证券业务的机构。其具有证券交易所的会员资格，可以承销发行、自营买卖或自营及代理买卖证券。普通投资人的证券投资都要通过证券商来进行。不同的国家，证券公司有着不同的称谓。在美国，证券公司被称为投资银行（investment bank）或证券经纪商（broker-dealer）；在英国，证券公司被称为商人银行（merchant bank）；在东亚（以日本为代表），其被称为证券公司（securities company）。证券公司的业务范围包括证券经纪、证券投资咨询以及与证券交易、证券投资活动有关的财务顾问、证券承销与保荐、证券自营、证券资产管理。证券经营公司按功能可以分为以下三类：

第一，证券经纪商，即证券经纪公司，是代理买卖证券的证券机构。其接受投资人委托、代为买卖证券，并收取一定手续费（佣金）。

第二，证券自营商，即综合型证券公司，是除了证券经纪公司的权限外，还可以自行买卖证券的证券机构。其资金雄厚，可直接进入交易所为自己买卖股票。如国泰君安证券。

第三，证券承销商，即以包销或代销形式帮助发行人发售证券的机构。

实际上，许多证券公司是兼营以上三种业务的。按照各国现行的做法，证券交易所的会员公司均可以在交易市场进行自营买卖，但专门以自营买卖为主的证券公司为数极少。

另外，一些经过认证的创新型证券公司还具有创设权证的权限。过去，我国证券监督管理部门将证券公司分为综合类证券公司和经纪类证券公司，并实施分类监管。随着资本市场的发展，分类监管划分模式已不能适应我国证券市场的专业化细分和规模化的发展方向。2006年1月1日起实施的经修订的《中华人民共和国证券法》将原有的分类管理的规定调整为按照证券经纪、证券投资咨询、财务顾问、证券承销和保荐、证券自营、证券资产管理、其他证券业务等业务类型进行管理，并按照审慎监管的原则，依据各项业务的风险程度，设定分类准入条件。

二、证券公司的业务

我国证券公司的业务范围包括证券经纪，证券投资咨询，与证券交易、证券投资活动

有关的财务顾问，证券承销与保荐，证券自营，证券资产管理以及其他证券业务。《中华人民共和国证券法》规定，经国务院证券监督管理机构批准，证券公司可以为客户买卖证券提供融资融券服务及其他业务。

（一）证券经纪业务

证券经纪业务又称代理买卖证券业务，是指证券公司接受客户委托代客户买卖有价证券的业务。在证券经纪业务中，证券公司只收取一定比例的佣金作为业务收入。证券经纪业务分为柜台代理买卖证券业务和通过证券交易所代理买卖证券业务。目前，我国证券公司从事的经纪业务以通过证券交易所代理买卖证券业务为主。证券公司的柜台代理买卖证券业务主要为在代办股份转让系统进行交易的证券的代理买卖。

在证券经纪业务中，经纪委托关系的建立表现为开户和委托两个环节。

经纪关系的建立只是确立了投资者和证券公司直接的代理关系，还没有形成实质上的委托关系。当投资者办理了具体的委托手续，即投资者填写了委托单或自助委托，证券公司受理了委托，两者就建立了受法律保护和约束的委托关系。经纪业务中的委托单，性质上相当于委托合同，不仅具有委托合同应具备的主要内容，而且明确了证券公司作为受托人的代理业务。

根据《证券公司监督管理条例》的规定，证券公司从事证券经纪业务，可以委托证券公司以外的人员作为证券经纪人，代理其进行客户招揽、客户服务以及产品销售等活动。证券经纪人应当具有证券从业资格。证券经纪人应当在证券公司的授权范围内从事业务，并应当向客户出示证券经纪人证书。2009年3月，中国证监会发布《证券经纪人管理暂行规定》，对证券公司采用证券经纪人制度开展证券经纪业务营销活动做出了进一步的明确规定。

（二）证券投资咨询业务

证券投资咨询业务是指从事证券投资咨询业务的机构及其咨询人员为证券投资人或客户提供证券投资分析、预测或建议等直接或间接有偿咨询服务的活动。

证券投资顾问业务是指证券公司、证券投资咨询机构接受客户委托，按照约定向客户提供涉及证券及证券相关产品的投资建议服务，辅助客户做出投资决策，并直接或间接获取经济利益的经营活动。投资建议服务内容包括投资的品种选择、投资组合及理财规划建议等。

发布证券研究报告是指证券公司、证券投资咨询机构对证券及证券相关产品的价值、市场走势或相关影响因素进行分析，形成证券估值、投资评级等投资分析意见，制作证券研究报告，并向客户发布的行为。证券研究报告主要包括涉及证券及证券相关产品的价值分析报告、行业研究报告、投资策略报告等。证券研究报告可以采用书面或电子文件形式。

（三）与证券交易、证券投资活动有关的财务顾问业务

财务顾问业务是指与证券交易、证券投资活动有关的咨询、建议、策划业务。财务顾问业务具体包括为企业申请证券发行和上市提供改制改组、资产重组、前期辅导等方面的咨询服务；为上市公司重大投资、收购兼并、关联交易等业务提供咨询服务；为法人、自然人及其他组织收购上市公司及相关的资产重组、债务重组等提供咨询服务；为上市公司完善法人治理结构、设计经理层股票期权、职工持股计划、投资者关系管理等提供咨询服务；为上市公司再融资、资产重组、债务重组等资本营运提供融资策划、方案设计、推介路演等方面的咨询服务；为上市公司的债权人、债务人对上市公司进行债务重组、资产重组、相关的股权重组等提供咨询服务以及中国证监会认定的其他业务形式。

（四）证券承销与保荐业务

证券承销是指证券公司代理证券发行人发行证券的行为。发行人向不特定对象公开发行的证券，法律、行政法规规定应当由证券公司承销的，发行人应当同证券公司签订承销协议。

证券承销业务可以采取代销或包销方式。证券包销是指证券公司将发行人的证券按照协议全部购入或在承销期结束时将售后剩余证券全部自行购入的承销方式，前者为全额包销，后者为余额包销。证券代销是指证券公司代发行人发售证券，在承销期结束时，将未售出的证券全部退还给发行人的承销方式。《中华人民共和国证券法》规定了承销团的承销方式。按照《中华人民共和国证券法》的规定，向不特定对象发行的证券票面总值超过人民币 5 000 万元的，应当由承销团承销，承销团由主承销商和参与承销的证券公司组成。

发行人申请公开发行股票、可转换为股票的公司债券，依法采取承销方式的，或者公开发行法律、行政法规规定实行保荐制度的其他证券的，应当聘请具有保荐资格的机构担任保荐机构。证券公司履行保荐职责，应按规定注册登记为保荐机构。保荐机构负责证券发行的主承销工作，负有对发行人进行尽职调查的义务，对公开发行募集文件的真实性、准确性、完整性进行核查，向中国证监会出具保荐意见，并根据市场情况与发行人协商确定发行价格。

（五）证券自营业务

证券自营业务是指证券公司以自己的名义，以自有资金或依法筹集的资金，为本公司买卖依法公开发行的股票、债券、权证、证券投资基金以及中国证监会认可的其他证券，以获取营利的行为。证券自营活动有利于活跃证券市场，维护交易的连续性。但在自营活动中要防范操纵市场和内幕交易等不正当行为。由于证券市场的高收益性和高风险性特征，许多国家都对证券经营机构的自营业务制定法律法规，进行严格管理。

证券公司开展自营业务，或者设立子公司开展自营业务，都需要取得证券监管部门的业务许可，证券公司不得为从事自营业务的子公司提供融资或担保。同时，相关规定要求证券公司治理结构健全，内部管理有效，能够有效控制业务风险；有合格的高级管理人员

及适当数量的从业人员、安全平稳运行的信息系统；建立完备的业务管理制度、投资决策机制、操作流程和风险监控体系。

（六）证券资产管理业务

证券资产管理业务是指证券公司作为资产管理人，根据有关法律、法规和与投资者签订的资产管理合同，按照资产管理合同约定的方式、条件、要求和限制，为投资者提供证券及其他金融产品的投资管理服务，以实现资产收益最大化的行为。

证券公司从事资产管理业务，应当获得证券监管部门批准的业务资格；公司净资本不低于 2 亿元，并且各项风险控制指标符合有关监管规定，设立限定性集合资产管理计划的净资本限额为 3 亿元，设立非限定性集合资产管理计划的净资本限额为 5 亿元；资产管理业务人员具有证券从业资格，并且无不良行为记录，其中具有 3 年以上证券自营、资产管理或者证券投资基金管理从业经历的人员不少于 5 人；公司具有良好的法人治理机构、完备的内部控制和风险管理制度。

证券公司为单一客户办理定向资产管理业务，应当与客户签订定向资产管理合同，通过该客户的账户为客户提供资产管理服务。定向资产管理业务的特点是证券公司与客户必须是一对一的投资管理服务；具体投资的方向在资产管理合同中约定；必须在单一客户的专用证券账户中封闭运行。

证券公司为多个客户办理集合资产管理业务，应当设立集合资产管理计划并担任集合资产管理计划管理人，与客户签订集合资产管理合同，将客户资产交由具有客户交易结算资金法人存管业务资格的商业银行或中国证监会认可的其他机构进行托管，通过专门账户为客户提供资产管理服务。集合资产管理业务的特点是集合性，即证券公司与客户是一对多；投资范围有限定性和非限定性的区分；客户资产必须托管；专门账户投资运作；比较严格的信息披露。

证券公司办理集合资产管理业务，可以设立限定性集合资产管理计划和非限定性集合资产管理计划。

（七）融资融券业务

融资融券业务是指向客户出借资金供其买入上市证券或出借上市证券供其卖出，并收取担保物的经营活动。

证券公司经营融资融券业务，应当具备以下条件：公司治理结构健全，内部控制有效；风险控制指标符合规定，财务状况、合规状况良好；有开展业务相应的专业人员、技术条件、资金和证券；有完善的业务管理制度和实施方案等。

根据《证券公司融资融券业务试点管理办法》的规定，证券公司申请融资融券业务试点，应当具备以下条件：经营经纪业务已满 3 年，并且在分类评价中等级较高；公司治理健全，内控有效，能有效识别、控制和防范业务经营风险和内部管理风险；公司信用良好，最近 2 年未有违法违规经营的情形；财务状况良好；客户资产安全、完整，实现交易、清算以及客户账户和风险监控的集中管理；有完善的和切实可行的业务实施方案与内部管理制度，具备开展业务所需的人员、技术、资金和证券等。

（八）证券公司中间介绍（IB）业务

IB（introducing broker），即介绍经纪商，是指机构或个人接受期货经纪商的委托，介绍客户给期货经纪商并收取一定佣金的业务模式。证券公司中间介绍（IB）业务是指证券公司接受期货经纪商的委托，为期货经纪商介绍客户参与期货交易并提供其他相关服务的业务活动。根据我国现行相关制度的规定，证券公司不能直接代理客户进行期货买卖，但可以从事期货交易的中间介绍业务。

1. 证券公司申请 IB 业务资格的条件

证券公司申请 IB 业务资格，应当符合下列条件：

（1）申请日前 6 个月各项风险控制指标符合规定标准。

（2）已按规定建立客户交易结算资金，即第三方托管制度。

（3）全资拥有或控股一家期货公司，或者与一家期货公司被同一机构控制，并且该期货公司具有实行会员分级结算制度期货交易所的会员资格、申请日前 2 个月的风险监管指标持续符合规定的标准。

（4）配备必要的业务人员，公司总部至少有 5 名、拟开展 IB 业务的营业部至少有 2 名具有期货从业人员资格的业务人员。

（5）已按规定建立健全与 IB 业务相关的业务规则、内部控制、风险隔离以及合规检查等制度。

（6）具有满足业务需要的技术系统。

（7）中国证监会根据市场发展情况和审慎监管原则规定的其他条件。

证券公司申请 IB 业务，应当向中国证监会提交介绍业务资格申请书等规定的申请材料。

2. 证券公司受期货公司委托从事 IB 业务应当提供的服务

证券公司受期货公司委托从事 IB 业务，应当提供下列服务：

（1）协助办理开户手续。

（2）提供期货行情信息、交易设施。

（3）提供中国证监会规定的其他服务。

证券公司不得代理客户进行期货交易、结算或交割，不得代期货公司、客户收付期货保证金，不得利用证券资金账户为客户存取、划转期货保证金。

3. 证券公司 IB 业务的业务规则

证券公司只能接受其全资拥有或控股的，或者被同一机构控制的期货公司的委托从事 IB 业务，不能接受其他期货公司的委托从事 IB 业务。证券公司应当按照合规、审慎经营的原则，制定并有效执行 IB 业务规则、内部控制、合规检查等制度，确保有效防范和隔离 IB 业务与其他业务的风险。期货公司与证券公司应当建立 IB 业务的对接规则，明确办理开户、行情和交易系统的安装维护、客户投诉的接待处理等业务的协作程序和规则。证券公司与期货公司应当独立经营，保持财务、人员、经营场所等分开隔离。

（九）直接投资业务

证券公司开展直接投资业务，应当设立子公司（直接投资子公司，简称"直投子公司"），由直投子公司开展业务。

1. 直接投资业务范围

直接投资业务范围如下：

（1）使用自有资金对境内企业进行股权投资。

（2）为客户提供股权投资的财务顾问服务。

（3）设立直投基金，筹集并管理客户资金进行股权投资。

（4）在有效控制风险、保持流动性的前提下，以现金管理为目的，将闲置资金投资于依法公开发行的国债、投资级公司债、货币市场基金、大行票据等风险较低、流动性较强的证券以及证券投资基金、集合资产管理计划或专项资产管理计划。

（5）证监会同意的其他业务。

2. 证券公司设立直投子公司应当符合的要求

证券公司设立直投子公司应当符合下列要求：

（1）公司章程有关对外投资的重要条款应当明确规定公司可以设立直投子公司。

（2）具备较强的资本实力和风险管理能力以及健全的净资本补足机制。对净资本指标进行敏感性分析和压力测试，以确保设立直投子公司后各项风险控制指标持续符合规定。

（3）经营合法合规，不存在需要整改的重大违规问题。

（4）投资到直投子公司、直投基金、产业基金及基金管理机构的金额合计不超过公司净资本的 15%，并在计算净资本时按照有关规定扣减相关投资。

（5）与直投子公司在人员、机构、财务、资产、经营管理、业务运作等方面相互独立，不得违规干预直投子公司的投资决策。

（6）具有完善的内部控制制度和良好的风险控制机制，能够有效进行风险控制和合规管理，防范与直投子公司发生利益冲突、利益输送风险。

（7）公司网站公开披露公司开展直接投资业务建立的各项制度、防范与直投子公司利益冲突的具体制度安排以及设立的举报信箱地址或投诉电话。

（8）除证监会同意外，公司及相关部门不得借用直投子公司名义或以其他任何方式开展直接投资业务。

（9）担任拟上市企业的辅导机构、财务顾问、保荐机构或主承销商的，自签订有关协议或实质开展相关业务之日起，公司的直投子公司、直投基金、产业基金以及基金管理机构不得再对该拟上市企业进行投资。

（10）加强公司的人员管理，严禁投行人员及其他从业人员违规从事直接投资业务。公司保荐代表人及其他投行人员书面承诺勤勉尽责，不向发行人提出不正当要求，不利用工作之便为个人或者他人谋取不正当利益。

证券公司控股其他证券公司的，只能由母公司设立 1 家直投子公司。

三、证券市场与证券交易所

（一）证券市场

1. 证券市场的含义

证券市场是股票、债券、投资基金份额等有价证券发行和交易的场所。证券市场是市场经济发展到一定阶段的产物，是为解决资本供求矛盾和流动性而产生的市场。

2. 证券市场的特征

（1）证券市场是价值直接交换的场所。有价证券都是价值的直接代表，它们本质上是价值的一种直接表现形式。虽然证券交易的对象是各种各样的有价证券，但由于它们是价值的直接表现形式，因此证券市场本质上是价值的直接交换场所。

（2）证券市场是财产权利直接交换的场所。证券市场上的交易对象是作为经济权益凭证的股票、债券、投资基金份额等有价证券，它们本身是一定量财产权利的代表，因此代表着对一定数额财产的所有权或债权以及相关的收益权。证券市场实际上是财产权利的直接交换场所。

（3）证券市场是风险直接交换的场所。有价证券既是一定收益权利的代表，同时也是一定风险的代表。有价证券的交换在转让出一定收益权的同时，也把该有价证券所特有的风险转让出去。因此，从风险的角度分析，证券市场也是风险的直接交换场所。

3. 证券市场的功能

（1）证券市场是筹集资金的重要渠道。在证券市场上进行证券投资，一般都能获得高于储蓄存款利息的收益，并且具有投资性质，因此能吸引众多的投资者。对于证券发行者来说，通过证券市场可以筹集到一笔可观的资金，用这些资金或补充自有资金的不足，或开发新产品、上新项目，有利于迅速增强公司实力。要在较短时间内迅速筹集到巨额资金，只有通过证券市场这个渠道才能实现。

（2）证券市场有利于证券价格的统一和定价的合理。证券交易价格是在证券市场上通过证券需求者和证券供给者的竞争反映的证券供求状况最终确定的。证券商的买卖活动不仅由其本身的沟通使买卖双方成交，而且通过证券商的互相联系，构成一个紧密相连的活动网，使整个证券市场不但成交迅速，而且价格统一，使资金需求者需要的资金与资金供给者提供的资金迅速匹配。证券市场中买卖双方的竞争，易于获得均衡价格，这比场外个别私下成交公平得多。证券的价格统一、定价合理，是保障买卖双方合法权益的重要条件。

（3）证券市场是资源合理配置的有效场所。证券市场的产生与发展适应了社会化商品经济发展的需要，同时也促进了社会化大生产的发展。证券市场的出现在很大程度上削弱了生产要素在各部门间转移的障碍。因为在证券市场中，企业产权已商品化、货币化、证券化，资产采取了有价证券的形式，可以在证券市场上自由买卖，这就打破了实物资产的凝固和封闭状态，使资产具有好的流动性。一些效益好、有发展前途的企业可以根据社会需要，通过控股、参股方式实行兼并和重组，发展资产一体化企业集团，开辟新的经营领域。此外，在证券市场上，企业通过发行债券和股票广泛吸收社会资金，其资金来源不受个别资本数额的限制，这就打破了个别资本有限而难以进入一些产业部门的障碍。企业有条件也有可能筹措到进入某一产业部门最低限度的资金数额。这样证券市场就为资本所有者自由选择投资方向和投资对象提供了十分便利的活动舞台，而资金需求者也冲破了自有资金的束缚和对银行等金融机构的绝对依赖，有可能在社会范围内广泛筹集资金。随着证券市场运作的高度发达，其对产业结构调整的作用大大加强，同时得到发展的产业结构又成为证券市场组织结构、交易结构、规模结构的经济载体，促进证券市场的发展。这种证券市场与产业结构调整的关系，就在于其使资产证券化，从而有助于生产要素在部门间的转移和重组。

（4）证券市场是一国中央银行宏观调控的场所。从宏观经济角度看，证券市场不仅可以有效筹集资金，而且还有资金"蓄水池"的作用和功能，这种"蓄水池"是可调的，而不是自发的。各国中央银行正是通过证券市场这种"蓄水池"的功能来实现其对货币流通量的宏观调节，以实现货币政策目标。

（二）证券交易所

1. 证券交易所的概念

证券交易所是依据国家有关法律，经政府证券主管机关批准设立的集中进行证券交易的有形场所。

2. 证券交易所的类型

证券交易所分为公司制和会员制。

（1）公司制证券交易所。公司制证券交易所是以营利为目的的，提供交易场所和服务人员，以便利证券商的交易与交割的证券交易所。从股票交易实践可以看出，这种证券交易所要收取发行公司的上市费与证券成交的佣金，其主要收入来自买卖成交额的一定比例。经营这种交易所的人员不能参与证券买卖，从而在一定程度上可以保证交易的公平。

在公司制证券交易所中，总经理向董事会负责，负责证券交易所的日常事务。董事的职责是：核定重要章程及业务、财务方针；拟定预算、决算以及盈余分配计划；核定投资；核定参加股票交易的证券商名单；核定证券商应缴纳营业保证金、买卖经手费及其他款项的数额；核议上市股票的登记、变更、撤销、停业以及上市费的征收；审定向股东大会提出的议案及报告；决定经理人员和评价委员会成员的选聘、解聘以及核定其他项目。

监事的职责包括审查年度决算报告及监察业务、检查一切账目等。

（2）会员制证券交易所。会员制证券交易所是不以营利为目的的，由会员自治自律、互相约束，参与经营的会员可以参加股票交易中的股票买卖与交割的交易所。这种交易所的佣金和上市费用较低，从而在一定程度上可以防止上市股票的场外交易。但是，由于经营交易所的会员本身就是股票交易的参加者，因此在股票交易中难免出现交易的不公正性。同时，因为参与交易的买卖双方只限于证券交易所的会员，新会员的加入一般要经过原会员的一致同意，这就形成了一种事实上的垄断，不利于提高服务质量和降低收费标准。

在会员制证券交易所中，理事会的职责主要有：决定政策，并由总经理负责编制预算，送交成员大会审定；维持会员纪律，对违反规章的会员给予罚款、停止营业与除名处分；批准新会员进入；核定新股票上市；决定如何将上市股票分配到交易厅专柜；等等。

3. 证券交易所的特征

证券交易所具有下列特征：

（1）证券交易所是由若干会员组成的一种非营利性法人。构成股票交易的会员都是证券公司，其中有正式会员，也有非正式会员。

（2）证券交易所的设立须经国家的批准。

（3）证券交易所的决策机构是会员大会（股东大会）及理事会（董事会）。其中，会员大会是最高权力机构，决定证券交易所基本方针；理事会是由理事长及若干名理事组成的协议机构，负责制定为执行会员大会决定的基本方针所必需的具体方法，制定各种规章制度。

（4）证券交易所的执行机构有理事长及常任理事。理事长总理业务。

四、证券登记结算公司

（一）证券登记结算公司的概念

证券登记结算公司是指为证券交易提供集中的登记、托管与结算服务，是不以营利为目的的法人。证券登记清算公司在我国目前主要有两种形式：一种是专门为证券交易所提供集中登记、集中存管、集中结算服务的专门机构，称为中央登记结算机构；另一种是代理中央登记结算机构为地方证券经营机构和投资者提供登记、结算及其他服务的地方机构，称为地方登记结算机构。

（二）证券登记结算公司的职能

1. 证券账户、结算账户的设立和管理

通常由证券公司等开户代理机构代理证券登记结算公司为投资者开立证券账户，证券公司直接为投资者开立资金结算账户，证券登记结算公司仅为证券公司开立结算账户，用于证券交易成交后的清算交收，具有结算履约担保作用。

2. 证券的存管和过户

无纸化交易模式下，投资者持有的证券必须集中存入证券登记结算系统，以电子数据划转方式完成证券过户行为。

3. 证券持有人名册登记及权益登记

这是指为证券发行人提供证券持有人名册登记服务，准确记载证券持有人的必要信息。

4. 证券交易所上市证券交易的清算、交收以及相关管理

证券的清算和交收统称为证券结算，包括证券结算和资金结算。证券交易所上市证券的清算和交收由证券登记结算公司集中完成。

5. 受发行人委托派发证券权益

证券登记结算公司可以根据发行人的委托向证券持有人派发证券权益，如派发红股、股息和利息等。

6. 办理与上述业务有关的查询、咨询和培训服务

这是指按有关规定为符合条件的主体办理相关业务的查询。

7. 国务院证券监督管理机构批准的其他业务

例如，为证券持有人代理投票服务等。

设立证券登记结算公司必须经国务院证券监督管理机构批准。2001 年 3 月 30 日，中国证券登记结算有限责任公司成立。这标志着中国建立全国集中、统一的证券登记结算体制的组织构架已经基本形成。

第二节　股票交易

一、股票和股票价格

（一）股票的概念与特征

1. 股票的概念

股票是股份公司（包括有限公司和无限公司）在筹集资本时向出资人发行的股份凭证，代表着其持有者（股东）对股份公司的所有权。这种所有权为一种综合权利，如参加股东大会、投票表决、参与公司的重大决策、收取股息或分享红利等。同一类别的每一份股票代表的公司所有权是相等的。每个股东拥有的公司所有权份额的大小，取决于其持有的股票数量占公司总股本的比重。股票一般可以通过买卖方式有偿转让，股东能通过股票转让收回其投资，但不能要求公司返还其出资。股东与公司之间的关系不是债权债务关系。股东是公司的所有者，以其出资额为限对公司负有限责任，承担风险，分享收益。

股票作为一种所有权凭证，有一定的格式。从股票的发展历史看，最初的股票票面格

式既不统一，也不规范，由各发行公司自行决定。随着股份制度的发展和完善，许多国家对股票票面格式做了规定，提出票面应载明的事项和具体要求。《中华人民共和国公司法》规定，股票采用纸质形式或国务院证券监督管理机构规定的其他形式。股票应载明的事项主要有公司名称、公司成立日期、股票种类、票面金额及代表的股份数、股票的编号。股票由法定代表人签名，公司盖章。发起人的股票应当标明"发起人股票"字样。

2. 股票的特征

（1）不可偿还性。股票是一种无偿还期限的有价证券，投资者认购了股票后，就不能再要求退股，只能到二级市场卖给第三者。股票的转让只意味着公司股东的改变，并不减少公司资本。从期限上看，只要公司存在，其发行的股票就存在，股票的期限等于公司存续的期限。

（2）参与性。股东有权出席股东大会，选举公司董事会，参与公司重大决策。股票持有者的投资意志和享有的经济利益，通常是通过行使股东参与权来实现的。股东参与公司决策的权力大小，取决于其持有股份的多少。从实践中看，只要股东持有的股票数量达到左右决策结果所需的实际多数时，就能掌握公司的决策控制权。

（3）收益性。股东凭其持有的股票，有权从公司领取股息或红利，获取投资的收益。股息或红利的大小，主要取决于公司的盈利水平和公司的盈利分配政策。股票的收益性还表现在股票投资者可以获得价差收入或实现资产保值增值。通过低价买入和高价卖出股票，投资者可以赚取价差利润。

（4）流通性。股票的流通性是指股票在不同投资者之间的可交易性。流通性通常以可流通的股票数量、股票成交量以及股价对交易量的敏感程度来衡量。可流通股数越多，成交量越大，价格对成交量越不敏感（价格不会随着成交量一同变化），股票的流通性就越好，反之就越差。股票的流通，使投资者可以在市场上卖出其持有的股票，取得现金。通过股票的流通和股价的变动，可以看出人们对于相关行业和上市公司的发展前景与盈利潜力的判断。那些在流通市场上吸引大量投资者、股价不断上涨的行业和公司，可以通过增发股票，不断吸收大量资本进入生产经营活动，起到了优化资源配置的作用。

（5）价格波动性和风险性。股票在交易市场上作为交易对象，同商品一样，有自己的市场行情和市场价格。由于股票价格要受到诸如公司经营状况、供求关系、银行利率、大众心理等多种因素的影响，其波动有很大的不确定性。正是这种不确定性，有可能使股票投资者遭受损失。价格波动的不确定性越大，投资风险也越大。因此，股票是一种高风险的金融产品。

（二）股票的分类

股票种类很多，可谓五花八门、形形色色。这些股票名称不同，权益各异，股票的分类方法因此也是多种多样的。常见的股票类型如下：

1. 普通股票和优先股票

按股东享有权利的不同分类，可以将股票分为普通股票和优先股票。

（1）普通股票。普通股票是标准的股票，是最基本、最常见的一种股票，其持有者享有股东的基本权利和义务，股利完全随公司盈利的高低而变化。普通股股东在公司盈利和剩余财产的分配顺序上列在债权人和优先股股东之后，故其承担的风险也较高。

普通股股票持有者按其持有股份比例享有以下基本权利：

①公司决策参与权。普通股股东有权参与股东大会，并有建议权、表决权和选举权，也可以委托他人代表其行使股东权利。

②利润分配权。普通股股东有权从公司利润分配中得到股息。普通股的股息是不固定的，由公司盈利状况及其分配政策决定。普通股股东必须在优先股股东取得固定股息之后才有权享受股息分配权。

③优先认股权。如果公司需要扩张而增发普通股股票时，现有普通股股东有权按其持股比例，以低于市价的某一特定价格优先购买一定数量的新发行股票，从而保持其对企业所有权的原有比例。

④剩余资产分配权。当公司破产或清算时，若公司的资产在偿还欠债后还有剩余，其剩余部分按先优先股股东、后普通股股东的顺序进行分配。

（2）优先股票。优先股票是特殊股票，在其股东权利义务中附加了某些特别条件，其股息率是固定的。优先股股东权利受到一定限制，在公司盈利和剩余财产的分配上比普通股股东享有优先权。

2. 记名股票和不记名股票

按股票是否记载股东姓名分类，可以将股票分为记名股票和不记名股票。

（1）记名股票。记名股票是指在股东名册上登记持有人的姓名或名称及住址，并在股票上也注明持有人姓名或名称的股票。股东的姓名或名称一般都写在股票背面。记名股票不仅要求股东在购买股票时需要将姓名或名称登记，而且要求股东转让股票时须向公司办理股票过户手续，除了记名股东外，任何人不得凭此对公司行使股东权。股票同为一人所有，应记载同一本名。记名股票不得私自转让，在转让过户时，应到公司提交股票，改换持有人姓名或名称，并将转让人的姓名或名称、住址记载于公司股东名册上。按照规定，公司向发起人、国家授权投资的机构、法人发行的股票，应当为记名股票，并应当记载该发起人、机构或法人的名称，不得另立户名或以代表人姓名记名。

记名股票的特点如下：

①股东权利归属于记名股东。记名股票对于股东而言，激励模式对激励对象有严格的业绩目标约束，权、责、利的对称性较好，能形成股东与激励对象双赢的格局，因此激励方案较易为股东大会所接受和通过。只有记名股东或其正式委托授权的代理人，才能行使股东权。除了记名股东以外，其他持有者（非经记名股东转让和经股份公司过户的）不具

有股东资格。

②认购股票的款项不一定一次性缴足。缴纳股款是股东基于认购股票而承担的义务，一般来说，股东应在认购时一次性缴足股款。但是，基于记名股票确定的股份公司与记名股东之间的特定关系，有些国家也规定允许记名股东在认购股票时可以不一次性缴足股款。

③转让相对复杂或受限制。记名股票的转让必须依据法律和公司章程规定的程序进行，而且要服从规定的转让条件。一般来说，记名股票的转让都必须由股份公司将受让人的姓名或名称、住所记载于公司的股东名册，办理股票过户登记手续，这样受让人才能取得股东的资格和权利。为了维护股份公司和其他股东的利益，法律对于记名股票的转让有时会规定一定的限制条件，如有的国家规定记名股票只能转让给特定的人。《中华人民共和国公司法》规定，记名股票由股东以背书方式或法律、行政法规规定的其他方式转让；转让后由公司将受让人的姓名或名称及住所记载于股东名册。

④便于挂失，相对安全。记名股票与记名股东的关系是特定的，因此万一股票遗失，记名股东的资格和权利并不消失，并可依据法定程序向股份公司挂失，要求公司补发新的股票。

《中华人民共和国公司法》对此的具体规定是：记名股票被盗、遗失或者灭失，股东可以依照《中华人民共和国民事诉讼法》规定的公示催告程序，请求人民法院宣告该股票失效。依照公示催告程序，人民法院宣告该股票失效后，股东可以向公司申请补发股票。

（2）不记名股票。不记名股票是指在股票票面和股份公司股东名册上均不记载股东姓名的股票。不记名股票也称无记名股票，它与记名股票相比，判别不是在股东权利等方面，而是在股票记载方式上。不记名股票发行时一般留有存根联，它在形式上分为两部分：一部分是股票的主体，记载了有关公司的事项，如公司名称、股票代表的股数等；另一部分是股息票，用于进行股息结算和行使增资权利。不记名股票股东权利归属于股票的持有者，认购股票时要求缴足股款，转让相对简便，安全性较差。

不记名股票的特点如下：

①股东权利归属股票的持有人。确认不记名股票的股东资格不以特定的姓名记载为根据，而是以占有的事实为根据。因此，持有该股票的人就是股东，就可以行使股东权利。也正因为这一点，为了防止假冒、舞弊等行为，不记名股票的印制特别精细，其印刷技术、颜色、纸张、水印、号码等均须符合严格的标准。

②认购股票时要求缴足股款。不记名股票上不记载股东姓名，允许股东缴付一部分股款即发给股票时，之后实际上将无法催缴未缴付的股款，因此认购者必须缴足股款后才能领取股票。

③转让相对简便。与记名股票相比，不记名股票的转让较为简单与方便，原持有者只要向受让人交付股票便发生转让的法律效力，受让人取得股东资格不需要办理过户手续。

④安全性较差。因为没有记载股东姓名的法律依据，所以不记名股票一旦遗失，原股票持有者便丧失了股东权利，并且无法挂失。

3. 有面额股票和无面额股票

按是否在股票票面上标明金额，股票可以分为有面额股票和无面额股票。

（1）有面额股票。有面额股票是指在股票票面上记载一定金额的股票。这一记载的金额也被称为票面金额、票面价值或股票面值。股票票面金额的计算方法是用资本总额除以股份数求得，但实际上很多国家是通过法规予以直接规定，而且一般是限定了这类股票的最低票面金额。另外，同次发行的有面额股票的票面金额是相等的，票面金额一般以国家主币为单位。大多数国家的股票都是有面额股票。《中华人民共和国公司法》规定，股份有限公司的资本划分为股份，每一股的金额相等。

有面额股票具有如下特点：

①可以明确表示每一股代表的股权比例。例如，某股份公司发行 1 000 万元的股票，每股面额为 1 元，则每股代表着公司净资产千万分之一的所有权。

②为股票发行价格的确定提供依据。《中华人民共和国公司法》规定，股票发行价格可以按票面金额，也可以超过票面金额，但不得低于票面金额。这样有面额股票的票面金额就成为股票发行价格的最低界限。

（2）无面额股票。无面额股票也称为比例股票或份额股票，是指在股票票面上不记载股票面额，只注明它在公司总股本中所占比例的股票。无面额股票的价值随股份公司净资产和预期未来收益的增减而相应增减。公司净资产和预期未来收益增加，每股价值上升；反之，公司净资产和预期未来收益减少，每股价值下降。无面额股票淡化了票面价值的概念，与有面额股票的差别仅在表现形式上，即无面额股票代表着股东对公司资本总额的投资比例。20 世纪早期，美国纽约州最先通过法律，允许发行无面额股票，以后美国其他州和其他一些国家也相继仿效，但目前世界上很多国家（包括中国）的公司法规定不允许发行这种股票。

无面额股票具有如下特点：

①发行或转让价格较灵活。由于没有票面金额，因而发行价格不受票面金额的限制。在转让时，投资者也不易受股票票面金额影响，而更注重分析每股的实际价值。

②便于股票分割。如果股票有面额，分割时就需要办理面额变更手续。由于无面额股票不受票面金额的约束，因此发行该股票的公司能够比较容易地进行股票分割。

（三）股票的价格

1. 市场价格

股票的市场价格一般是指股票在二级市场上交易的价格。股票的市场价格由股票的价值决定，但同时受许多其他因素的影响。其中，供求关系是最直接的影响因素，其他因素都是通过作用于供求关系而影响股票价格的。由于影响股票价格的因素复杂多变，因此股票的市场价格呈现出高低起伏的波动性特征。

2. 股票价格指数

股票价指数是衡量股票市场总体价格水平及其变动趋势的尺度，也是反映一个国家或地区政治、经济发展状态的灵敏信号。股票价指数通过计算期的股价或市值与某一基期的股价或市值比较的相对变化值，用以反映市场股票价格的相对水平。

我国的主要股价指数有沪深 300 指数、上证综合指数、深证综合指数、深证成分股指数、上证 50 指数和上证 180 指数。境外的股票价格指数有道琼斯指数、纳斯达克（NAS-DAQ）综合指数、恒生股价指数、日经 225 股价指数、《金融时报》股价指数。

二、股票发行市场

按股票进入市场的顺序而形成的结构关系划分，股票市场的构成可分为发行市场和流通市场。

股票发行市场又称一级市场或初级市场，是发行人以筹集资金为目的，按照一定的法律规定和发行程序，向投资者出售新发行的股票所形成的市场。

（一）股票发行市场的组成

股票发行市场是由发行市场主体、发行中介及管理者和发行对象构成。

1. 发行市场主体

（1）股票发行人。股票发行人是股票的供应者和资金的需求者。发行人的多少和发行证券数量的多少决定了发行市场的规模与发达程度。股票发行人主要包括企业和金融机构。

由于股票发行人是股票权利义务关系的主要当事人，是股票发行后果与责任的主要承担者，因此为了保障社会投资者的利益，维护股票发行市场的秩序，防止各种欺诈舞弊行为，多数国家的证券法都对股票发行人的主体资格、净资产额、经营业绩和发起人责任设有条件限制。证券法对于发行人设定主体条件要求的目的在于保障股票发行行为的安全与公平。

（2）股票投资人。股票投资人，即资金的供应者。股票投资人数量的多少和资金实力的大小同样制约着股票发行市场的规模。股票投资人包括个人投资者和机构投资者，后者主要是证券公司、信托投资公司、共同基金、人寿保险公司等金融机构和企业、事业机构以及社会团体等。相对于股票发行人来说，对股票投资人的资格限定要少得多，一般所见的限定主要是对投资人主体资格的限定，如投资人是否具有民事行为能力，个人的职业、职务及机构的经营范围是否不准涉足股票投资等。

2. 发行中介及管理者

（1）股票发行中介人。股票发行中介人主要是指股票发行的承销商，它代理股票发行，向投资人推销股票，一般是指投资银行、证券公司和其他金融机构的证券部门。

在现代社会的股票发行中，发行人通常不是把股票直接销售给投资人，而是由股票承销商首先承诺全部或部分包销，即使是在发行人直接销售股票的情况下，往往也需要获得中介人的协助。因为在股票发行过程中，承销商的参与一方面可以使发行人减轻或消除股票发不出去的风险，另一方面可以使发行人借助承销商的专业知识和经验顺利完成发行工作。同时，股票承销商虽然不是股票上权利义务的当事人，但它对发行人的经营状况负有尽职审查的义务，并对其承销的股票的招募说明书的真实性和完整性负有连带责任。因此，股票承销商作为经营证券的中介机构，在股票发行市场上起着沟通买卖、连接供求的重要桥梁作用。我国现行法规明确规定，股票的公开发行应当由证券经营机构承销。

除了股票承销商外，股票发行市场上的其他中介人包括律师事务所、会计师事务所和资产评估机构。这类中介机构的主要职责是以专业人员应有的注意，完成尽职审查的义务，客观公正地出具结论性意见，并对经其确认的法律文件和由其出具的结论性意见的真实性、合法性和完整性负有持续的法律责任。它们的中介作用对于保障股票发行的合法顺利进行，对于有效确定股票交易条件，对于减少股票承销风险及避免可能发生的纠纷，都是非常重要的。例如，律师事务所要确认发行人的主体资格、经营运作、发行准备活动以及上报的文件资料等符合法律规定，并签署法律意见书；会计师事务所要对发行人以往的经营业绩、财务状况和未来的盈利预测进行审计，并发表承担法律责任的审计意见，以保证发行人披露的财务资料的可信性；资产评估机构要对发行人的现有资产的现实价值进行评估，根据市场情况客观公正地调整发行人现有资产的账面价值等。

（2）证券发行管理者。任何国家发行股票都要受到证券管理机关的相应管理。目前我国股票发行的管理机关是中国证券监督管理委员会（简称"证券会"）及其所属的发行审核委员会。

3. 发行对象

证券市场的发行对象，即证券市场发行的客体　——股票。

(二) 股票发行的方式

股票发行的方式主要有下列几种：

1. 公开发行与不公开发行

（1）公开发行。公开发行是指股份有限公司为筹集资金，通过证券经销商公开向社会公众发行股票，也称为公募发行。公开发行的好处是有利于股东队伍的扩大和产权的分散化，克服垄断和提高股票的适销性。

（2）不公开发行。不公开发行是指股份有限公司向公司内部职工和与公司有关的法人（发起人）发售股票。向公司内部职工发行股票又称内部发行，向与公司有关的法人发行又称私募发行。

2. 直接发行和间接发行

（1）直接发行。直接发行是股份有限公司自己承担发行股票的责任和风险，股票发行的代办者及证券的经销商只收取一定的手续费，而不承担股票发行的风险。

（2）间接发行。间接发行是指股份有限公司把股票委托给投资银行、信托投资公司、证券公司、股票经销商等金融机构包销，包销者赚取差价收益，承包销售余额等，而股份有限公司不承担风险。

3. 定向募集发行与社会募集发行

（1）定向募集发行。定向募集发行是指公司发行股票时，除发起人认购外，其余部分不向社会公众发行，并且应以股权证代替股票。定向募集发行，实际上就是指私募发行与内部发行，但有时也不完全相同。1994 年 7 月之后，由于《中华人民共和国公司法》的实施，已经取消了定向募集发行。

（2）社会募集发行。社会募集发行是指公司发行股票除由发起人认购之外，其余部分向社会公众发行。社会募集发行就是公募发行。

4. 增资发行

增资发行是指已发行股票的股份有限公司，在经过一定的时期后，为了扩充股本而发行新股票。增资发行分为有偿增资和无偿增资。有偿增资又可以分为配股和向社会增发新股票。无偿增资就是指所谓的送股。无偿增资又可以分为积累转增资和红利转增资。

5. 平价发行、折价发行与溢价发行

（1）平价发行。平价发行也叫等价发行或面值发行，是指按股票面值确定的价格发行股票。

（2）折价发行。折价发行是指股票发行价格低于票面价值发行股票，是根据股票发行人与承销商之间的协议，将股票面额打一定的折扣之后发行的。一般公司都不采用这种发行价格，因为它影响公司的形象和声誉，似乎公司经营不善或信誉较差。《中华人民共和国公司法》明确规定，股票发行时，不能采取折价发行的方式。

（3）溢价发行。溢价发行是指用高于股票面额的价格发行股票。《中华人民共和国公司法》规定，以超过股票面金额为股票发行价格的，须经国务院证券管理部门批准。以超过股票面额发行股票所得溢价款列入公司资本公积金。溢价发行中，股票发行价格的确定是个关键问题。定价时一般要参考的因素主要有市盈率（按 5~8 倍的市盈率）、已上市的同类公司股票的交易价格、市场利率等。溢价发行股票时，制定的股票发行价格要经过有关部门批准。在现实中，溢价发行时，股票发行价格的决定存在很强的随意性，缺少监督和管理，存在任意定价的现象。根据《中华人民共和国公司法》的规定，公司实行折股，可以根据公司连续盈利情况和财产增值情况，确定其作价方案。但是这条规定不需要具体化。目前监管层正在制定关于溢价发行股票的法规，对溢价发行加以约束。

三、股票流通市场

股票流通市场又称二级市场或次级市场，是已发行的证券通过买卖交易实现流通转让的市场，是进行股票买卖的市场，交易市场在于为有价证券提供流动性，使有价证券得以变现，形成价格。

流通市场与发行市场关系密切，既相互依存，又相互制约。发行市场提供的股票及其发行的种类、数量与方式决定着流通市场上流通股票的规模、结构与速度；而流通市场作为股票买卖的场所，对发行市场起着积极的推动作用。组织完善、经营有方、服务良好的流通市场将发行市场上发行的股票快速有效地分配与转让，使其流通到其他更需要、更适当的投资者手中，并为股票的变现提供现实的可能。此外，流通市场上的股票供求状况与价格水平等都将有力地影响着发行市场上股票的发行。因此，没有流通市场，股票发行不可能顺利进行，发行市场也难以为继，扩大发行则更不可能。

（一）股票流通市场的结构

1. 场内交易市场

场内交易市场是指在证券交易所内按一定的时间、一定的规则集中买卖已发行证券而形成的市场。在我国，根据《中华人民共和国证券法》的规定，证券交易所是为证券集中交易提供场所和设施，组织和监督证券交易，实行自律管理的法人。证券交易所的设立和解散，由国务院决定。证券交易所作为进行证券交易的场所，其本身不持有证券，也不进行证券的买卖，当然更不能决定证券交易的价格。证券交易所应当创造公开、公平、公正的市场环境，保证证券交易所的职能正常发挥。

证券交易所的组织形式有会员制和公司制两种。我国上海证券交易所和深圳证券交易所都采用会员制，设会员大会、理事会和专门委员会。理事会是证券交易所的决策机构，理事会下面可以设立其他专门委员会。证券交易所设总经理，负责日常事务。总经理由国务院证券监督管理机构任免。

2. 场外交易市场

场外交易市场即业界所称的 OTC 市场，又称柜台交易市场或店头市场，是指在证券交易所外进行证券买卖的市场。场外交易市场主要由柜台交易市场、第三市场、第四市场组成。

从交易的组织形式看，资本市场可以分为交易所市场和场外交易市场，场外交易市场是相对于交易所市场而言的，是在证券交易所之外进行证券买卖的市场。传统的场内交易市场和场外交易市场在物理概念上的区分为：场内交易市场的交易是集中在交易大厅内进行的；场外交易市场又称为柜台交易市场或店头市场，是分散在各个证券商柜台的市场，无集中交易场所和统一的交易制度。但是，随着信息技术的发展，证券交易的方式逐渐演变为通过网络系统将订单汇集起来，再由电子交易系统处理，场内交易市场和场外交易市场的物理界限逐渐模糊。

（二）股票场内交易的程序

股票场内交易的程序是在股票交易所买进或卖出证券的具体步骤。在不同的股票交易市场以及不同的证券商参加的股票交易关系中，股票交易程序不尽相同，但由证券经纪商参加的股票交易所交易程序最具有代表性，即主要分开户、委托、成交、交割和过户等步骤。

1. 开立证券账户和开立资金账户

投资者欲进行证券交易，首先要开设证券账户和资金账户。证券账户用来记载投资者持有的证券种类、数量和相应的变动情况，资金账户则用来记载和反映投资者买卖证券的货币收付和结存数额。上海证券交易所实行全面指定交易制度，深圳证券交易所实行托管券商制度。

开立证券账户和资金账户后，投资者买卖证券涉及的证券、资金变化就会从相应的账户中得到反应。例如，某投资者购入甲股票 1 000 股，包括股票价格和交易税费的总费用为 10 000 元，则投资者的证券账户上就会增加甲股票 1 000 股，资金账户上就会减少10 000 元。

2. 交易委托

在证券交易市场，投资者买卖证券是不能直接进入交易所办理的，而必须通过证券交易所的会员来进行。换而言之，投资者需要通过经纪商的代理才能在证券交易所买卖证券。在这种情况下，投资者向经纪商下达买进或卖出证券的指令，称为"委托"。开户后，投资者就可以在证券营业部办理证券委托买卖。

委托指令有多种形式，可以按照不同的依据来分类。从各国（地区）情况看，一般根据委托订单的数量，有整数委托和零数委托；根据买卖证券的方向，有买进委托和卖出委托；根据委托价格限制，有市价委托和限价委托（我国现采用）；根据委托时效限制，有当日委托、当周委托、无期限委托、开市委托和收市委托；等等。

证券经纪商接到投资者的委托指令后，首先要对投资者身份的真实性和合法性进行审查。审查合格后，经纪商要将投资者委托指令的内容传送到证券交易所进行撮合。这一过程称为"委托的执行"，也称为"申报"或"报盘"。

证券交易所在证券交易中接受报价的方式主要有口头报价、书面报价和电脑报价三种。采用口头报价方式时，证券公司的场内交易员接到交易指令后，在证券交易所规定的交易台前或指定的区域，用口头方式喊出自己的买价或卖价，同时辅以手势，直至成交。而在书面报价情况下，交易员将证券买卖要求以书面形式向证券交易所申报，然后按规定的竞价交易原则撮合成交。电脑报价则是指证券公司通过计算机交易系统进行证券买卖申报，其做法是证券公司将买卖指令输入计算机终端，并通过计算机系统传给证券交易所的交易系统，交易系统接收后即进行配对处理。若买卖双方有合适的价格和数量，交易系统便自动撮合成交。我国通过证券交易所进行的证券交易均采用电脑报价方式。

在委托未成交之前，委托人有权变更和撤销委托，冻结的资金或证券及时解冻。而一旦竞价成交，成交部分不得撤单。

3. 竞价成交

竞价成交按照一定的竞争规则进行，其核心内容是价格优先、时间优先原则。价格优先原则是在买进证券时，较高的买进价格申报优先于较低的买进价格申报；卖出证券时，较低的卖出价格申报优先于较高的卖出价格申报。时间优先原则要求当存在若干相同价格申报时，应当由最早提出该价格申报的一方成交，即同价位申报，按照申报时序决定优先顺序。

我国证券交易所有两种竞价方式，即在每日开盘前先采用集合竞价方式，在开盘后的交易时间里采用连续竞价方式。

4. 股权登记，证券存管、清算交割交收

清算是为了减少证券和价款的交割数量，由证券登记结算机构对每一营业日成交的证券与价款分别予以轧低，计算证券和资金的应收或应付净额的处理过程。对同一证券经纪商的同一种证券的买卖进行冲抵清算，确定应当交割的证券数量和价款数额，以便于按照"净额交收"的原则办理证券和价款的交割。

第三节　债券交易和基金交易

一、债券的定义、性质和票面要素

（一）债券的定义

债券是依照法定程序发行，约定在一定期限内还本付息的有价证券。债券是国家或地区政府、金融机构、企业等机构直接向社会借债筹措资金时，向投资者发行，并且承诺按特定利率支付利息，按约定条件偿还本金的债权债务凭证。由此，债券包含了以下四层含义：

（1）债券的发行人（政府、金融机构、企业等机构）是资金的借入者。

（2）购买债券的投资者是资金的借出者。

（3）发行人（借入者）需要在一定时期还本付息。

（4）债券是债的证明书，具有法律效力。债券购买者与发行者之间是一种债权债务关系，债券发行人即债务人，投资者（或债券持有人）即债权人。

（二）债券的性质

1. 债券属于有价证券

债券本身有一定的面值，它是债券投资者投入资金量化的表现，可以按期取得利息，拥有了债券就拥有了债券代表的权利。

2. 债券是一种虚拟资本

债券有面值，代表了一定的财产价值，但其只是一种虚拟资本，而非真实资本。在债权债务关系建立时投入的资金已被债务人占用，债券是实际运用的真实资本的证书。债券的流动并不意味着其代表的实际资本也同样流动，债券独立于实际资本之外。

3. 债券是债权的表现

拥有债券的人是债权人，债权人不同于公司股东，是公司的外部利益相关者。

（三）债券的票面要素

债券作为证明债权债务关系的凭证，一般用具有一定格式的票面形式来表现。通常，债券票面上基本标明的内容要素如下：

1. 债券的票面价值

债券的票面价值是债券票面标明的货币价值，是债券发行人承诺在债券到期日偿还给债券持有人的金额。债券的票面价值要标明的内容主要有币种、票面的金额。

2. 债券的到期期限

债券到期期限是指债券从发行之日起至偿清本息之日止的时间，也是债券发行人承诺履行合同义务的全部时间。发行人在确定债券期限时，要考虑多种因素的影响，主要有：

（1）资金使用方向。临时周转使用发行短期债券，而长期资金需要则发行长期债券。期限的长短主要考虑利息负担。

（2）市场利率变化。利率看涨发行长期债券，否则发行短期债券。

（3）债券的变现能力：债券市场的发达程度。发达的债券市场可以发行相对长期的债券，而不发达的债券市场则发行短期债券。

3. 债券的票面利率

债券的票面利率也称名义利率，是债券利息与债券票面价值的比率，通常年利率用百分比表示。利率是债券票面要素中不可缺少的内容。例如，投资者持有面值1万元的债券，票面利率是4.75%，而利息是在每年6月1日和12月1日派发，那么该投资者在这两天将各领到237.50元的利息。如果债券属于无票制的，利息将像股息般存入投资者的银行户头。

在实际生活中，债券利率有多种形式，如单利、复利和贴现利率等。债券利率受很多因素影响，主要如下：

（1）借贷资金市场利率水平。市场利率较高时，债券的票面利率也相应较高，否则投资者会选择其他金融资产投资而舍弃债券；反之，市场利率较低时，债券的票面利率也相应较低。

（2）筹资者的资信。如果债券发行人的资信状况好，债券信用等级高，投资者的风险小，债券票面利率可以定得比其他条件相同的债券低一些；如果债券发行人的资信状况差，债券信用等级低，投资者的风险大，债券票面利率就需要定得高一些。此时的利率差异反映了信用风险的大小，高利率是对高风险的补偿。

（3）债券期限长短。一般来说，期限较长的债券流动性差，风险相对较大，票面利率应该定得高一些；而期限较短的债券流动性强，风险相对较小，票面利率就可以定得低一些。但是，债券票面利率与期限的关系较复杂，它们还受其他因素的影响，因此有时也会出现短期债券票面利率高而长期债券票面利率低的现象。

4. 发行人名称

发行人名称指明债券的债务主体，为债权人到期追回本金和利息提供依据。

需要说明的是，以上四个要素虽然是债券票面的基本要素，但它们并非一定在债券票面上印制出来。在许多情况下，债券发行者是以公布条例或公告形式向社会公开宣布某债券的期限与利率，只要发行人具备良好的信誉，投资者也会认可接受。

此外，债券票面上有时还包含一些其他要素，如有的债券具有分期偿还的特征，在债券的票面上或发行公告中附有分期偿还时间表；有的债券附有一定的选择权，即发行契约中赋予债券发行人或持有人具有某种选择的权利，包括附有赎回选择权条款的债券、附有出售选择权条款的债券、附有可转换条款的债券、附有交换条款的债券、附有新股认购权条款的债券等。

二、债券的类型

（一）按发行主体划分

1. 政府债券

政府债券的发行主体是政府，是指政府财政部门或其他代理机构为筹集资金，以政府名义发行的债券，主要包括国库券和公债两大类。一般国库券是由财政部发行，用以弥补财政收支不平衡；公债是指为筹集建设资金而发行的一种债券。有时也将两者统称为公债。中央政府发行的称为中央政府债券（国家公债），地方政府发行的称为地方政府债券（地方公债）。国债因其信誉好、利率优、风险小而被称为"金边债券"。除了政府部门直接发行的债券外，有些国家把政府担保的债券也划归为政府债券体系，称为政府保证债券。这种债券由一些与政府有直接关系的公司或金融机构发行，并由政府提供担保。政府债券有以下特征：

（1）安全性高。政府债券是由政府发行的债券，由政府承担还本付息的责任。在各类债券中，政府债券的信用等级是最高的，通常称为"金边债券"。

（2）流通性强。政府债券是一国债务，发行量一般非常大，同时信用好，竞争力强，市场属性好。因此，政府债券在二级市场上十分发达。

（3）收益稳定。政府债券的付息是由政府保证的，其信用度高，风险小。政府债券的本息大多数固定且有保障，因此交易价格不会出现大的波动。

（4）免税待遇。政府债券是政府的债务，为了鼓励人们投资，大多数国家规定，对于购买政府债券获得的收益，可以享受免税待遇。

2. 金融债券

金融债券是由银行和非银行金融机构发行的债券。在我国，目前金融债券主要由国家开发银行、中国进出口银行等政策性银行发行。金融机构一般有雄厚的资金实力，信用度较高，因此金融债券往往有良好的信誉。按不同的标准，金融债券可以划分为很多种类。

最常见的分类有以下两种：

（1）根据利息的支付方式，金融债券可以分为附息金融债券和贴现金融债券。如果金融债券上附有多期息票，发行人定期支付利息，则称为附息金融债券；如果金融债券是以低于面值的价格贴现发行，到期按面值还本付息，利息为发行价与面值的差额，则称为贴现债券。例如，票面金额为 1 000 元，期限为 1 年的贴现金融债券，发行价格为 900 元，1 年到期时支付给投资者 1 000 元，那么利息收入就是 100 元，而实际年利率就是 11.11%。

（2）根据发行条件，金融债券可以分为普通金融债券和累进利息金融债券。普通金融债券按面值发行，到期一次还本付息，期限一般是 1 年、2 年和 3 年。普通金融债券类似于银行的定期存款，只是利率高些。累进利息金融债券的利率不固定，在不同的时间段有不同的利率，并且一年比一年高。也就是说，债券的利率随着债券期限的增加累进，比如面值 1 000 元、期限为 5 年的金融债券，第 1 年利率为 9%，第二年利率为 10%，第三年利率为 11%，第四年利率为 12%，第五年利率为 13%。投资者可以在第一年至第五年之间随时去银行兑付，并获得规定的利息。

3. 公司（企业）债券

在国外，没有企业债和公司债的划分，统称为公司债。在我国，企业债券是按照《企业债券管理条例》规定发行与交易，并由国家发展和改革委员会监督管理的债券。在实际中，其发债主体为中央政府部门所属机构、国有独资企业或国有控股企业。因此，企业债券在很大程度上体现了政府信用。公司债券管理机构为中国证券监督管理委员会，发债主体为按照《中华人民共和国公司法》设立的公司法人。在实践中，其发行主体为上市公司，其信用保障是发债公司的资产质量、经营状况、盈利水平和持续盈利能力等。公司债券在证券登记结算公司统一登记托管，可以申请在证券交易所上市交易，其信用风险一般高于企业债券。2008 年 4 月 15 日起施行的《银行间债券市场非金融企业债务融资工具管理办法》进一步促进了企业债券在银行间债券市场的发行，企业债券和公司债券成为我国商业银行越来越重要的投资对象。

（二）按是否有财产担保划分

1. 抵押债券

抵押债券是以企业财产作为担保的债券，按抵押品的不同又可以分为一般抵押债券、不动产抵押债券、动产抵押债券和证券信托抵押债券。以不动产如房屋等作为担保品的，称为不动产抵押债券；以动产如适销商品等作为担保品的，称为动产抵押债券；以有价证券如股票及其他债券作为担保品的，称为证券信托抵押债券。一旦债券发行人违约，信托人就可以将担保品变卖处置，以保证债权人的优先求偿权。

抵押债券可分为以下两类：

（1）限额抵押，又称封闭式担保，即一项抵押品只限于一次发行的债券，不允许再用作发行同一等级债券的抵押。

（2）可加抵押，又称开放式担保，即当同一项抵押品价值很大时，将抵押品评估价值先后分为若干次抵押，有关的抵押权按登记的先后次序分为一级抵押权、二级抵押权……在处理抵押品清偿债务时，要依次先偿还高一级抵押权的债务。因此，抵押权级次越靠后，其风险越大。

2. 信用债券

信用债券是不以任何公司财产作为担保的、完全凭信用发行的债券。政府债券属于此类债券。这种债券由于其发行人的绝对信用而具有坚实的可靠性。除此之外，一些公司也可发行这种债券，即信用公司债。与抵押债券相比，信用债券的持有人承担的风险较大，因而往往要求较高的利率。为了保护投资人的利益，发行这种债券的公司往往受到种种限制，只有那些信誉卓著的大公司才有资格发行。除此以外，在债券契约中都要加入保护性条款，如不能将资产抵押其他债权人、不能兼并其他企业、未经债权人同意不能出售资产、不能发行其他长期债券等。

（三）按债券形态划分

1. 实物债券（无记名债券）

实物债券是一种具有标准格式实物券面的债券。实物债券与无实物债券相对应，简单地说就是发行债券是纸质的而非电脑里的数字。在其券面上，一般印制了债券面额、债券利率、债券期限、债券发行人全称、还本付息方式等各种债券票面要素。实物债券不记名，不挂失，可上市流通。实物债券是一般意义上的债券，很多国家通过法律法规对实物债券的格式予以明确规定。实物债券由于其发行成本较高，将会被逐步取消。

2. 凭证式债券

凭证式债券是指国家采取不印刷实物券，而用填制"国库券收款凭证"的方式发行的国债。我国从1994年开始发行凭证式国债。凭证式国债具有类似储蓄，同时又优于储蓄的特点，通常被称为储蓄式国债，是以储蓄为目的的个人投资者理想的投资方式。凭证式国债从购买之日起计息，可记名，可挂失，但不能上市流通；与储蓄类似，但利息比储蓄高。

3. 记账式债券

记账式债券是指没有实物形态的票券，以电脑记账方式记录债权，通过证券交易所的交易系统发行和交易。我国近年来通过沪、深交易所的交易系统发行和交易的记账式国债就是这方面的实例。如果投资者进行记账式债券的买卖，就必须在证券交易所设立账户。因此，记账式国债又称为无纸化国债。

记账式国债购买后可以随时在证券市场上转让，流动性较强，就像买卖股票一样，当然，中途转让除了可以获得应得的利息外（市场定价已经考虑到），还可以获得一定的价差收益（不排除损失的可能）。这种国债有付息债券与零息债券两种。付息债券按票面发行，每年付息一次或多次；零息债券折价发行，到期按票面金额兑付，中间不再计息。

由于记账式国债发行和交易均无纸化，因此交易效率高、成本低，是未来债券发展的趋势。

记账式国债与凭证式国债有以下区别：

（1）在发行方式方面，记账式国债通过电脑记账，无纸化发行。凭证式国债是通过纸质记账凭证发行。

（2）在流通转让方面，记账式国债可以自由买卖，流通转让也较方便、快捷。凭证式国债只能提前兑取，不可流通转让，提前兑取还要支付手续费。

（3）在还本付息方面，记账式国债每年付息，可当日通过电脑系统自动到账。凭证式国债是到期后一次性支付利息，客户需到银行办理。

（4）在收益性方面，记账式国债要略好于凭证式国债，通常记账式国债的票面利率要略高于相同期限的凭证式国债。

（四）按是否可以转换为公司股票划分

1. 可转换债券

可转换债券是指在特定时期内可以按某一固定的比例转换成普通股的债券，它具有债务与权益双重属性，属于一种混合性筹资方式。由于可转换债券赋予债券持有人将来成为公司股东的权利，因此其利率通常低于不可转换债券。若将来转换成功，发行企业在转换前达到了低成本筹资的目的，在转换后又可以节省股票的发行成本。根据《中华人民共和国公司法》的规定，发行可转换债券应由国务院证券管理部门批准，发行公司应同时具备发行公司债券和发行股票的条件。相比于不可转换债券，可转换债券具有以下优点：

（1）对股份公司来说，发行可转换债券，可以在股票市场低迷时筹集到所需的资金，可以减少外汇风险，可以通过债券与股票的转换，优化资本结构，甚至可以获取转换的溢价收入。

（2）对投资者来说，投资者购买可转换债券，可以使手上的投资工具变得更加灵活，投资的选择余地也变得更加宽阔，如投资者既可以持有该债券，获取债息，也可在债券市场上转手；既可以在一定条件下换成股票，获取股息、红利，也可以在股票市场上买卖赚取差价。因此，可转换债券对投资者具有很大的吸引力。

2. 不可转换债券

不可转换债券是指不能转换为普通股的债券，又称为普通债券。由于其没有赋予债券持有人将来成为公司股东的权利，因此利率一般高于可转换债券。

（五）按付息的方式划分

1. 零息债券

零息债券也叫贴现债券，是指债券券面上不附有息票，在票面上不规定利率，发行时按规定的折扣率，以低于债券面值的价格发行，到期按面值支付本息的债券。从利息支付方式来看，贴现国债以低于面额的价格发行，可以看成利息预付，因此又可以称为利息预付债券、贴水债券，是期限比较短的折现债券。例如，10 年期零息债券（票面价值为 1 000 美元）的发行价格为 463 美元。换言之，投资者以 463 美元的价格购买零息债券，在债券有效期内不会得到利息，因此其不像固定利息债券那样能获得当期收益。

2. 定息债券

定息债券，即固定利率债券，是将利率印在票面上并按利率向债券持有人支付利息的债券。该利率不随市场利率的变化而调整，因此固定利率债券可以较好地抵制通货紧缩风险。

3. 浮息债券

浮息债券，即浮动利率债券，是利率随市场利率变动而调整的债券。因为浮动利率债券的利率同当前市场利率挂钩，而当前市场利率又考虑到了通货膨胀率的影响，所以浮动利率债券可以较好地抵制通货膨胀风险。其利率通常根据市场基准利率加上一定的利差来确定。浮动利率债券往往是中长期债券。

（六）按是否能够提前偿还划分

1. 可赎回债券

可赎回债券是指在债券到期前，发行人能够以事先约定的赎回价格收回的债券。公司发行可赎回债券主要是考虑到公司未来的投资机会和回避利率风险等问题，以增加公司资本结构调整的灵活性。发行可赎回债券最关键的问题是赎回期限和赎回价格的制定。

2. 不可赎回债券

不可赎回债券是指不能在债券到期前收回的债券。

（七）按偿还方式划分

1. 一次到期债券

一次到期债券是发行公司于债券到期日一次偿还全部债券本金的债券。例如，某债券 2018 年 1 月 1 日发行，期限 5 年，面值 1 000 元，年利率 6%，一年计息一次，按单利计息，一次性还本付息。

2. 分期偿还债券

分期偿还债券是指发行单位规定在债券有效期内某一时间偿还一部分本息，分期还清的一种债券。这种债券可以减少一次集中偿还的财务负担，一般还本期限越长，其利息越高。分期偿还债券通常采用抽签方式或按照债券号码的次序进行偿还。分期偿还债券的特点是该债券的本金在举债期内错开偿还给债权人，这种偿还方法可以减轻发行债券企业在债券到期日的财务负担。

（八）按是否能够提前偿还或按计息方式分类

1. 单利债券

单利债券是指在计息时，不论期限长短，仅按本金计息，产生的利息不再加入本金计算下期利息的债券。

2. 复利债券

复利债券与单利债券相对应，指计算利息时，按一定期限将产生的利息加入本金再计算利息，逐期计算的债券。

3. 累进利率债券

累进利率债券是指年利率以利率逐年累进方法计息的债券。累进利率债券的利率随着时间的推移，后期利率比前期利率更高，呈累进状态。

（九）按债券是否记名分类

债券按债券上是否记有持券人的姓名或名称，可以分为记名债券和无记名债券。这种分类类似于记名股票与无记名股票的划分。

在公司债券上记载持券人姓名或名称的为记名公司债券，反之为无记名公司债券。两种债券在转让上的差别也与记名股票、无记名股票相似。

此外，债券按是否参加公司盈余分配，可以分为参加公司债券和不参加公司债券；按是否上市，可以分为上市债券和非上市债券；等等。

三、债券投资收益和收益率的计算

（一）债券投资收益

债券投资可以获取固定的利息收入，也可以在市场买卖中赚差价。随着利率的升降，投资者如果能适时地买进卖出，就可获取较大收益。

1. 债券的特征

债券作为投资工具，其特征主要表现为安全性高、收益高于银行存款、流动性强。

（1）安全性高。由于债券发行时就约定了到期后可以支付本金和利息，因此其收益稳定、安全性高。特别是对于国债来说，其本金及利息的给付是由政府做担保的，几乎没有什么风险，是具有较高安全性的一种投资方式。

（2）收益高于银行存款。在我国，债券的利率高于银行存款的利率。投资于债券，投资者一方面可以获得稳定的、高于银行存款的利息收入，另一方面可以利用债券价格的变动，买卖债券，赚取价差。

（3）流动性强。上市债券具有较好的流动性。当债券持有人急需资金时，可以在交易市场上随时卖出，而且随着金融市场的进一步开放，债券的流动性将会不断加强。因此，债券作为投资工具，最适合想获取固定收入的投资人和投资目标属长期的人。

2. 影响债券投资收益的因素

（1）债券的票面利率。债券的票面利率越高，债券利息收入就越高，债券收益也就越高。债券的票面利率取决于债券发行时的市场利率、债券期限、发行者信用水平、债券的流动性水平等因素。债券发行时市场利率越高，票面利率就越高；债券期限越长，票面利率就越高；发行者信用水平越高，票面利率就越低；债券的流动性越强，票面利率就越低。

（2）市场利率与债券价格。由债券收益率的计算公式，即"债券收益率=（到期本息和-发行价格）/（发行价格×偿还期）×100%"可知，市场利率的变动与债券价格的变动呈反向关系，即当市场利率升高时债券价格下降，当市场利率降低时债券价格上升。市场利率的变动引起债券价格的变动，从而给债券的买卖带来差价。市场利率升高，债券买卖差价为正数，债券的投资收益增加；市场利率降低，债券买卖差价为负数，债券的投资收益减少。随着市场利率的升降，投资者如果能适时地买进和卖出债券，就可获取更多的债券投资收益。当然，如果投资者债券买卖的时机不当，也会使得债券的投资收益减少。

与债券面值和票面利率相联系，当债券价格高于其面值时，债券收益率低于票面利率，反之则高于票面利率。

（3）债券的投资成本。债券的投资成本大致有购买成本、交易成本和税收成本三部分。购买成本是投资人买入债券支付的金额（购买债券的数量与债券价格的乘积，即本金）。交易成本包括经纪人佣金、成交手续费和过户手续费等。国债的利息收入是免税的，但企业债的利息收入还需要缴税，税收是影响债券实际投资收益的重要因素。债券的投资成本越高，其投资收益就越低。因此，债券的投资成本是投资者在比较选择债券时所必须考虑的因素，也是在计算债券的实际收益率时必须扣除的。

（4）市场供求、货币政策和财政政策。市场供求、货币政策和财政政策会对债券价格产生影响，从而影响到投资者购买债券的成本，因此市场供求、货币政策和财政政策也是我们考虑投资收益时不可忽略的因素。

债券的投资收益虽然受到诸多因素的影响，但是债券本质上是一种固定收益工具，其价格变动不会像股票一样出现太大的波动，因此其收益是相对固定的，投资风险也较小，适合于想获取固定收入的投资者。

（二）债券投资收益率的计算

债券投资的收益一般通过债券投资收益率进行衡量和比较。债券投资收益率是指在一定时期内，一定数量的债券投资收益与投资额的比率，通常用年率来表示。由于投资者投资债券的种类和中途是否转让等因素的不同，收益率的概念和计算公式也有所不同。

1. 名义收益率

名义收益率又称票面收益率，是票面利息与面值的比率。其计算公式是：

名义收益率=票面利息/面值×100%

名义收益率没有考虑债券市场价格对投资者收益产生的影响，衡量的仅是债券发行人每年支付利息的货币金额，一般仅在计算债券应付利息时使用，而无法准确衡量债券投资的实际收益。

2. 即期收益率

即期收益率是债券票面利息与购买价格之间的比率。其计算公式是：

即期收益率=票面利息/购买价格×100%

即期收益率反映的是以现行价格购买债券时，通过按债券票面利率计算的利息收入而能够获得的收益，但并未考虑债券买卖差价所能获得的资本利得收益，因此不能全面反映债券投资的收益。

3. 持有期收益率

持有期收益率是债券买卖价格差价加上利息收入后与购买价格之间的比率。其计算公式是：

持有期收益率=（出售价格−购买价格+利息）/购买价格×100%

持有期收益率不仅考虑到了债券支付的利息收入，而且考虑到了债券的购买价格和出售价格，从而考虑到了债券的资本损益，因此比较充分地反映了实际收益率。但是，因为出售价格只有在投资者实际出售债券时才能够确定，所以持有期收益率是一个事后衡量指标，在事前进行投资决策时只能主观预测出售价格。这个指标在作为投资决策的参考时，具有很强的主观性。

4. 到期收益率

到期收益率是投资购买债券的内部收益率，即可以使投资购买债券获得的未来现金流量的现值等于债券当前市场价格的贴现率，相当于投资者按照当前市场价格购买并且一直持有到期时可以获得的年平均收益率，其中隐含了每期的投资收入现金流均可以按照到期收益率进行再投资。

到期收益率的计算公式是：

$$PV = \frac{I}{(1+Y)^1} + \frac{I}{(1+Y)^2} + \cdots + \frac{I}{(1+Y)^t} + \frac{M}{(1+Y)^t}$$

其中，PV 为债券当前市场价格，I 为每一期债息，M 为面值，Y 为到期收益率。

四、基金交易

（一）基金与基金公司

1. 证券投资基金

证券投资基金是一种利益共存、风险共担的集合证券投资方式，即通过发行基金份额，集中投资者的资金，由基金托管人托管，由基金管理人管理和运用资金，从事股票、债券等金融工具投资，并将投资收益按基金投资者的投资比例进行分配的一种间接投资方式。

证券投资基金起源于 1868 年的英国，是在 18 世纪末 19 世纪初产业革命的推动后产生的，而后兴盛于美国，现在已风靡于全世界。在不同的国家，投资基金的称谓有一定区别，英国称之为"单位信托投资基金"，美国称之为"共同基金"，日本称之为"证券投资信托基金"。这些不同的称谓在内涵和运作上并无太大区别。投资基金在西方国家早已成为一种重要的融资、投资手段，并在当代得到了进一步发展。20 世纪 60 年代以来，一些发展中国家积极仿效，运用投资基金这一形式吸收国内外资金，促进本国经济的发展。

证券投资基金在我国发展的时间还比较短，但在证券监管机构的大力扶植下，在短短几年时间里获得了突飞猛进的发展。1997 年 11 月，国务院出台《证券投资基金管理暂行办法》。1998 年 3 月，两只封闭式基金——基金金泰、基金开元设立，分别由国泰基金管理公司和南方基金管理公司管理。2004 年 6 月 1 日，《中华人民共和国证券投资基金法》正式实施，以法律形式确认了证券投资基金在资本市场及社会主义市场经济中的地位和作用，成为中国证券投资基金业发展史上的一个重要里程碑。截至 2017 年年底，公募基金管理机构管理的公募基金达 4 841 只，份额 11.0 万亿，规模 11.6 万亿元。证券投资基金数量和规模的迅速增长，不仅支持了我国经济建设和改革开放事业，而且也为广大投资者提供了一种新型的金融投资选择，活跃了金融市场，丰富了金融市场的内容，促进了金融市场的发展和完善。

2. 基金公司

（1）基金公司的含义。证券投资基金管理公司（基金公司），是指经中国证券监督管理委员会批准，在中国境内设立，对基金的募集、基金份额的申购和赎回、基金财产的投资、收益分配等基金运作活动进行管理的企业法人。

（2）基金公司的设立条件。根据《中华人民共和国证券投资基金法》的规定，设立基金管理公司，应当具备下列条件：

①股东符合《中华人民共和国证券投资基金法》的规定。

②有符合《中华人民共和国证券投资基金法》《中华人民共和国公司法》以及中国证监会规定的章程。

③注册资本不低于 1 亿元人民币，并且股东必须以货币资金实缴，境外股东应当以可自由兑换货币出资。

④有符合法律、行政法规和中国证监会规定的拟任高级管理人员以及从事研究、投资、估值、营销等业务的人员，拟任高级管理人员、业务人员不少于 15 人，并应当取得基金从业资格。

⑤有符合要求的营业场所、安全防范设施和与业务有关的其他设施。

⑥设置了分工合理、职责清晰的组织机构和工作岗位。

⑦有符合中国证监会规定的监察稽核、风险控制等内部监控制度。

⑧经国务院批准的中国证监会规定的其他条件。

（二）基金的类型

证券投资基金之所以在现代金融市场上获得广泛发展，与其具有的繁多种类从而能够满足投资者的各种需要的特点是分不开的。从不同角度可以将证券投资基金划分为不同类型。

1. 按基金的组织方式分为契约型证券投资基金和公司型证券投资基金

（1）契约型证券投资基金又称单位信托基金，是指把投资者、管理人、托管人三者作为基金的当事人，通过签订基金契约的形式，发行受益凭证而设立的一种基金。契约型证券投资基金起源于英国，后在新加坡、印度尼西亚等国家和我国香港地区十分流行。契约型证券投资基金是基于契约原理而组织起来的代理投资行为，没有基金章程，也没有董事会，而是通过基金契约来规范三方当事人的行为。基金管理人负责基金的管理操作。基金托管人作为基金资产的名义持有人，负责基金资产的保管和处置，对基金管理人的运作实行监督。

（2）公司型证券投资基金是按照公司法以公司形态组成的，该基金公司以发行股份的方式募集资金，一般投资者则为认购基金而购买该公司的股份，也就成为该公司的股东，凭其持有的股份依法享有投资收益。这种基金要设立董事会，重大事项由董事会讨论决定。公司型证券投资基金的特点是基金公司的设立程序类似于一般的股份公司，基金公司本身依法注册为法人。但不同于一般股份公司的是，基金公司是委托专业的财务顾问或管理公司来经营与管理的。基金公司的组织结构也与一般的股份公司类似，设有董事会和持有人大会，基金资产由公司所有，投资者则是这家公司的股东，承担风险并通过股东大会行使权利。

（3）契约型证券投资基金与公司型证券投资基金的区别有以下几点：

①法律依据不同。契约型证券投资基金是依照基金契约组建，信托法是其设立的依据，基金本身不具有法律资格。公司型证券投资基金是按照公司法组建的，具有法人资格。

②资金的性质不同。契约型证券投资基金的资金是通过发行基金份额筹集起来的信托财产；公司型证券投资基金的资金是通过发行普通股票筹集的公司法人的资本。

③投资者的地位不同。契约型证券投资基金的投资者购买基金份额后成为基金契约的当事人之一，投资者既是基金的委托人，即基于对基金管理人的信任，将自己的资金委托给基金管理人管理和营运，又是基金的受益人，即享有基金的受益权。公司型证券投资基金的投资者购买基金的股票后成为该公司的股东。因此，契约型证券投资基金的投资者没有管理基金资产的权力，而公司型证券投资基金的股东通过股东大会享有管理基金公司的权力。

④基金的营运依据不同。契约型证券投资基金依据基金契约营运基金，公司型证券投资基金依据基金公司章程营运基金。由此可见，契约型证券投资基金和公司型证券投资基金在法律依据、组织形态以及有关当事人扮演角色上是不同的。但对投资者来说，投资于公司型证券投资基金和契约型证券投资基金并无多大区别，它们的投资方式都是把投资者的资金集中起来，按照基金设立时规定的投资目标和策略，将基金资产分散投资于众多的金融产品上，获取收益后再分配给投资者。

尽管契约型证券投资基金和公司型证券投资基金在很多方面存在不同，但从投资者的角度看，这两种投资方式并无多大区别，其投资方式都是把投资者的资金集中起来，按照基金设立时规定的投资目标和策略，将基金资产分散投资于众多的金融产品上，获取收益后再分配给投资者。从世界基金业的发展趋势看，公司型证券投资基金除了比契约型证券投资基金多了一层基金公司组织外，其他各方面都与契约型证券投资基金有趋同化的倾向。

2. 按基金的运作方式分为封闭式基金和开放式基金

（1）封闭式基金是指经核准的基金份额总额在基金合同期限内固定不变，基金份额可以在依法设立的证券交易场所交易，但基金份额持有人不得申请赎回的基金。由于封闭式基金在封闭期内不能追加认购或赎回，投资者只能通过证券经纪商在二级市场上进行基金的买卖。封闭式基金的期限是指基金的存续期，即基金从成立起到终止之间的时间。决定基金期限长短的因素主要有两个：一是基金本身投资期限的长短。一般来说，如果基金的目标是进行中长期投资，其存续期就可以长一些；反之，如果基金的目标是进行短期投资（如货币市场基金），其存续期就可以短一些。二是宏观经济形势。一般来说，如果经济稳定增长，基金存续期就可以长一些，否则应相对短一些。当然，在现实中，存续期还应依据基金发起人和众多投资者的要求来确定。基金期限届满即为基金终止，管理人应组织清算小组对基金资产进行清产核资，并将清产核资后的基金净资产按照投资者的出资比例进行公正合理的分配。

（2）开放式基金是指基金管理公司在设立基金时，发行基金单位的总份额不固定，可以视投资者的需求追加发行。投资者也可以根据市场状况和各自的投资决策，或者要求发行机构按现期净资产值扣除手续费后赎回股份或受益凭证，或者再买入股份或受益凭证，增持该基金单位份额。为了应付投资者中途抽回资金，实现变现的要求，开放式基金一般都从所筹资金中拨出一定比例，以现金形式保持这部分资产。这虽然会影响基金的盈利水平，但作为开放式基金来说，这是必需的。

（3）封闭式基金与开放式基金的区别。

①期限不同。封闭式基金通常有固定的封闭期，通常在 5 年以上，一般为 10 年或 15 年，经受益人大会通过并经主管机关同意可以适当延长期限。而开放式基金没有固定期限，投资者可以随时向基金管理人赎回基金单位。

②发行规模限制不同。封闭式基金在招募说明书中列明其基金规模，在封闭期限内未经法定程序认可不能再增加发行。开放式基金没有发行规模限制，投资者可以随时提出认购或赎回申请，基金规模随之增加或减少。

③基金单位交易方式不同。封闭式基金的基金单位在封闭期限内不能赎回，持有人只能寻求在证券交易场所出售给第三者。开放式基金的投资者可以在首次发行结束一段时间（多为 3 个月）后，随时向基金管理人或中介机构提出购买或赎回申请，买卖方式灵活，除极少数开放式基金在交易所做名义上市外，通常不上市交易。

④基金单位的交易价格计算标准不同。封闭式基金与开放式基金的基金单位除了首次

发行价都是按面值加一定百分比的购买费计算外，以后的交易计价方式不同。封闭式基金的买卖价格受市场供求关系的影响，常出现溢价或折价现象，并不必然反映基金的净资产值。开放式基金的交易价格则取决于基金每单位净资产值的大小，其申购价一般是基金单位资产值加一定的购买费，赎回价是基金单位净资产值减去一定的赎回费，不直接受市场供求影响。

⑤投资策略不同。封闭式基金的基金单位数不变，资本不会减少，因此基金可以进行长期投资，基金资产的投资组合能有效在预定计划内进行。开放式基金因基金单位可以随时赎回，为应付投资者随时赎回兑现，基金资产不能全部用来投资，更不能把全部资本用来进行长线投资，必须保持基金资产的流动性，在投资组合上需保留一部分现金和高流动性的金融商品。

⑥基金份额资产净值公布的时间不同。封闭式基金一般每周或更长时间公布一次，开放式基金一般在每个交易日连续公布。

⑦交易费用不同。投资者在买卖封闭式基金时，在基金价格之外需要支付手续费；投资者在买卖开放式基金时，则要支付申购费和赎回费。

从发达国家金融市场来看，开放式基金已成为世界投资基金的主流。世界基金发展史从某种意义上说就是从封闭式基金走向开放式基金的历史。

3. 按投资目标分为成长型基金、收入型基金、平衡型基金

（1）成长型基金是基金中最常见的一种，追求的是基金资产的长期增值。为了达到这一目标，基金管理人通常将基金资产投资于信誉度较高、有长期成长前景或长期盈余的所谓成长公司的股票。成长型基金又可分为稳健成长型基金和积极成长型基金。

（2）收入型基金主要投资于可带来现金收入的有价证券，以获取当期的最大收入为目的。收入型基金资产成长的潜力较小，损失本金的风险相对也较低，一般可分为固定收入型基金和股票收入型基金。固定收入型基金的主要投资对象是债券和优先股，因而尽管收益率较高，但长期成长的潜力很小，而且当市场利率波动时，基金净值容易受到影响。股票收入型基金的成长潜力比较大，但易受股市波动的影响。

（3）平衡型基金将资产分别投资于两种不同特性的证券上，并在以取得收入为目的的债券及优先股和以资本增值为目的的普通股之间进行平衡。这种基金一般将25%~50%的资产投资于债券及优先股，其余的投资于普通股。平衡型基金的主要目的是从其投资组合的债券中得到适当的利息收益，与此同时又可以获得普通股的升值收益。投资者既可以获得当期收入，又可以得到资金的长期增值，通常是把资金分散投资于股票和债券。平衡型基金的特点是风险比较低，缺点是成长潜力不大。

4. 按投资标的分为债券基金、股票基金、货币市场基金、指数基金、黄金基金、衍生证券基金

（1）债券基金是一种以债券为主要投资对象的证券投资基金。由于债券的年利率固

定，因此这类基金的风险较低，适合于稳健型投资者。通常债券基金收益会受货币市场利率的影响，当市场利率下调时，其收益就会上升；反之，若市场利率上调，基金收益率则下降。除此以外，汇率也会影响基金的收益，管理人在购买非本国货币的债券时，往往还在外汇市场上做套期保值。

（2）股票基金是指以股票为主要投资对象的证券投资基金。股票基金的投资目标侧重于追求资本利得和长期资本增值。基金管理人拟定投资组合，将资金投放到一个或几个国家，甚至是全球的股票市场，以达到分散投资、降低风险的目的。投资者之所以钟爱股票基金，原因在于可以有不同的风险类型供选择，而且可以克服股票市场普遍存在的区域性投资限制的弱点。此外，股票基金还具有变现性强、流动性强等优点。由于股票基金聚集了巨额资金，几只甚至一只基金就可以引发股市动荡，因此各国政府对股票基金的监管都十分严格，不同程度地规定了基金购买某一家上市公司的股票总额不得超过基金资产净值的一定比例，防止基金过度投机和操纵股市。

（3）货币市场基金是以货币市场为投资对象的一种基金，其投资工具期限在一年内，包括银行短期存款、国库券、公司债券、银行承兑票据以及商业票据等。通常，货币基金的收益会随市场利率的下跌而降低，与债券基金正好相反。货币市场基金通常被认为是无风险或低风险的投资。

（4）指数基金是20世纪70年代以来出现的新的基金品种。为了使投资者能获取与市场平均收益相接近的投资回报，产生了一种功能上近似或等于编制的某种证券市场价格指数的基金。指数基金的特点是投资组合等同于市场价格指数的权数比例，收益随着当期的价格指数上下波动。当价格指数上升时基金收益增加，反之收益减少。基金因始终保持当期的市场平均收益水平，因此收益不会太高，也不会太低。指数基金的优势是：第一，费用低廉。指数基金的管理费较低，尤其交易费用较低。第二，风险较小。由于指数基金的投资非常分散，可以完全消除投资组合的非系统风险，而且可以避免由于基金持股集中带来的流动性风险。第三，以机构投资者为主的市场中，指数基金可以获得市场平均收益率，可以为股票投资者提供更好的投资回报。第四，指数基金可以作为避险套利的工具。对于投资者尤其是机构投资者来说，指数基金是其避险套利的重要工具。指数基金由于收益率的稳定性和投资的分散性，特别适用于社保基金等数额较大、风险承受能力较低的资金投资。

（5）黄金基金是指以黄金或其他贵金属及其相关产业的证券为主要投资对象的基金。其收益率一般随贵金属的价格波动而变化。

（6）衍生证券基金是指以衍生证券为投资对象的证券投资基金，主要包括期货基金、期权基金和认购权证基金。由于衍生证券一般是高风险的投资品种，因此投资这种基金的风险较大，但预期的收益水平比较高。

5. 按基金资本来源和运用地域分为国内基金、国际基金、离岸基金与海外基金

（1）国内基金是基金资本来源于国内并投资于国内金融市场的投资基金。一般而言，国内基金在其国内基金市场上应占主导地位。

（2）国际基金是基金资本来源于国内市场但投资于境外金融市场的投资基金。由于各国经济和金融市场发展的不平衡性，因此在不同国家会有不同的投资回报，通过国际基金的跨国投资，可以为本国资本带来更多的投资机会以及在更大范围内分散投资风险，但国际基金的投资成本和费用一般也较高。国际基金有国际股票基金、国际债券基金和全球商品基金等种类。

（3）离岸基金是基金资本从国外筹集并投资于国外金融市场的基金。离岸基金的特点是"两头在外"。离岸基金的资产注册登记不在母国，为了吸引全球投资者的资金，离岸基金一般都在素有"避税天堂"之称的地方注册，如卢森堡、开曼群岛、百慕大等，因为这些国家和地区对个人投资的资本利得、利息和股息收入都不收税。

（4）海外基金是基金资本从国外筹集并投资于国内金融市场的基金。海外基金通过发行受益凭证，把筹集到的资金交由指定的投资机构集中投资于特定国家的股票和债券，把所得收益作为再投资或作为红利分配给投资者，其发行的受益凭证则在国际著名的证券市场挂牌上市。海外基金已成为发展中国家利用外资的一种较为理想的形式，一些资本市场没有对外开放或实行严格外汇管制的国家可以利用海外基金。

除了上述几种类型的基金，证券投资基金还可以按募集对象不同分为公募基金和私募基金；按投资货币种类不同分为美元基金、英镑基金、日元基金等；按收费与否分为收费基金和不收费基金；按投资计划可变更性分为固定型基金、半固定型基金、融通型基金。此外，还有专门支持高科技企业、中小企业的风险基金，因交易技巧而著称的对冲基金、套利基金以及投资于其他基金的基金中基金等。

本章小结

1. 证券公司（securities company）是专门从事有价证券买卖的法人企业，分为证券经营公司和证券登记公司。狭义的证券公司是指证券经营公司，是经主管机关批准并到有关工商行政管理部门领取营业执照后专门经营证券业务的机构。

2. 我国证券公司的业务范围包括：证券经纪，证券投资咨询，与证券交易、证券投资活动有关的财务顾问，证券承销与保荐，证券自营，证券资产管理及其他证券业务。《中华人民共和国证券法》规定，经国务院证券监督管理机构批准，证券公司可以为客户买卖证券提供融资融券服务及其他业务。

3. 证券市场是股票、债券、投资基金份额等有价证券发行和交易的场所。证券市场是

市场经济发展到一定阶段的产物，是为解决资本供求矛盾和流动性而产生的市场。

4. 证券登记结算公司是指为证券交易提供集中的登记、托管与结算服务，是不以营利为目的的法人。

5. 股票是股份公司（包括有限公司和无限公司）在筹集资本时向出资人发行的股份凭证，代表着其持有者（股东）对股份公司的所有权。这种所有权为一种综合权利，如参加股东大会、投票表决、参与公司的重大决策、收取股息或分享红利等。

6. 股票的市场价格一般是指股票在二级市场上交易的价格。股票的市场价格由股票的价值决定，但同时受许多其他因素的影响。其中，供求关系是最直接的影响因素，其他因素都是通过作用于供求关系而影响股票价格的。由于影响股票价格的因素复杂多变，因此股票的市场价格呈现出高低起伏的波动性特征。

7. 债券是依照法定程序发行，约定在一定期限内还本付息的有价证券。债券是国家或地区政府、金融机构、企业等机构直接向社会借债筹措资金时，向投资者发行，并且承诺按特定利率支付利息并按约定条件偿还本金的债权债务凭证。

8. 政府债券有以下特征：安全性、流通性强、收益稳定、免税待遇。

9. 证券投资基金是一种利益共存、风险共担的集合证券投资方式，即通过发行基金份额，集中投资者的资金，由基金托管人托管，由基金管理人管理和运用资金，从事股票、债券等金融工具投资，并将投资收益按基金投资者的投资比例进行分配的一种间接投资方式。

10. 证券投资基金管理公司（基金公司）是指经中国证券监督管理委员会批准，在中国境内设立，对基金的募集、基金份额的申购和赎回、基金财产的投资、收益分配等基金运作活动进行管理的企业法人。

关键概念

1. 证券公司　2. 证券市场　3. 股票　4. 股票价格　5. 债券　6. 基金

思考题

1. 李先生最近听说投资股票可以赚钱，可是他自己完全不懂，也不知道应该做什么才能进行股票的投资。请问李先生应该去什么场所，办理哪些手续才能进行股票的投资呢？

2. 某人于20×3年1月1日以120元的价格购买了面值为100元、利率为10%、每年1月1日支付一次利息的20×2年发行的10年期国库券，并持有到20×8年1月1日以140元的价格卖出，则该投资者债券持有期间的收益率为多少？

3. 李某想投资一些基金，但是不知怎么操作，你能给他一些建议吗？

练习题

一、单项选择题

1. 通常由（　　）直接为投资者开立资金结算账户。

　　A. 证券登记结算公司　　　　　　　B. 中国证券业协会

　　C. 证券交易所　　　　　　　　　　D. 证券公司

2. 我国证券公司的设立实行审批制，由（　　）依法对证券公司的设立申请进行审查，决定是否批准设立。

　　A. 中国人民银行　　　　　　　　　B. 财政部

　　C. 中国银监会　　　　　　　　　　D. 中国证监会

3. 证券市场按纵向结构关系，可以分为（　　）。

　　A. 发行市场和交易市场

　　B. 股票市场、债券市场和基金市场

　　C. 集中交易市场和场外市场

　　D. 国内市场和国外市场

4. 场内市场是在固定场所进行交易，一般是指（　　）。

　　A. 证券交易所　　B. 证券公司　　　C. 店头交易　　　　D. 柜台市场

5. 证券市场的基本功能不包括（　　）。

　　A. 筹资功能　　　B. 定价功能　　　C. 保值增值功能　　D. 资本配置功能

6. 在我国，证券交易所是经（　　）批准设立的。

　　A. 全国人民代表大会　　　　　　　B. 国务院

　　C. 中国人民银行　　　　　　　　　D. 中国证监会

7. 上海证券交易所成立于（　　）。

　　A. 1991 年 6 月　　　　　　　　　B. 1990 年 6 月

　　C. 1990 年 12 月　　　　　　　　　D. 1991 年 12 月

8. 股票持有人作为公司股东，享有股份转让权、重大决策权、选举管理权等，表明股票是（　　）。

　　A. 要式证券　　　B. 有价证券　　　C. 证权证券　　　D. 综合权利证券

9. 下列选项中，（　　）不是普通股票股东的权利。

　　A. 公司重大决策参与权　　　　　　B. 查阅公司债券存根

　　C. 公司资产收益权和剩余资产分配权　　D. 优先分配公司剩余资产

10. 优先认股权是指（ ）。

    A. 当股份公司为增加公司资本发行新股时，原普通股股东享有的按其持股比例、以低于市价的某一特定价格优先认购一定数量新发行股票的权利

    B. 当股份公司为增加公司资本发行新股时，原普通股股东享有的按其持股比例、以市价优先认购一定数量新发行股票的权利

    C. 当股份公司为增加公司资本发行新股时，原普通股股东享有的以低于市价的某一特定价格优先认购任意数量新发行股票的权利

    D. 当股份公司为增加公司资本发行新股时，原普通股股东享有的按其持股比例、以高于市价的某一特定价格优先认购任意数量新发行股票的权利

11. 《中华人民共和国公司法》规定，股份公司向发起人、国家授权投资的机构、法人发行的股票应当是（ ）。

    A. 不记名股票　　B. 记名股票　　C. 优先股　　D. 国有股

12. 债券持有人可按自己的需要和市场的实际状况，灵活地转让债券提前收回本金和实现投资收益是指（ ）。

    A. 偿还性　　B. 流动性　　C. 安全性　　D. 收益性

13. 下列说法中，不正确的是（ ）。

    A. 平衡型基金的投资目标是既要获得当期收入，又要追求长期增值，通常是把资金集中投资于股票和债券，以保证资金的安全性和营利性

    B. 在成长型基金中，有更为进取的基金，即积极成长型基金

    C. 收入型基金主要投资于可带来现金收入的有价证券，以获取当期的最大收入为目的

    D. 成长型基金是基金中最常见的一种，追求基金资产的长期增值，投资于信誉度较高、有长期成长前景或长期盈余的公司的股票

14. 根据《证券投资基金运作管理办法》及有关规定，股票基金应有（ ）以上的资产投资于股票。

    A. 30%　　B. 50%　　C. 60%　　D. 80%

15. 认购公司型基金的投资人是基金公司的（ ）。

    A. 债权人　　B. 收益人　　C. 股东　　D. 委托人

二、多项选择题

1. 关于证券公司的描述正确的是（ ）。

    A. 在我国，设立证券公司必须经国务院证券监督管理机构审查批准

    B. 证券公司既是证券市场投融资服务的提供者，也是证券市场重要的机构投资者

C. 在我国，证券公司在境外设立、收购或者参股证券经营机构，必须经证券监督管理机构批准

D. 美国对证券公司的通俗称谓是商人银行

2. 证券交易所的主要职责有（　　）。

　　A. 提供交易场所与设施

　　B. 制定交易规则

　　C. 监管在该交易所上市的证券以及会员交易行为的合规性与合法性

　　D. 确保交易市场的公开、公平和公正

3. 不记名股票的特点有（　　）。

　　A. 股东权利属于股票持有人　　　　B. 认购股票时要求一次缴纳出资

　　C. 转让相对简便　　　　　　　　　D. 安全性较差

4. 政府债券包括（　　）。

　　A. 金融债券　　　　B. 国债　　　　C. 政府保证债券　　D. 公司债券

5. 证券投资基金的特点是（　　）。

　　A. 收益显著　　　　B. 集合投资　　　C. 分散风险　　　　D. 专业理财

6. 货币市场基金的优点是（　　）。

　　A. 流动性强，资本安全性高　　　　B. 购买限额低

　　C. 收益较高　　　　　　　　　　　D. 管理费用低

7. 契约型基金与公司型基金的区别是（　　）。

　　A. 资金的性质不同　　　　　　　　B. 投资者的地位不同

　　C. 基金的营运依据不同　　　　　　D. 收益水平不同

三、简答题

1. 发行市场与流通市场的关系是什么？

2. 有哪些因素影响了股票价格的波动？

3. 为什么公司债券的利率要比国债利率高？

4. 货币基金有什么特点？

5. 为什么大家总说股票的风险>基金的风险>债券的风险？

（练习题参考答案）

（本章学习课件）

第五章 掌握风险管理

学习目标

知识目标

1. 了解不确定性与风险的含义
2. 掌握风险的主要分类
3. 理解风险测量的基本工具
4. 熟悉金融风险管理策略的基本类型

能力目标

1. 能对风险进行识别与分析
2. 能对风险管理的各种现代化手段加以分析，提高对金融风险管理策略的比较与选择能力
3. 能对金融风险进行预警分析
4. 能对各种金融风险进行防范

素养目标

1. 培养不确定性的思维方式
2. 养成管理风险事件的习惯

引导案例

[案例] 2016 年 1 月农业银行北京分行发生重大风险事件

农业银行北京分行与某银行进行银行承兑汇票转贴现业务，在回购到期前，银票应存放在农业银行北京分行的保险柜里，不得转出。但实际情况是，银票在回购到期前，就被某重庆票据中介提前取出，与另外一家银行进行了回购贴现交易，而资金并未回到农业银行北京分行的账上，而是非法进入了股市，涉及金额 39 亿元。

这是典型的内外勾结的操作风险，按照规定，票据业务按约定封包入库，票据出库会

经手多人，经办方不能负责保管，犯罪成本高。据了解，由于票据回购业务涉及计财部门、柜台部门、信贷部门等前、中、后台至少四个部门，只有串联才可以违规操作，因此这一案件显然不仅仅涉及2人，而是"窝案"。

[案例] 投资的冲动

有一家公司上一年因闲置资金过多，投资部门受到高层的责问。本年年初高层给投资部门下达的指标是投资收入达1 000万元。指标下达后，投资部门开始了大规模的投资行动，在市场回报中收益颇丰，完成了半年进度，但随之而来的各种市场风险也引起了公司风险管理部门的警觉，认为公司投资部门本年以来的投资行为存在下列风险：

（1）投资了过多的银行理财产品。银行理财产品的预期收益率存在风险，《金融时报》发布的上半年到期300多种结构性理财产品中有110种收益率为零或为负，达不到的预期收益率的理财产品则更多。

（2）在当前利率底部配置了大量的低利率的债券投资。到了6月份，由于市场流动性泛滥，银行半年就放出了超过7万亿元的贷款，央行已无降息可能，市场利率已经确定了利率底部，未来可能处于利率上升通道。由于投资压力，公司投资部门上半年投资了大量的中短期债券，在未来利率上升的情况下，这些债券投资有可能有较大的利率风险。

（3）指标考核不够全面。绩效考核中有一句名言："你考核什么，就会得到什么样的考核结果。"公司高层对投资部门考核的1 000万元投资收入的指标考核是否合理，需要反思。

由于各种原因，公司董事会还没有按公司风险管理办法确定公司的投资战略。也就是说，在公司的资产构成中，投资总规模的最高比例是多少？各种投资品种所占规模限额是多少？可接受的损失限额是多少？在多大损失金额下，选择终止损失或退出该类投资？由于没有该类指标的限制，造成投资部门在投资收益的压力下，不断调动公司资源，在市场上进行大量投资。

（4）由于各种原因，对投资的各种风险控制程序和流程未完全制定、细化或执行，风险管理工作尚未全面展开。

这些造成了风险管理部门在风险管理工作的缺位，使投资部门的投资品种、投资规模、投资判断未受到太多控制和限制，投资部门的冲动没有受到限制，有可能在未来因市场利率上升而使公司造成收益减少的风险。

对一个部门的考核指标要相对合理，因为指标对一个部门的行为起到一个引导作用。另外，风险部门要比业务部门懂得更多，应对业务部门的各种经营行为进行合理控制和指导。

思政课堂

肯尼买驴抽奖的故事

城里的男孩肯尼移居到了乡下，从一个农民那里花 100 美元买了一头驴，农民同意第二天把驴带来给肯尼。第二天，农民来找肯尼，说："对不起，小伙子，我有一个坏消息要告诉你，那头驴死了。"

肯尼回答："好吧，你把钱还给我就行了！"

农民说："不行！我不能把钱还给你，我已经把钱给花掉了。"

肯尼说："好的，那么就把那头死驴给我吧！"

农民很纳闷："你要那头死驴干什么？"

肯尼说："我可以用那头死驴作为幸运抽奖的奖品。"

农民叫了起来："你不可能把一头死驴作为抽奖奖品，没有人会要它的。"

肯尼回答："别担心，看我的。我不告诉任何人这头驴是死的就行了！"

几个月后，农民遇到了肯尼。农民问他："那头死驴后来怎么样了？"

肯尼说："我举办了一次幸运抽奖，并把那头驴作为奖品。我卖出了 500 张票，每张 2 美元，就这样我赚了 998 美元！"

农民好奇地问："难道没有人对此表示不满？"

肯尼回答："只有那个中奖的人表示不满，所以我把他买票的钱还给了他！"

许多年后，长大的肯尼成了美国安然公司的总裁。美国安然公司曾一度成为美国最大的能源企业。2001 年 12 月，美国安然公司因假账丑闻轰然倒闭。

启示： 案例中中奖的不确定性在参与抽奖者中随机分布，最终未获奖者贡献了抽奖设计者、获奖者的收益。这说明，风险是可以跨空间分散转移的，风险经营者可以利用风险的不确定性与不对称性以及定价规则进行风险分散转移而获益，风险管理者也可以自创平台或利用风险经营者的平台转移财务风险。

第一节　风险与不确定性

一、风险和金融风险

（一）风险和金融风险的定义

1. 风险的定义

所谓风险，源于拉丁文"risicare"一词。"risi"之意是由希腊文中的"cliff"（山崖）派生出来的，"risicare"一词被解释为"在山崖中航行"的意思。因此，风险的主要含义是指"事故发生的可能性"。但是，越来越多的人认为不能拘泥于上述唯一含义，还应该从更广泛的角度来探讨风险涉及的对象。因此，在原有的"事故发生的可能性"基础上，加进了"社会经济活动结果的不确定性"，就构成了目前的"风险"的定义。国际标准化组织（ISO）发布的《ISO Guide 73：2009 风险管理术语》中将风险定义为："不确定性对目标的影响。"这一概念包含以下几层含义：

其一，影响是指偏离预期，可以是正面的和（或）负面的。

其二，目标可以是不同方面（如财务、健康与安全、环境等）和层面（如战略、组织、项目、产品和过程等）的目标。

其三，通常用潜在事件、后果或两者的组合来区分风险。

其四，通常用事件后果（包括情形的变化）和事件发生可能性的组合来表示风险。

其五，不确定性是指对事件及其后果或可能性的信息缺失或了解片面的状态。

相比以往的风险的定义，这个定义的一个优点是包容性比较强。

2. 金融风险的定义

金融风险也适用于一般风险的定义，由于风险最主要的含义是"事故发生的可能性"，因此金融风险可以从利益受损的角度来理解。例如，信用风险就是金融交易对象丧失偿还能力，应该收取的债权无法回收，这种不确定性就发生在利益受损的时候。关于"社会经济活动结果的不确定性"，这与既有利益也有损失的金融风险是一样的。例如，市场风险，由于市场变化，引起金融商品及金融交易的价格波动，其结果是有人受益有人受损。

金融风险是指金融机构在货币资金的借贷和经营过程中，由于各种不确定性因素的影响，使得预期收益和实际收益发生偏差，从而发生损失的可能性。金融风险的基本特征如下：

（1）客观性。金融风险是不以人的意志为转移的客观存在。

（2）不确定性。影响金融风险的因素非常复杂，各种因素相互交织，难以事前完全把握。

（3）相关性。尽管金融机构主观的经营和决策行为会造成一定的金融风险，但是金融机构经营的商品——货币的特殊性决定了金融机构同经济和社会是紧密相关的。

（4）可控性。虽然金融风险形成的原因十分复杂，但是通过经验和各种手段避免金融风险的发生也是可能的，同时人们可以通过对风险的各种预防和控制措施，尽量减少风险带来的损失。

（5）扩散性。金融机构充当着中介机构的职能，割裂了原始借贷的对应关系。处于这一中介网络的任何一方出现风险，都有可能对其他方面产生影响，甚至发生行业的、区域的金融风险，导致金融危机。

（6）隐蔽性和叠加性。由于金融机构具有一定的信用创造能力，因此可以在较长时间里通过不断创造新的信用来掩盖已经出现的风险和问题，而这些风险因素不断地被隐蔽和叠加起来。

（二）风险的构成要素

我们可以将影响风险的产生、存在和发展的因素归结为风险因素、风险事故和损失。

1. 风险因素

风险因素是指促使和增加损失发生的频率或严重程度的条件，它是事故发生的潜在原因。

根据风险因素的性质，可以将风险因素分为有形风险因素和无形风险因素。

（1）有形风险因素。有形风险因素是直接影响事物物理功能的物质性风险因素，又称实质风险因素。例如，建筑物的结构及灭火设施的分布等对于火灾来说就属于有形因素。假设有两间房屋，一间是木质结构，另一间是水泥结构。如果其他条件都相同，木质结构的房子显然比水泥结构的房子发生火灾的可能性要大。再假设这两间房子都是水泥结构的，但一间房子灭火设施非常齐备，而另一间房子灭火设施并不齐备，则两者一旦发生火灾，后者的损失可能会比前者的损失大得多。因此，建筑物的结构对损失概率有影响，灭火设施的分布虽然不能对损失概率发生作用，但可以影响损失幅度。

（2）无形风险因素。无形风险因素是指文化习俗和生活态度等非物质的、影响损失发生可能性和受损程度的因素，可以进一步分为道德风险因素和心理风险因素。

①道德风险因素。道德风险因素是与人的品德修养有关的无形的因素，指人们以不诚实、不良企图、欺诈行为故意促使风险事故发生，或者扩大已发生的风险事故造成的损失的原因或条件，如欺诈、盗窃、抢劫、贪污等。对于在路上驾驶汽车的司机来说，故意违规就属于道德风险因素，对于一个投保了某种财产保险的投保人来说，虚报保险财产价值、对没有保险利益的标的进行投保、制造虚假赔案、故意纵火或者夸大损失等也属于道德风险因素。

②心理风险因素。心理风险因素虽然也是无形的，但与道德风险因素不同的是，它是与人的心理有关的，是指由于人们的疏忽或过失，以致增加风险事故发生的机会或扩大损

失程度的因素，并不是故意的行为。例如，驾驶者在行车过程中走神，就会增加车祸的可能；工人对易爆物品进行操作的过程中麻痹大意，就会增加爆炸的可能；人们购买了保险以后，由于保险公司会承担最终的损失，因此被保险人容易对防损和施救工作产生疏忽，与没有保险时相比，这会增加损失发生的概率。

道德风险因素和心理风险因素均与人的行为有关，因此也常将二者合并称为人为风险因素。由于无形风险因素看不见摸不着，具有很大的隐蔽性，往往可以隐藏很长时间，因此在许多情况下，等到人们发觉了，已经酿成了巨大的损失。很多曾经无限风光的大型金融机构都因为道德风险因素或心理风险因素而功亏一篑。例如，在巴林银行的案例中，尼克·里森的越权投机就是一种道德风险因素。因此，在对风险进行管理时，不仅要注意那些有形的危险，更要严密防范这些无形的隐患。

2. 风险事故

风险事故是造成生命财产损失的偶发事件，又称为风险事件。风险事故是造成损失的直接的或外在的原因，是使风险造成损失的可能性转化为现实性的媒介，是风险因素到风险损失的中间环节，风险只有通过风险事故的发生，才有可能导致损失。例如，汽车刹车失灵造成车祸与人员损伤，其中刹车失灵是风险因素，车祸是风险事故。

有时风险因素与风险事故很难区分，某一事件在一定条件下是风险因素，在另一事件下则为风险事故。例如，下冰雹使得路滑而发生车祸，造成人员伤亡，这时冰雹是风险因素，车祸是风险事故；若冰雹直接击伤行人，则它就是风险事故。因此，应以导致损失的直接性与间接性来区分，导致损失的直接原因是风险事故，间接原因则为风险因素。

3. 损失

这里的损失是指非故意的、非预期的和非计划的经济价值的减少或消失。显然，损失包含两方面的含义，一方面，损失是经济损失，即必须能以货币来衡量。当然，有许多损失是无法用货币衡量的，如亲人死亡，谁也无法计算出其家人在精神上遭受的打击和痛苦值多少人民币。尽管如此，在衡量人身伤亡时，还是从由此引起的对本人及家庭产生的经济困难或其对社会创造经济价值的能力减少的角度来给出一个货币衡量的评价。另一方面，损失是非故意、非预期和非计划的。上述两个方面缺一不可。例如，折旧虽然是经济价值的减少，但折的是固定资产自然而有计划的经济价值的减少，不符合第二个条件，不在这里讨论的损失之列。

损失可以分为直接损失和间接损失两种，前者指直接的、实质的损失，强调风险事故对于标的本身造成的破坏，是风险事故导致的初次效应；后者强调由于直接损失引起的破坏，即风险事故的后续效应，包括额外费用损失和收入损失等。

风险本质上是指由风险因素、风险事故和损失三者构成的统一体，这三者之间存在一种因果关系。风险因素增加或产生风险事故，风险事故引起损失。

二、风险与不确定性

在对未来进行安排的过程中，我们理所当然地想要追求准确无误的预测，因为这会使我们觉得安全，决策的选择也会比较好判断。世间万物虽有其遵循的运动规律，它们之间往往相互影响、相互制约，关系错综复杂，人类无法对其运动的结果给出一个唯一的判断，也就是说，很多事物常常表现为不确定的变化形式。因此，我们每天的生活都无法回避面临的种种风险。虽然我们常常提到风险，也明白风险是和不确定事件有关的，但风险涉及哪些不确定性呢？要进行风险管理，必须先弄清楚这些问题。

（一）不确定的水平与风险

风险总是用在这样的一些场合，即未来将要发生的结果是不确定的。我们在解释风险时，很多时候会用到"不确定"这个词，但不确定并不等同于风险。为了满足风险测度的需要，有必要将不确定与风险加以区分。

1. 不确定与确定是特定时间下的概念

在《韦伯斯特新词典》中，"确定"的一个解释是"一种没有怀疑的状态"，而确定的反义词"不确定"，也就成为"怀疑自己对当前行为所造成的将来结果的预测能力"。因此，不确定这一术语描述的是一种心理状态，它是存在于客观事物与人们的认识之间的一种差距，反映了人们由于难以预测未来活动和事件的后果而产生的怀疑态度。有些时候，一项活动虽然有多种可能的结果，人们由于无法掌握活动的全部信息，因此事先不能确切预知最终会产生哪一种结果，但可以知道每一种结果出现的概率。另一些时候，人们可能连这些概率都不能估计出来，甚至未来会出现哪些结果都不可知。

2. 不确定的情况

我们可以把不确定的水平分为以下三级：

第 1 级（客观不确定）：未来有多种结果，每一种结果及其概率可知。

第 2 级（主观不确定）：知道未来会有哪些结果，但每一种结果发生的概率无法客观确定。

第 3 级（主观、客观都不确定）：未来的结果与发生的概率均无法确定。

一项活动的结果的不确定程度，一方面和这项活动本身的性质有关，另一方面和人们对这项活动的认知有关。在不确定的这三个水平中，第 1 级是不确定的最低水平。客观不确定是自然界本身所具有的、一种统计意义上的不确定，是由大量的历史经历或试验揭示出的一种性质，是指那些有明确的定义，但不一定出现的事件中所包含的不确定性。例如，投币试验就是一个典型的客观不确定的例子。我们无法确定未来一次投币的结果是正面还是反面，但有一点是肯定的，即其正反面出现的概率皆为 0.5。由此可知，客观不确定不是由于人们对事件不了解，而是由于事件结果固有的狭义的不唯一造成的，即虽然结果是正还是反不能唯一确定，但结果的概率分布唯一确定。概率论是处理客观不确定的主要工具。第2级不确定的程度更高一些，对于这一级的活动，虽然知道未来会有哪些结果，但事先既不知道未来哪种结果会发生，也不清楚每种结果发生的概率，即这是一种广义的结果不唯一。这种不确定是由于我们对系统的动态发展机制缺乏深刻的认识。这一类活动要么是发生的可能性很小，目前还没有足够的数据和信息判断各种结果出现的概率，如核事故；要么是影响最终结果的因素很多，事先无法判断，比如一个司机在行驶的过程中可能遭遇车祸，他可以判断车祸造成的结果，但一般情况下很难准确估计卷入到一场车祸中的可能性与不同损失程度的可能性，除非事先能够掌握车辆行驶的地形、行驶的时间、路况、司机以及其他驾驶员的行驶习惯、车辆的性能、保养程度和维修费用等信息。由于在这一级中，结果发生的概率的不确定主要是由于人们没有足够的信息来进行判断，进而带有一定主观猜测的成分，因此也称为"主观不确定"。第3级的不确定程度最高，早期的太空探险等活动都属于这种类型。从理论上来说，随着历史资料与信息的逐渐增多，高级别的不确定可以转化为低级别的不确定。

（二）风险的种类与金融风险的种类

1. 风险的种类

风险的种类很多，按照不同的标准，风险可以划分为以下几类：

（1）基本风险与特定风险。按照风险的起源及影响范围不同，风险可以分为基本风险和特定风险。

基本风险是由非个人的或至少是个人往往不能阻止的因素引起的、损失通常波及很大范围的风险。这种风险事故一旦发生，任何特定的社会个体都很难在较短的时间内阻止其蔓延。例如，与社会、政治有关的战争、失业、罢工等以及地震、洪水等自然灾害都属于基本风险。基本风险不仅影响一个群体或一个团体，而且影响到很大的一组人群，甚至整个人类社会。由于基本风险主要不在个人的控制之下，又由于在大多数情况下它们并不是由某个特定个人的过错所造成的，个人无法有效分散这些风险，因此应当由社会而不是个人来应对它们，这就产生了社会保险。社会保险覆盖的风险也包括那些私营保险市场不能提供充分保障的风险，它被视为对市场失灵的一种补救，同时也表现出社会对于促进公平及保护弱势人群利益的愿望。例如，失业风险一般就不由商业保险公司进行保险，而是由社会保险计划负责；又如，工伤、健康、退休等保障也是由社会保险来负担。

特定风险是指由特定的社会个体引起的，通常是由某些个人或某些家庭来承担损失的风险。例如，由于火灾、爆炸、盗窃等引起的财产损失的风险，对他人财产损失和身体伤害所负法律责任的风险等，都属于特定风险。特定风险通常被认为是由个人引起的，在个人的责任范围内，因此它们的管理也主要由个人来完成，如通过保险、损失防范和其他工具来应付这一类风险。

（2）纯粹风险与投机风险。按照风险导致的后果不同，风险可以分为纯粹风险与投机风险。

纯粹风险是指只有损失机会而无获利机会的风险。纯粹风险导致的后果只有两种：或者损失，或者无损失，没有获利的可能性。火灾、疾病、死亡等都是纯粹风险。又如，个人买了一辆汽车，他立即就会面临一些风险，如汽车碰撞、丢失等。对这个车主来说结果只可能有两种：或者发生损失，或者没有损失，因此其面临的这些风险都属于纯粹风险。

投机风险是指那些既存在损失可能性，也存在获利可能性的风险，其导致的结果有三种可能：损失、无损失也无获利、获利。股票是说明投机风险的一个很好的例子。人们购买股票以后，必然面临三种可能的结果：股票的价格下跌，持股人遭受损失；股票的价格不变，持股人无损失但也不获利；股票的价格上涨，持股人获利。又如，生产商面临生产所用原材料的价格风险，当原材料市场价格上涨时，生产商的生产成本增加，这是一种损失；而当原材料市场价格下跌时，生产商的生产成本减少，其获利就会增多；当原材料市场价格不变时，生产商无损失也不获利。

2. 金融风险的种类

金融风险的种类很多，按照不同的标准，金融风险可以划分为以下几类：

（1）按照金融风险涉及的范围划分，金融风险可以分为微观金融风险和宏观金融风险。微观金融风险是指参与经济活动的主体，因客观环境变化、决策失误或其他原因使其资产、信誉遭受损失的可能性。宏观金融风险则是所有微观金融风险的总和。

（2）按照金融机构的类别划分，金融风险可以分为银行风险、证券风险、保险风险、信托风险等。

（3）按照金融风险产生的根源划分，金融风险可以分为静态金融风险和动态金融风险。静态金融风险是指由于自然灾害或其他不可抗力产生的风险，基本符合大数定律，可以比较准确地进行预测。动态金融风险则是由于宏观经济环境的变化产生的风险，其发生的概率和每次发生的影响力大小都随时间而变化，很难进行准确的预测。

（4）按照动态金融风险产生的具体原因划分，金融风险可以分为信用风险、市场风险、流动性风险、资金筹措风险、清算风险、操作风险、法律风险和其他金融风险。

①信用风险是指交易对象或所持金融商品的发行者出现不能支付行为，或者其信用度发生变化所形成的风险。一般情况下，信用风险的分析对象分为交易对象和金融商品的发行者。信用风险是伴随着金融机构的历史而存续下来的一种传统的风险。当该风险明显化时，往往会导致金融机构破产。因此，对于金融机构来说，信用风险不仅是一种重要的风险，而且是一种始终存在的风险。另外，信用风险还包括因借贷国发生战争、革命、债务累积等，造成无法回收债权所形成的国家风险。

②市场风险是指因利率、有价证券的价格、外汇市场行情和股票价格等市场交易商品的价格变化引起的金融商品或金融交易的风险。依据市场价格和市场种类，市场风险可以划分为利率风险、外汇风险、股票风险和商品风险等。其中，利率风险是指因利率变化而使获利变小或遭受损失的风险；外汇风险是指因外币资产、负债的价格发生变化而造成损失的风

险；股票风险是指因股票价格变动引起的风险；商品风险是指因商品行情变化引起的风险。

③流动性风险分为市场流动性风险和资金筹措风险两种类型。其中，市场流动性风险是指在比通常不利条件下或无法在通常条件下对所持金融商品进行变现以及对金融交易的余额进行清算时的风险。金融商品变现和金融交易清算的难易程度被称为流动性。变现和金融结算容易称流动性高；反之，则称流动性低。

④资金筹措风险是指在比通常不利条件或无法在通常条件下为持有金融商品、维持金融交易规模而进行资金筹措的风险。在通过借款筹措实施贷款和持有债券的资金时，为了能够在到期限后继续实施贷款和持有债券，就需要再借贷资金。但是，当利率变得比当初预想的要高时，借贷本身就变得困难，这就形成了风险。例如，银行虽然可以通过存款来筹措贷款和持有债券的资金，但如果在定期存款到期时不能吸收相应的存款，就会因存款流失、不能兑现债务承诺而形成风险。

⑤清算风险是指在有价证券买卖交易和外汇交易结算时，因交易对象的支付能力或业务处理等问题造成不能按合同结算所形成的风险。清算风险具体包括交易对象的信用风险、流动性风险和业务风险等。如果因交易对象不能支付而造成无法按合同进行结算，就形成了信用风险。另外，当因业务失误造成无法按合同期限进行结算时，必须要筹措资金，这就有可能发生流动性风险。

⑥操作风险包括业务风险和业务系统风险两种。所谓业务风险，是指在金融交易中进行资金结算、证券交割和担保管理等业务时因工作失误或非法操作形成的风险。所谓业务系统风险，是指因业务处理系统不完善或无法应对灾害，这样就存在着非法运用该系统的可能性，从而形成了风险。

⑦法律风险是指在金融交易中，因合同不健全、法律解释的差异以及交易对象是否具备正当的法律行为能力等法律方面的因素形成的风险。法律风险是因合同内容不充分、不适当而导致合同无法执行而造成的经济方面的风险。另外，法律风险有时也包括顺从风险，即由于遵守法律法规、行业习惯和公司制度而引发的经济方面的损失（如罚款、停业损失、业务改进费）。

⑧其他金融风险。其他金融风险具体包括损失风险、信息管理风险、税务风险等。损失风险是指因损失赔偿要求造成损失时的风险。信息管理风险是指因事故或犯罪而导致机密泄露、虚假信息以及信息不透明、信息丢失等形成的风险。税务风险是指税务当局与金融机关的税务主管人的立场不一致而引发的损失以及由于实施了当初未能预料的税务措施而受损的一种风险。例如，政府实行了未曾收缴的利息税、交易税、印花税、法人税，或者提高了原有的税率，由此形成的风险就是税务风险。

综上所述，在开展金融业务时，有发生各种金融风险的可能性。在这些风险中，金融机构已经对信用风险和市场风险进行了量化管理。而对于流动性风险，尽管也有人进行了量化研究，但却未形成体系。

第二节　金融风险管理

一、金融风险管理的定义、分类

（一）金融风险管理的定义

金融风险管理是指各经济实体在筹集和经营资产（主要指货币资金）的过程中，制定金融风险管理计划、对金融风险进行识别、衡量和分析，并在此基础上有效地控制与处置金融风险，用最低的成本，即用最经济合理的方法来最大限度地保障金融安全。

（二）金融风险管理的分类

1. 按照管理主体不同分类

（1）内部风险管理是指作为风险直接承担者的经济个体对其自身面临的各种风险进行管理。管理主体包括金融机构、企业、个人等金融活动的参与者。

（2）外部风险管理主要包括行业自律管理和政府监管。行业自律管理是指金融行业组织对其成员的风险进行管理；政府监管是指官方监管机构以国家权力为后盾，对金融机构乃至于金融体系的风险进行监控和管理，具有全面性、强制性、权威性。

2. 按照管理对象不同分类

（1）微观金融风险管理只是对个别金融机构、企业或部分个人产生不同程度的影响，对整个金融市场和经济体系的影响较小。其管理目标是采用合理的、经济的方法使微观金融活动主体因金融风险的影响而受到损失的可能性降到最低。

（2）宏观金融风险管理可能引发金融危机，对经济、政治、社会的稳定可能造成重大影响。其管理目标是保持整个金融体系的稳定性，避免出现金融危机，保护社会公众利益。

二、金融风险管理的意义

（一）金融风险管理对微观经济层面的意义

（1）有效的金融风险管理可以使经济主体以较低的成本避免或减少金融风险可能造成的损失。减少金融交易中亏损、回避信用风险、内控避免违规交易风险等。

（2）有效的金融风险管理可以稳定经济活动的现金流量，保证生产经营活动免受风险因素的干扰，并提高资金使用效率。如金融期货合约达到保值目的；备付金或风险准备金提高资金使用效率等。

（3）有效的金融风险管理为经济主体做出合理决策奠定了基础。①金融风险管理为经济主体划定了行为边界，约束其扩张冲动。②金融风险管理有助于经济主体把握市场机会。

（4）有效的金融风险管理有利于金融机构和企业实现可持续发展。

（二）金融风险管理对宏观经济层面的意义

（1）金融风险管理有助于维护金融秩序，保障金融市场安全运行。如合理的融资结构、最佳的投资组合、资产负债合理搭配、制止恶意操纵和欺诈。

（2）金融风险管理有助于保持宏观经济稳定并健康发展。金融危机的破坏性主要表现为导致社会投资水平下降，消费水平下降和经济结构扭曲。

三、金融风险管理的措施

金融风险管理是指包括制订金融风险管理计划、识别金融风险、分析与评价金融风险、选择处置金融风险的工具及金融风险管理对策等。

（一）制订金融风险管理计划

1. 明确风险管理目标

风险管理的成功与否很大程度上取决于是否预先明确一个目标。因此，金融机构或投资者在一开始就要权衡风险与收益，表明对风险管理的态度和愿景。例如，对流动性风险管理的目标为确保公司拥有足够的资金来应对任何潜在的风险。

2. 确定风险管理人员的责任以及与其他部门的合作关系

金融风险管理组织架构以风险管理三道防线为主，即各职能部门与业务单位为第一道防线，风险管理委员会和风险管理部门为第二道防线，审计委员会和内审部门为第三道防线。其中，风险管理组织结构遵循风险分类管理、风险分层管理和风险集中管理原则。例如，风险管理人员的责任是确保公司拥有足够的资金来应对任何潜在的风险，那么就要协调各部门预测销售余额和企业应持有的风险加权资产以及联络其他部门提高预测过程和处理问题的能力。

（二）识别金融风险

识别金融风险是指在进行了实地调查研究的基础上，运用各种方法对潜在的、显现的各种风险进行系统的归类和实施全面的分析研究。

风险管理者进行风险识别主要分析经济主体的风险暴露和分析金融风险的成因与特征。金融风险暴露是指金融活动中存在金融风险的部分及受金融风险影响的程度。例如，外汇风险敞口、利率风险敞口、表外业务的风险暴露。又如，某金融企业持有的美元股权资产年末余额-美元负债年末余额＝美元外汇风险敞口。风险敞口越大，可能面临的风险越大。

分析金融风险的成因与特征主要从诱发金融风险的因素出发，包括客观因素、主观因素、系统因素、非系统因素等。

（三）分析与评价金融风险

分析与评价金融风险是指在风险识别的基础上对金融风险发生的可能性或损失范围、程度进行估计和衡量，并依据公司的风险态度和风险承受能力对风险的相对重要性及缓急程度进行分析。一般而言，我们如果能对未来情况做出准确的估计，则无风险。对未来情况估计的精确程度越高，风险就越小；反之，风险就越大。金融市场风险评估有一种基本方法——波动性分析。目前衡量金融风险大小的波动性指标主要有两种方法：概率法和 β（beta）系数法。

1. 概率法

在实际生活中，我们每一个人对未来所做的决策都不可能百分之百准确，未来是不确定的。对于未来变化的不确定性，有两种情况：其一，未来的变化具有统计特征，可以通过统计方法来分析；其二，未来变化是混沌的，无法通过统计方法来分析。风险是可以通过统计方法来处理的未来收益或损失的不确定性。衡量风险程度的大小与以下几个概念相联系：随机变量、概率、期望值、平方差、标准差、标准离差率。

（1）随机变量与概率。

随机变量（X_i）是指经济活动中，某一事件在相同的条件下可能发生也可能不发生的事件。

概率（P_i）是用来表示随机事件发生可能性大小的数值。

通常，我们把必然发生的事件的概率定为 1，把不可能发生的事件的概率定为 0，而一般随机事件的概率是介于 0 与 1 之间的。概率越大表示该事件发生的可能性越大。

（2）期望值。期望值（E）是指随机变量以其相应概率为权数计算的加权平均值。其计算公式如下：

$$\bar{E} = \sum_{i=1}^{n} X_i P_i$$

（3）方差与标准差。方差（σ^2）和标准差（σ）都是反映不同风险条件下的随机变量和期望值之间离散程度的指标。方差和标准差越大，风险也越大。实务中，常常以标准差从绝对量的角度来衡量风险的大小。

方差和标准差的计算公式如下：

$$\sigma^2 = (X_i - \bar{E})^2 P_i$$
$$\sigma = \sqrt{\sigma^2} = \sqrt{(X_i - \bar{E})^2 P_i}$$

例如，某企业有两个投资方案，其未来的预期报酬率及发生的概率如表5-1所示。

表 5-1　某企业两个投资方案预期报酬率

经济情况	发生概率	预期报酬率（X_i）	
		甲方案/%	乙方案/%
繁荣	0.4	60	25
一般	0.4	20	20
衰退	0.2	−60	10
合计	1	—	—

试采用概率法比较甲乙两方案的风险大小。

计算期望报酬率（E）

$\bar{E}_甲 = 0.4×0.6+0.4×0.2+0.2×（−0.6）= 20\%$

$\bar{E}_乙 = 0.4×0.25+0.4×0.2+0.2×0.1 = 20\%$

计算标准差（σ）

$\sigma_甲 = [0.4×（60\%−20\%)^2+0.4×（20\%−20\%)^2+0.2×（−60\%−20\%)^2]^{1/2} = 43.82\%$

$\sigma_乙 = [0.4×（25\%−20\%)^2+0.4×（20\%−20\%)^2+0.2×（10\%−20\%)^2]^{1/2} = 5.48\%$

由于 $\sigma_甲$ 大于 $\sigma_乙$，因此甲方案的风险比乙方案大。

（4）标准离差率。标准差只能从绝对量的角度衡量风险的大小，但不能用于比较不同方案的风险程度，在这种情况下，可以通过标准离差率进行衡量。

标准离差率（q）是指标准差与期望值的比率。其计算公式如下：

$$q = \frac{\sigma}{E} \times 100\%$$

例如，A、B 两种股票各种可能的投资收益率以及相应的概率如表 5-2 所示，由两种股票组成的投资组合中 A、B 两种股票的投资比例分别为 40% 和 60%。

表 5-2　A、B 两种股票未来可能的投资收益率

发生概率	A 的投资收益率/%	B 的投资收益率/%
0.2	40	30
0.5	10	10
0.3	−8	5

采用标准离差率比较 A、B 两种股票的风险大小。

A 股票的期望收益率 $= 0.2×40\%+0.5×10\%+0.3×（−8\%）= 10.6\%$

B 股票的期望收益率 $= 0.2×30\%+0.5×10\%+0.3×5\% = 12.5\%$

A 股票收益率的标准差 $= [0.2×（40\%−10.6\%)^2+0.5×（10\%−10.6\%)^2+0.3×$

$(-8\%-10.6\%)^2]^{1/2}=16.64\%$

B 股票收益率的标准差 $=[0.2\times(30\%-12.5\%)^2+0.5\times(10\%-12.5\%)^2+0.3\times(5\%-12.5\%)^2]^{1/2}=9.01\%$

A 股票收益率的标准离差率 $=16.64\%/10.6\%=156.98\%$

B 股票收益率的标准离差率 $=9.01\%/12.5\%=72.08\%$

由于 A 股票收益率标准离差率大于 B 股票收益率的标准离差率，因此 A 股票的风险要比 B 股票的风险大。

2. β（beta）系数法

通过概率法可以测量某项投资风险的大小，也可以比较不同时期同一个项目或不同项目同一时期的风险的大小，但由于计算复杂，难以理解，一般投资者很难掌握；而采用 β 系数法测量风险大小就比较容易被投资者接受。β 系数是一种用来测定一种证券的收益受整个证券市场收益变化影响程度的指标，用来衡量个别证券的市场风险（也称系统风险），而不是公司的特有风险（也称非系统风险）。

根据资本资产定价理论，证券或其组合 i 的期望收益率（r_i）等于无风险收益率 r_F 加上市场投资组合的风险溢价（r_M-r_F）与证券或其组合 i 的系统风险 β_i 之积，即 $r_i=r_F+\beta_i(r_M-r_F)$。在此式中 β 系数的计算公式为：

$$\beta_i=\frac{\sigma_{iM}}{\sigma_M^2}$$

其中，β_i 为证券或其组合 i 的 β 系数；σ_{iM} 为证券或其组合 i 与市场投资组合 M 之间的协方差；σ_M^2 为市场投资组合 M 的方差。

β 系数在投资理财中是一个核心概念，β 系数告诉我们：任何投资项目的超额收益率与整个市场的超额收益率呈线性正比关系。β 系数来度量了包括股票在内的证券市场等各种投资项目的系统风险，β 系数越大，系统风险越高。当某证券的 β 系数等于 1 时，说明其风险与整个市场的平均风险相同，也就是说，市场收益率上涨 1%，该证券的收益率也上升 1%；如果某种证券的 β 系数大于 1 时，说明其风险大于整个市场的平均风险，并且数值越大，其风险越大；如果某证券的 β 系数小于 1，说明其风险比整个市场的平均风险要小，并且数值越小，其风险越小。

由于证券的特有风险可以通过投资组合的方式分散掉，市场风险就成了投资者关注的焦点，因此 β 系数就成为证券投资决策的重要依据。

例如，某公司拟进行股票投资，计划购买 A、B、C 三只股票，已知三只股票的 β 系数分别为 1.5、1.0 和 0.5，根据 A、B、C 股票的 β 系数，分别评价三只股票相对于市场投资组合而言的投资风险大小。

A 股票 β 系数为 1.5，说明其投资风险高于市场投资组合的风险；B 股票 β 系数为 1.0，说明其投资风险等于市场投资组合的风险；C 股票 β 系数为 0.5，说明其投资风险小于市场投资组合的风险。投资风险的大小依次为 A 风险大，B 次之，C 最小。

资本资产定价理论还告诉我们，证券组合的 β_P 与组成证券组合的若干证券的 β_j 系数也为线性关系，即 $\beta_P = \sum_{j=1}^{n} x_j\beta_j = x_1\beta_1 + x_2\beta_2 + \cdots + x_n\beta_n$。其中，$x_j$ 为 j 证券在证券组合 P 中的投资比例。

例如，市场上 A、B、C 三只股票的 β 系数分别为 0.91、1.17、1.8，假定投资者购买 A、B、C 三种股票的比例分别为 1∶3∶6，计算 A、B、C 投资组合的 β 系数，并判断其风险大小。

投资组合中 A 股票的投资比例 = 1/（1+3+6）= 10%

投资组合中 B 股票的投资比例 = 3/（1+3+6）= 30%

投资组合中 C 股票的投资比例 = 6/（1+3+6）= 60%

投资组合的 β 系数 = 0.91×10%+1.17×30%+1.8×60% = 1.52

由于投资组合的 β 系数大于1，说明它的风险比市场风险要大。

总之，金融风险的度量对资产投资组合、资产业绩评价、风险控制等方面有着十分重要的意义。针对不同的风险源、风险管理目标，产生了不同的风险度量方法，它们各有利弊，反映了风险的不同特征和不同侧面。

（四）选择处置金融风险的工具及金融风险管理对策

风险管理过程既是一个自上而下的过程，又是一个自下而上的过程。之所以说是自上而下的过程是因为先要从金融企业整体角度确定目标收益和风险限额，然后自上而下，整体目标被分解成为对某部门和对负责与客户交易的项目经理的具体目标。这些目标包括目标收入、风险限额和与整体政策相符合的具体业务细则。自下而上的过程是指对风险监控和报告的路线是从交易产生开始，到将风险、收入和交易量汇总为止。无论是自上而下的目标分解，还是自下而上的风险信息汇总，金融风险管理体系整体是集中、统一的，这意味着这个系统要覆盖所有客户、各类投融资业务，在控制环节上要覆盖投融资业务的全过程。因此，风险管理是一个完整的控制过程，这个过程包括预先控制、过程控制和事后控制。

预先控制包括制定风险管理政策、办法，制定资金投向政策，核定客户信用等级和风险限额，确定客户授信总量。

过程控制包括按照授权有限的原则，制订授权方案，完善尽职调查和风险评审机制，对各类超越权限授信业务进行审查。

事后控制包括对授信风险管理政策制度执行情况和授信项目执行情况进行现场或非现场检查，对投资后管理、资产质量状况做出评价，并以此相应调整授信政策和授权方案。

金融风险的控制和处置是金融风险管理的对策范畴，是解决金融风险的途径和方法。从方法上讲金融风险管理措施包括控制型风险管理措施、融资型风险管理措施以及内部风险抑制。控制型措施和融资型措施从降低损失期望值的角度对风险进行管理，控制型措施着眼于通过降低损失频率或损失幅度事先对风险本身进行改变，融资型措施则着眼于事后的经济补偿。内部风险抑制从降低损失标准差的角度对风险进行管理。

1. 控制型风险管理措施

控制型风险管理措施是指在损失发生之前，实施各种控制工具，力求消除各种隐患，减少金融风险发生的因素，将损失的严重后果减少到最低程度的一种方法。从实践顺序的角度看，控制型风险管理措施位于风险评估与融资型风险管理措施之间的位置。其主要方式有规避策略、损失控制策略、损失减少策略。

（1）金融风险的规避策略。金融风险的规避策略是指经济主体根据一定原则，采取一定措施避开金融风险，以减少或避免由于风险引起的损失。规避较为消极，在避开风险的同时，或许也放弃了收益的可能性。例如，规避汇率风险，出口商、债权人可以要求对方支付硬通货，而进口商、债务人希望使用软通货和货币互换等，如果规避利率风险，可以缩小利率敏感性缺口或持续期缺口、利率互换等。

（2）金融风险的损失控制。损失控制是指通过降低损失频率或减小损失程度来减少期望损失成本的各种行为。一般降低损失频率称为金融风险的预防，减少损失程度称为金融风险的损失减少。

金融风险的预防策略是指在风险尚未导致损失之前，经济主体采用一定的防范性措施，以防止损失实际发生或将损失控制在可承受的范围以内的策略。金融风险的预防策略主要改变风险因素、风险因素所处的环境以及它们交互作用向好的方向转变。对信用风险、流动性风险、投资风险、经营风险等的预防策略包括：第一，信贷风险预防策略。贷款调查、审查、审批、贷后管理制度。第二，经营风险预防策略。银行资本对经营中面临的风险损失能够起到缓冲作用。在资本充足度的约束下，银行为单纯追逐利润而扩张风险资产的冲动受到制约，银行作为一个整体的经营风险与财务风险被预先控制在可以承受的范围内，其安全性得到保障。第三，流动性风险预防策略。银行流动性由资产负债结构及规模、自身信誉、外部环境等因素决定。若银行的流动性来源不能满足流动性需求，就会引发银行的清偿问题或影响银行与核心客户的关系。银行适当地持有一、二级准备，也是一种对流动性风险进行预防的策略。第四，投资风险预防策略。债券信用评级在一定程度上有助于预防由于市场信息不完全、不对称而生成投资风险的问题。

（3）金融风险的损失减少策略。金融风险的损失减少策略是指在风险尚未导致损失之前，经济主体采用一定的防范性措施，以将损失控制在可承受的范围之内的策略。金融风险的损失减少策略的目的是减少损失的潜在严重程度。损失减少是一种事后措施。所谓事后，是指虽然很多措施是事先设计好的，但是这些措施的作用和实施都是在损失发生之后。对于一个企业来说，损失减少非常重要，一方面，损失预防不可能万无一失；另一方面，融资型风险管理措施只能弥补事故发生后的经济损失，有些结果是无法挽回的，如人的生命，而且即便是经济损失，有时更希望保留原有物品，而不是得到经济赔偿。因此，损失减少在风险管理中的重要地位不言而喻。常用的损失减少措施包括抢救和灾难计划。灾难计划也称为预案，即事先想象出来事故发生后的情况，然后对所有的行动进行部署。预案一般在事先都要进行培训或演练，以便真正实施时能够迅速到位。

一些措施同时具有损失预防和损失减少两种功能，如对员工进行安全与救助的培训，可以从人为因素方面减少事故发生的频率；事故发生时，员工可以懂得一些救助的方法，有效降低损失程度。

2. 融资型风险管理措施

融资型风险管理措施是指在金融风险事件发生后已造成损失时，运用财务工具，对已发生的损失给予及时的补偿，以促使尽快恢复的一种方法。

风险补偿具有双重含义：一是指经济主体在风险损失发生前，通过金融交易的价格补偿，获得风险回报；二是指经济主体在风险损失发生后，通过抵押、质押、保证、保险等获得补偿。例如，债券信用等级高则利率低，贷款的优质客户利率低，进出口贸易中加价或压价获得汇率波动补偿。

控制型措施都属于"防患于未然"的方法，目的是避免损失的发生。但由于经济性等原因，很多情况下，人们对风险的预测不可能绝对准确，而损失控制无法解决所有的风险问题，因此某些风险事故的损失后果仍不可避免，这就需要融资型风险管理措施来处理。与控制型措施的事前防范不同，融资型风险管理措施的目的在于通过发生前所做的财务安排，使得在损失一旦发生后能够获取资金以弥补损失，为恢复正常的经济活动和经济发展提供财务基础。融资型措施的着眼点在于事后的补偿。

根据资金的来源不同，融资型措施可以分为风险自留措施和风险转移措施两类，风险自留措施的资金来自企业内部，风险转移措施的资金来自企业外部。

风险自留是由经历风险的单位自己承担风险事故所致损失的一种方法，它通过内部资金的融通来弥补损失。一些发生频率高但损失幅度很小的风险，经常自留于企业内部。如果有一个正式的计划，通常称为自我保险（self-insurance）计划。风险自留也被视为一种残余技术。一般来说，在制定风险管理决策的时候，总是先考虑控制型措施和融资型措施，其他的风险适合于自留的，就进行自留安排。另外，还有一些风险事先没有考虑到，也被动地自留下来。

如果进行风险自留，风险事故一旦发生后用于弥补损失的资金一般来源于以下几个方面：一是将损失摊入营业成本，二是用专用基金弥补。

保险和套期保值是两类重要的融资型风险转移措施，分别应对可保的纯粹风险和投机风险。风险转移是指经济主体通过各种合法手段将其承受的风险转移给其他经济主体。融资型风险转移措施主要转移的是系统性风险。经济主体通常将风险转嫁给保险公司，如出口信贷保险、存款保险、投资风险保险、住房贷款保险。对于证券价格风险、汇率风险、利率风险等市场风险经济主体可以通过其他途径转嫁，比如运用远期及期货产品等进行风险转嫁。

3. 内部风险抑制管理措施

评价风险大小的最主要的两个方面，一个是损失期望值，一个是损失方差。前面的控制型措施和融资型措施都在从不同角度影响损失期望值，而内部风险抑制的目的在于降低损失方差。其主要的内部控制措施包括分散与复制、信息管理和风险交流等。

（1）分散与复制。分散是指公司把经营活动分散以降低整个公司损失的方差。这类似于"不把鸡蛋放在一个篮子里"的道理，即通过多样化的投资组合分散风险。

管理证券价格风险：如果各资产彼此间的相关系数小于1，资产组合的标准差就会小于单个资产标准差的加权平均数，因此有效的资产组合就是要寻找彼此相关关系弱的资产进行组合，在不影响收益的前提下尽可能地降低风险。当资产组合中资产数目趋于无穷大时，组合的非系统性风险趋于零。

管理汇率风险：持有多种外汇头寸。

管理信贷风险：分散贷款对象。

复制主要指备用财产、备用人力、备用计划的准备以及重要文件档案的复制。当原有财产、人员、资料以及计划失效时，这些备用措施就会派上用场。

（2）信息管理。在现有的技术条件下，怎样能对风险进行有效的管理呢？信息在其中起着举足轻重的作用。我们反复强调，风险是未来的一种状态，而且不只是一种结果，但我们所做的决策却只有一个，只有对未来的这些不确定结果有正确的认识，才能保证决策确实达到了我们所要达到的目的。否则，按照错误的预测进行风险管理决策，采取的措施再高明，也是"无的放矢"。信息就是正确认识风险的保证。

信息管理包括对纯粹风险的损失频率和损失幅度进行估计，对潜在的价格风险进行市场调研，对未来的商品价格进行预测，对数据进行专业化的分析等。

（3）风险交流。风险交流是指企业内部传递风险和不确定结果及处理方式等方面信息的过程。风险交流一般具有五个特征：第一，一般的"听众"不了解风险管理基本概念和基本原则；第二，即使向一般的员工介绍风险管理，仍然有很多方面过于复杂，难以理解；第三，理解风险经理提出的问题往往需要一定的专业知识，这对其他经理来说是一个挑战；第四，人们对风险管理的态度非常主观；第五，很多人常常低估风险管理的重要性。风险经理进行交流的内容和结构应当反映以上这些特征。

本章小结

1. 国际标准化组织（ISO）发布的《ISO Guide 73：2009 风险管理术语》中将风险定义为："不确定性对目标的影响。"

2. 金融风险是指金融机构在货币资金的借贷和经营过程中，由于各种不确定性因素的影响，使得预期收益和实际收益发生偏差，从而发生损失的可能性。

3. 风险的本质是指构成风险的特征，影响风险的产生、存在和发展的因素。我们可以将其归结为风险因素、风险事故和损失。

4. 不确定的水平分为以下三级：第 1 级（客观不确定），第 2 级（主观不确定），第 3 级（主、客观都不确定）。

5. 风险的种类很多，按照不同的标准，风险可以划分为以下几类：基本风险与特定风险，纯粹风险与投机风险等。

6. 金融风险的种类很多，按照不同的标准，金融风险可以划分为以下几类：

（1）按照金融风险涉及的范围划分，包括微观金融风险和宏观金融风险。

（2）按照金融机构的类别划分，包括银行风险、证券风险、保险风险、信托风险等。

（3）按照金融风险产生的根源划分，包括静态金融风险和动态金融风险。

（4）按照动态金融风险产生的具体原因划分，包括信用风险、市场风险、流动性风险、资金筹措风险、清算风险、操作风险、法律风险和其他金融风险。

7. 金融风险管理是指各经济实体在筹集和经营资产（主要指货币资金）的过程中，制订金融风险管理计划，对金融风险进行识别、衡量和分析，并在此基础上有效地控制与处置金融风险，用最低成本，即用最经济合理的方法来最大限度地保障金融安全。

8. 金融市场风险评估有一种基本方法：波动性分析。目前衡量金融风险大小的波动性指标主要有两种方法：概率法和 β（beta）系数法。

9. 从方法上讲，金融风险管理措施包括控制型风险管理措施、融资型风险管理措施以及内部风险抑制。控制型措施和融资型措施从降低损失期望值的角度对风险进行管理，控制型措施着眼于通过降低损失频率或损失幅度事先对风险本身进行改变，融资型措施则着眼于事后的经济补偿。内部风险抑制从降低损失标准差的角度对风险进行管理。

关键概念

1. 风险　2. 金融风险　3. 不确定性　4. 风险衡量　5. 风险管理措施

思考题

1. 某银行分支机构（以下简称"A 支行"）与 B 公司签订了委托代理合同。根据该合同约定，A 支行通过总行国际业务部代 B 公司进行 1 000 万美元的外汇理财。与此同时，A 支行又以这 1 000 万美元作为质押，向 B 公司发放贷款 6 000 万元人民币。后 B 公司经营恶化，众多债权单位纷纷起诉、查封其资产。由于已质押贷款的 1 000 万美元已划转至总行，因此 A 支行的质物 1 000 万美元已与质押合同分离，A 支行发放的巨额贷款变成了信用贷款，已无优先受偿权。

请问：面对突发的经营风险，A 支行应该怎样化解该项金融风险。

2. 目前，国家助学贷款已成为运用金融手段支持高等教育，资助经济困难学生完成学业的一项重要举措。国家助学贷款政策的顺利推行对于实施科教兴国战略，促进经济长期、可持续发展具有重要的战略意义。但是，实施这项政策的商业银行又面临着降低不良贷款的巨大压力，当银行发现国家助学贷款的还贷记录不佳后，就在部分高校暂停了这项业务。带有很强政策性却又被定性为商业贷款的国家助学贷款正处于两难境地。2002 年，第一批申请贷款的部分学生进入还贷期，贷款风险首次凸显。2003 年以来，国家助学贷款进入首批还贷高峰，但不少高校毕业生此项贷款的违约率超过了 20%，有的高校毕业生此项贷款的违约率甚至达 30%~40%，高校被停发助学贷款已成为全国性的普遍现象。国家助学贷款属于信用贷款，无需担保或抵押。商业银行开办此项业务完全凭借在对借款学生未来收入良好预期基础上的潜在的信用资源。一旦贷款出现问题，就会变成银行的呆坏账，根据现行的银行核销呆坏账的操作，一笔助学贷款的坏账需要几年才可以核销。而商业银行的管理越来越严格，为规避国家助学贷款的信用风险，降低不良贷款率，大多数银行选择了少贷或停贷。

请根据以上资料分析国家助学贷款风险发生的主要原因并尝试帮助银行建立防范该项贷款出现风险的方案。

练习题

一、单项选择题

1. 银行在日常经营中因各种人为的失误、欺诈及自然灾害、意外事故引起的风险被称为（　　）。

　　A. 信用风险　　　　B. 操作风险　　　　C. 市场风险　　　　D. 利率风险

2. 借款人或交易对象一旦不能或不愿履行承诺而产生的风险被称为（　　）。

　　A. 信用风险　　　　B. 国家风险　　　　C. 市场风险　　　　D. 流动性风险

3. 下列选项中，对风险的理解不正确的是（　　）。

　　A. 是未来结果的变化　　　　　　　　B. 是损失的可能性

　　C. 是未来结果对期望的偏离　　　　　D. 是未来目标的不确定性

4. 一家商业银行购买了某公司发行的公司债券，此公司极有可能因经营不善而面临评级的降低，银行因持有此公司债券而面临的风险属于（　　）。

　　A. 市场风险　　　　B. 操作风险　　　　C. 声誉风险　　　　D. 信用风险

5. 在下列关于商业银行风险管理的主要策略中，最消极的风险管理策略是（　　）。

　　A. 风险分散　　　　B. 风险对冲　　　　C. 风险转移　　　　D. 风险规避

6. 一家商业银行对所有客户的贷款政策均一视同仁，对信用等级低或高的客户均适用同样的贷款利率，为改进业务，此银行应采取的风险管理措施是（　　）。

　　A. 风险分散　　　　B. 风险对冲　　　　C. 风险规避　　　　D. 风险补偿

7. 对大多数商业银行来说，最显著的信用风险来源于（　　）业务。

　　A. 信用担保　　　　B. 贷款　　　　　　C. 衍生品交易　　　D. 同业交易

8. （　　）是指因市场价格（利率、汇率、股票价格和商品价格）的不利变动而使银行表内和表外业务发生损失的风险。

　　A. 信用风险　　　　B. 市场风险　　　　C. 操作风险　　　　D. 流动性风险

9. （　　）不包括在市场风险中。

　　A. 利率风险　　　　B. 汇率风险　　　　C. 操作风险　　　　D. 商品价格风险

10. （　　）是指银行掌握的可用于即时支付的流动资产不足以满足支付需要，从而使银行丧失清偿能力的可能性。

　　A. 流动性风险　　　B. 国家风险　　　　C. 声誉风险　　　　D. 法律风险

11. 商业银行通过进行一定的金融交易来对冲其面临的某种金融风险，这属于（　　）的风险管理方法。

  A. 融资型风险管理方法   B. 风险分散

  C. 风险规避   D. 风险转移

12. 在商业银行的下列活动中，不属于风险管理流程的是（　　）。

  A. 风险识别   B. 风险承担能力确定

  C. 风险计量   D. 风险控制

二、多项选择题

1. 某国家的一家银行为避免此国的金融动荡给银行带来损失，可以采用的风险管理方法有（　　）。

  A. 积极开展国际业务来分散面临的风险

  B. 通过相应的衍生品市场来进行风险对冲

  C. 通过资产负债的匹配来进行自我风险对冲

  D. 更多发放有担保的贷款为银行保险

  E. 提高低信用级别客户贷款的利率来进行风险补偿

2. 商业银行因承担（　　）获得风险补偿而盈利。

  A. 违约风险   B. 操作风险   C. 市场风险   D. 流动性风险

  E. 结算风险

3. 商业银行风险管理的主要策略中，可以降低系统风险的风险管理策略是（　　）。

  A. 风险分散   B. 风险对冲   C. 风险转移   D. 风险规避

  E. 风险补偿

4. 下列风险管理方法属于事前管理，即在损失发生前进行的有（　　）。

  A. 风险转移   B. 风险规避   C. 风险对冲   D. 风险分散

  E. 风险补偿

5. 可以用来量化收益率的风险或者说收益率的波动性的指标有（　　）。

  A. 预期收益率   B. 标准差   C. 方差   D. 中位数

  E. 众数

6. 金融风险按照产生根源分为（　　）。

  A. 宏观金融风险   B. 微观金融风险

  C. 静态金融风险   D. 动态金融风险

  E. 国家风险

7. 金融风险的管理方法有（　　　）。

    A. 控制型风险管理措施　　　　　　　　B. 融资型风险管理措施

    C. 内部风险抑制措施　　　　　　　　　D. 概率法

    E. β（beta）系数法

8. 金融风险的主要特征是（　　　）。

    A. 客观性　　　　　B. 不确定性　　　　C. 相关性　　　　D. 可控性

    E. 隐蔽性

三、简答题

1. 金融风险形成的主要因素有哪些？

2. 金融风险管理的意义是什么？

3. 金融风险管理的方法有哪些？

4. 金融风险计量的方法有哪些？

5. 按照形成原因分析金融风险的主要类型。

（练习题参考答案）

（本章学习课件）

第六章　善于应用保险

学习目标

知识目标

1. 掌握保险的概念
2. 掌握保险公司的分类和中介机构
3. 掌握商业保险的概念，理解商业保险的特征
4. 掌握人身保险的概念，了解人身保险的主要分类，理解人身保险的功能
5. 掌握财产保险的概念，了解财产保险的主要分类
6. 掌握责任保险的概念，了解责任保险的主要分类
7. 掌握社会保险的概念，理解社会保险的特征

能力目标

1. 能明白保险的含义
2. 能认识保险在企业经营中的作用
3. 能认识保险在社会中的地位和作用
4. 能运用政府的养老保险制度初步规划自身的养老计划
5. 能运用政府的医疗保险制度规划自身的医疗保险计划

素养目标

1. 通过保险的学习，能具有危机意识，能养成诚信守法的品德
2. 通过保险作用的学习，能明白保险的风险保障的道理，养成正确的保险观念

引导案例

[案例] 宝马汽车和牛

在一起交通事故中，一辆宝马汽车和一头牛相撞，牛死了，开宝马汽车的司机也身亡了。由于司机是肇事方，按照有关规定，养牛的农民得到司机家人给的 1 000 元补偿金，

而对司机却没有任何的补偿。

牛居然比人还值钱，这个事例听起来近乎残酷，但这样的事并不少见。

中国珍贵动物金丝猴珍珍和宝宝赴日展览期间，日本猴园向保险公司投保了意外伤害保险，保险金额为 2 亿日元（约合 1 200 万元人民币），而负责饲养金丝猴的中国职工却没有一个人拥有此项保险保障。

其实，人的生命价值是无法估量的，只是当过去人们仍处在温饱状态时，填饱肚子才是最主要的需求，哪还敢奢谈什么生命价值。

改革开放使中国人生活逐渐富裕起来之后，一种自我保障的潜意识终于开始在中国人头脑中涌动：来之不易的好日子不能再付之东流，我们需要提高生命的质量，为自己和家人购买各种形式的保险已逐渐成为许多人的必然选择。

思政课堂

社会责任与风险共担——保险公司积极应对自然灾害，共担社会责任

近年来，我国多地频繁遭受自然灾害的侵袭，如地震、洪水、台风等。这些灾害给受灾地区的人民带来了巨大的财产损失和生命安全隐患。

在面对这些自然灾害时，多家保险公司迅速响应，积极履行社会责任，与受灾群众共担风险。各家保险公司启动了紧急预案，组织专业团队前往灾区开展勘查和理赔工作。同时，保险公司简化了理赔流程，开通了快速理赔通道，确保受灾群众能够及时获得帮助。

在理赔过程中，保险公司不仅按照合同约定对受灾群众的财产损失进行了赔付，还积极提供了一系列增值服务，如帮助重建家园、提供临时住所、协调医疗资源等。这些举措不仅缓解了受灾群众的经济压力，也给予了受灾群众精神上的支持和关爱。

启示：案例中的保险公司的积极行动得到了社会各界的广泛认可和赞誉。保险公司的行为不仅展示了保险行业的良好形象，也提升了公众对保险行业的信任度和满意度。同时，这也激发了更多企业和社会组织积极参与社会公益事业，共同承担社会责任。

通过这个案例，我们可以看到保险公司在面对自然灾害等社会风险时，能够积极履行社会责任，与受灾群众共担风险。这体现了保险行业的风险共担精神和社会责任感。同时，这也启示我们，作为社会中的一员，我们应该积极关注社会问题，勇于承担社会责任，为社会的发展和进步贡献自己的力量。

第一节　保险公司

一、保险公司概述

（一）保险的概念

保险（insurance）本意是稳妥、可靠和保障，后延伸成一种保障机制，是用来规划人生财务的一种工具，是市场经济条件下风险管理的基本手段，是金融体系和社会保障体系的重要的支柱。

保险通常是指投保人根据合同约定向保险人支付保险费，保险人对于合同约定的可能发生的事故因其发生所造成的财产损失承担赔偿保险金责任，或者当被保险人死亡、伤残、疾病或者达到合同约定的年龄、期限等条件时承担给付保险金责任的商业保险行为。

从经济角度看，保险是分摊意外事故损失的一种财务安排；从法律角度看，保险是一种合同行为，是一方同意补偿另一方损失的一种合同安排；从社会角度看，保险是社会经济保障制度的重要组成部分，是社会生产和社会生活"精巧的稳定器"；从风险管理角度看，保险是风险管理的一种方法。

（二）保险公司的概念

保险公司是指依保险法和公司法设立的公司法人。保险公司收取保费，将保费所得资本投资于债券、股票、贷款等资产，运用这些资产所得收入支付保单确定的保险赔偿。保险公司通过上述业务能够在投资中获得高额回报并以较低的保费向客户提供适当的保险服务，从而盈利。

保险业属于经营风险的特殊行业，各国对于保险业的经营主体都有严格的限制性条件和资格要求。我国对保险实行专营原则。《中华人民共和国保险法》规定，保险业务由依照《中华人民共和国保险法》设立的保险公司以及法律、行政法规规定的其他保险组织经营，其他单位和个人不得经营保险业务。

（三）保险公司的组织形式

1. 公司制

公司是市场经济条件下的一种现代企业组织形式。公司是依法设立的，以营利为目的的企业法人。公司是一种资本的组合，具有独立的民事法律主体资格，享有独立的法人财产权，依法独立享有民事权利和承担民事责任。保险作为提供保险产品的机构，应当以公司制作为基本组织形式，这是市场经济的要求。

公司制是随着商品经济的发展，适应市场经济要求而形成、发展起来的相对成熟的一种组织形式。根据《中华人民共和国公司法》的规定，公司是企业法人，有独立的法人财产，享有法人财产权。公司以其全部财产对公司的债务承担责任。这以法律形式明确了公司独立的经济利益和作为经济组织的独立性，同时赋予了公司独立行使民事权利和承担民事责任应具备的经济能力。依法建立的公司具有完善的组织体系，具备其行使民事权利和承担民事责任时应具备的组织能力。因此，保险人作为市场主体，参与市场竞争，采取公司制的形式，符合市场经济的基本要求。

2. 股份有限公司

根据保险业经营的特点，保险公司的组织形式在可选择的公司形式之中，最佳的选择是股份有限公司。这是因为：保险业与其他产业的最根本区别在于保险公司依赖其信誉与客户建立密切的关系，保险行业具有鲜明的公众性。一方面，由于保险业经营的是被保险人的风险，被保险人一旦投保，其风险保障就主要依赖于保险人。特别是长期寿险的被保险人，在缴纳了几年甚至几十年的保险费后，其退休金、养老金以及其他一系列关系到本人或家庭生老病死的基本问题就依靠保险人来解决。不论是财产保险还是人身保险的被保险人，总是在发生意外事故或遭受灾害损失而急需帮助，或者在死亡、疾病、年老等家庭收支出现剧烈波动而需要支援的时候，与保险人发生实质性的关系，保险的社会效益也正体现于此。鉴于此，被保险人关心保险人的经营状况和财务稳定情况胜于关心其他机构。另一方面，被保险人必须依照约定按期向保险人缴纳保险费，而保险人向被保险人提供的经济补偿或给付则是或然发生的。长时期来看，作为两个相对的整体，保险人流向被保险人整体的现金流量与被保险人整体流向保险人的现金流量应该存在近似的平衡。但是，仅就某一具体的保险关系而言，保险人与个别具体被保险人两者之间一般是不平衡的。这样被保险人就有理由、有必要关心保险人整体收支情况，以确认自己的合法利益是否因保险人经营不善而受到影响。

由于保险业具有的特征，社会公众和政府监管机关都对保险人的经营提出了两个共同的要求：第一是公开性和高度的透明性，以利于公众和监管机关的监督。在公司组织形式中，有限责任公司由少数股东共同投资设立，股份的退出和转让受到严格的限制。因此，有限责任公司的股东之间都比较了解，关系密切，对公司的经营成绩特别关心。公司经营和公司以外的其他人没有必然的联系，也不能要求公司向社会公众公开其经营状况。而在股份有限公司，大部分股份都是在社会上招募的，股份的流动性受到法律的保护，特别是上市公司，股东数量多，分布广，股东有权了解公司的经营状况，公司必须向社会提供相应信息资料。从理论上说，上市股份有限公司的股东是不确定的社会公众，因此股份有限公司向社会公开经营业绩，披露重大经营事宜是受法律强制要求的。保险人采用股份有限公司的组织形式，可以使保险行业的公众性与股份公司的公众性很好地结合起来，较好地满足了保险经营公开性和高度透明性的要求，保护被保险人利益。第二是经营的相对稳定性。保险人必须稳健经营，因为一旦保险人经营上出现问题，致使被保险人的人身、财产保障落空，其后果将是非常严重的。相对而言，有限责任公司因为股东集中而稳定，股东与公司的经济利益更加紧密，股东从自身利益出发对公司经营的干涉更加频繁；而股份有限公司由于其股东的高度流动性和不确定性，股东实际上只是一个抽象权利、义务的结合，并不指某一特定的人或机构，因此股东对公司经营的干涉相对较少，公司的经营一般比较稳定，由经营管理层负责，接受股东和社会的监督。总之，对被保险人来说，有限责任公司的组织形式始终存在这样一种威胁，即当保险公司与被保险人的利益发生冲突时，股东为自身利益或追求短期利益，可能干涉公司的经营或放弃管理，甚至关闭公司，从而使公司面临巨大风险。因此，保险人采用股份有限公司的组织形式，对增加经营的稳定性是有好处的。

由于市场经济规律和保险业经营特点的要求，世界上不少国家都立法要求保险人采用公司制，而且主要是股份有限公司的组织形式。这一命题已得到市场和历史的检验，股份有限公司是保险人可以采用的较好的经营组织形式。

3. 国有独资公司

《中华人民共和国公司法》第六十四条规定："本法所称国有独资公司，是指国家单独出资、由国务院或者地方人民政府授权本级人民政府国有资产监督管理机构履行出资人职责的有限责任公司。"这一规定明确了两点：一是国有独资公司是有限责任公司。二是国有独资公司的股东是国家，而且国家是唯一股东。

如上所述，有限责任公司的组织形式不符合保险业对于稳健经营和公开性、透明度的要求，那么为何又能允许国有独资公司这种特殊的有限责任公司作为保险人的组织形式呢？

第一，由于国家是国有保险公司的唯一股东，作为股东的国家资本在选择保险业经营的社会效益和经济效益时，一般更倾向于追求社会效益，从而保持公司经营的稳定性和连续性，而不会像其他有限责任公司的股东那样，为自己的经济利益干涉公司经营。

第二，由于国家是唯一股东，因此国有独资保险公司或多或少带有一定的国家色彩，在一定程度上体现着国家的意志。这就使投保人或被保险人有理由相信：国家保险公司能在追求经济效益的同时兼顾社会效益，以体现互助共济、保障人民生活安定和经济发展的意义。国有保险公司在市场中能以公平合理的价格向被保险人提供经济保障。国有保险公司在保险业务经营中同样有义务保持其资产及经营状况的高度公开性和透明性。

由于国有独资公司的这两个特点，多数国家允许保险人采用国有公司的组织形式。在一些国家，国有保险公司在保险业中发挥着举足轻重的作用。

我国的社会主义市场经济起步较晚，市场机制尚不完善。公司制度有一个逐步完善的过程。目前情况下，股份有限公司的股权流动虽有法律保护，却无资本市场的基础；股份有限公司的信息披露尚不充分。这种股份有限公司的组织形式尚不能完全满足保险市场对保险人稳健性和公开性的要求。相反，我国在经历了几十年的计划经济以后，国家信誉深入人心，国有独资公司体现的实力保证公平交易的性质，短期内是非国有公司无法比拟的。但是，必须明确，如果国有独资保险公司的投资者——国家只对公司承担有限责任，那么国有独资保险公司因经营不善而破产，国家在法律上并无义务出资求助或弥补。因此，《中华人民共和国保险法》认可国有独资公司是保险人的合法组织形式，而事实上，由于历史发展的原因，国有独资保险公司将在一定的历史时期内在我国保险市场中发挥主导作用。

同时必须看到，国有独资保险公司又带来一个问题，即竞争机制的问题。国有独资保险公司能否在市场上与其他保险公司以平等地位参与竞争，取决于国有独资公司在组织形式和组织机构的设置上是否完善，也取决于国企政策的进一步深化。因此，国有独资保险公司在设置时，除了需遵守《中华人民共和国保险法》的有关规定外，还需严格遵照《中华人民共和国公司法》的有关规定，在组织形式和组织机构上体现有限责任公司的独立法人性质、责任有限性和企业行为上的独立性，创造公平竞争、优胜劣汰的市场机制。

4. 相互保险公司

相互保险公司是国外普遍存在的保险业特有的公司组织形式。在各国关于公司的法律中，一般都只认可有限责任公司和股份有限公司是合法的公司组织形式。但是各国的保险法律却普遍承认相互保险公司是保险业经营的一种合法组织形式。相互保险公司的产生、存在和发展，同样是由保险业经营的特点决定的。

相互保险公司是在互助共济的思想基础上产生和发展起来的。在相互保险公司中，保险单持有人投保以后，同时成为公司的成员，成员在公司的法律地位类似于股份有限公司的股东，对公司资产享有一定的所有权，凭该所有权，成员可以分享公司经营的利益。成员分享公司经营盈余的比例，是与成员，即保险单持有人向公司缴纳的保险费金额多少是一致的。因此，保险单持有人缴纳保险费以后，既享有作为被保险人得到的保险保障的权利，同时又享有作为成员对公司资产的所有权和收益权，两者在理论上具有一定的对价关系，两者之和，即保险单持有人从公司享有的权利的总和基本对等于其对公司承担的义务，即作为投保人向公司缴纳的保险费。至此，保险单持有人的保险保障权与"股东"的所有权得到了有机的统一，保险单持有人的利益从制度上得到了保证。

相互保险公司是互助的、非营利的"公司"，没有真正的股东，只有保单持有人，当然也没有股东出资形成的公司资本。其特点为：一方面，由于相互保险公司的保险单持有人同时也是公司的所有权人，因此相互保险公司的业务带有"互助互济，内部经营"的特点，如果公司出现承保亏损，应由成员补缴保险费或削减成员的保险金额。从这个角度来看，可以认为相互保险公司基本不与外界发生经济交流。因此，市场也无需要求其提供足够的经济能力的保证。另一方面，相互保险公司又具有社会性，它向不特定的公众出售保险单，不同于一般的互助合作组织。

相互保险公司的组织形式，特别适应人寿保险，尤其是长期人寿保险的发展。这是因为：第一，保险单持有人既是被保险人，又是"股东"，保险资金的投资收益可以为全部保险单持有人拥有。由于寿险资金的长期性，可以像雪球一样越滚越大，从而保证保险单持有人的利益。第二，被保险人的利益与公司利益的一致性，有利于促进业务的发展，增强市场竞争力。第三，有利于取得国家优惠的税收政策。第四，有利于降低展业费用和经营成本。第五，人寿保险的经营并不真的需要大量资本金，相互保险公司没有资本金相应降低了成本。正因为相互保险公司在一定时期内的竞争优势，使得当前世界前五大人寿保险公司均为相互保险公司。

事实上，相互保险公司也并非毫无经济能力的保证。首先，成员缴纳保险费以后，既享有获得保险保障的权利，同时对公司经营的利益享有所有权。因此，成员缴纳的保险费实际上同时具有保险费和资本金的双重性质，只是两者在数量上的区分不确定而已。其次，各国保险法一般都要求相互保险公司在设立之时必须拥有一定数量的成员，这些成员在初期缴纳的保险费保证了相互保险公司从设立之时就具有相应的运转能力。另外，相互保险公司在设立时还需募集一笔借款作为基金，该项基金是公司的负债，用于支付公司的创建费用和初期的经营费用，债权人不仅对基金享有债权，同时可以获取利息，并在一定时间内收回借款。基金是相互保险公司的负债而非资本，会计年度末，如果业务收入扣除业务费用支出后尚有剩余，剩余部分可用于偿还基金的利息。公司在摊销创建费用和经营费用，并扣除用于损失补偿的准备金以后，如剩余金额大于基金金额，可以向债权人偿还基金。

相互保险公司也存在一些自身无法克服的缺点，这些缺点阻碍了相互保险公司的进一步发展。

首先，相互保险公司增加资本有困难。如前所述，相互保险公司的成员缴纳的保险费既具有保险费的性质，又具有资本的性质。因此，相互保险公司增加资本的过程实际上与其展业过程合二为一，只有保险公司增加新成员，或者老成员缴纳保险费，相互保险公司的资本才能随之增加。与之相反，股份有限公司可以向股东和社会公众募集资本，增资的困难大大减少。相互保险公司的这一缺点增加了公司资产经营的难度，一旦资金周转出现问题，即使远未达到资不抵债的境地，也可能破产。而股份有限公司则可以通过增资等手段，提高偿付能力。

其次，经营相互保险公司的技术要求很高。相互保险公司的成员既作为保险单持有人，又作为公司所有权人。两权的统一，理论上简单明了，而在操作中则存在很大的困难。如何确定公司经营的剩余利益及不同保险单持有人以何种比例分配该剩余利益，这些问题如果解决不好，那么相互保险公司在解决了被保险人和保险人身份之间的利益冲突以后，又在成员之间即被保险人之间产生了新的利益分配不公甚至对立的问题。相对而言，财产保险公司面临的风险更为明显。即使同一种风险，风险的等级也千差万别，因此要确定财产保险中不同保险单持有人应享有的公司经营的剩余利益，即使在理论上都有牵强之处。由于这一原因，财产保险业的经营很少采用相互公司的组织形式。

最后，为了与相互保险公司进行竞争，越来越多的经营人寿保险业务的股份有限保险公司都先后开办寿险分红保险、变额保险等新险种，将公司在经营过程中获得的利润，按照保险单的规定，提取一定比例，返还给被保险人，从而减少被保险人缴纳保险费或增加保险保障。这样相互保险公司原有的被保险人可以分享公司经营的剩余利益的优越性就不那么明显了。因此，发达国家新成立的人寿保险公司已很少采用相互保险公司的组织形式，不少相互保险公司也酝酿改变成为股份有限保险公司。

二、保险机构

（一）保险公司

依据不同的划分标准，保险公司主要有以下几种类型：

1. 根据保险的基本业务分类

根据保险的基本业务划分，有人寿保险公司、财产保险公司、再保险公司。

（1）人寿保险公司。人寿保险公司的保险品种主要是基于对受保人寿命或健康状况预期而提供的健康保险、伤残保险。此外，人寿保险公司还提供年金、养老基金、退休金等保险产品。

（2）财产保险公司。财产保险公司主要针对一定范围的财产损失提供保险。财产保险产品分为个人部分和商业部分，个人部分包括家庭财产保险和汽车保险等；商业部分包括产品责任保险、商业财产保险和内部玩忽职守损失保险等。

（3）再保险公司。再保险是保险公司（让与公司）对承担的来自投保人风险进行再次分散的一种方法。在再保险中，让与公司通过购买再保险可以把部分或全部的偿付责任转移给再保险公司，而再保险公司为让与公司的保险人提供再保险协议中包括的赔偿支付项目进行偿付。该方法可以使行业损失在一组公司内被吸收和分布，因而不会使一家单个公司在为投保人提供偿付时承受过重的财务负担。大灾难、无法预见的赔偿责任和一系列大的损失可以通过再保险来处理。没有再保险，多数保险公司将只能承接比较安全的保险业务，对于许多有风险但有价值的商业机会无法承保。

2. 根据经营目的分类

根据经营目的划分，有商业性保险公司和政策性保险公司。

（1）商业性保险公司。商业性保险公司是经营保险业务的主要组织形式，商业性保险公司多是股份制有限责任公司，只要有保险意愿并符合保险条款要求的法人、自然人都可在商业性保险公司投保。

（2）政策性保险公司。政策性保险公司是指依据国家政策法令专门组建的保险机构，不以营利为经营目的，风险内容关系到重大经济目标的实现，如国民经济发展与社会安定等。政策性保险公司主要有出口信用保险公司、投资保险公司、存款保险公司等，它们是保险市场中特殊的业务机构，往往是出于国家对某个领域的保护意图而成立的。

3. 根据经营方式分类

根据经营方式划分，有互助保险公司、行业自保公司。

（1）互助保险公司。互助保险是由一些对某种危险有相同保障要求的人或单位，合股集资积聚保险基金，组织互助性保险合作社来经营的保险。在互助保险中，当其中某个成员受到灾害损失时，其余成员将共同分担，即全体社员分摊应支付的赔偿损失保险金。

（2）行业自保公司。行业自保是指某一行业为本系统企业提供保险，行业自保的组织形式一般是成立自营保险公司。自保公司主要办理本系统企业的保险业务，并通过积累一定的保险基金作为损失补偿的后备。世界各国的行业自保公司多属于航空产业、石油产业等。但是，由于行业自保公司多是股份制有限公司，独立经营，其资信与母公司企业分离，因此在一些国家和地区比较重视对这类保险公司的监督，并不鼓励它们过度发展。在我国保险改革初期，经中国人民银行批准也建立了行业自保公司，如1986年7月成立的新疆生产建设兵团农牧业生产保险公司，专营新疆生产建设兵团内部种植业、养殖业保险，2000年7月，更名为"新疆兵团财产保险公司"，在新疆维吾尔自治区开展业务。

（二）保险中介机构

保险中介是指依照保险法的规定，并根据保险公司的委托或基于被保险人的利益而代为办理保险业务的单位或个人。保险中介主要包括保险代理人、保险经纪人和保险公估人。根据《中华人民共和国保险法》的规定，保险代理机构、保险经纪人应当具备国务院保险监督管理机构规定的资格条件，取得经营保险代理业务许可证、经纪业务许可证后，向工商行政管理机关办理登记，领取营业执照，并缴存保证金或投保职业责任保险。

1. 保险代理人

保险代理人是根据保险公司的委托，向保险公司收取代理手续费，并在保险司授权的范围内代为办理保险业务的单位和个人。《中华人民共和国保险法》第一百一十七条规定，保险代理人是根据保险人的委托，向保险人收取代理手续费，并在保人授权的范围内代为办理保险业务的机构或者个人。保险代理是代理行为，属民事法律行为。从经营角度看，保险代理是保险人委托保险代理人扩展保险业务的一种制度。保险代理人权利来自保险代理合同中规定的保险人的授权。

2. 保险经纪人

《中华人民共和国保险法》第一百一十八条规定，保险经纪人是基于投保人的利益，为投保人与保险人订立保险合同提供中介服务，并依法收取佣金的机构。在我国，保险经纪人的存在形式是保险经纪公司。

保险经纪人的发展，经历了较长的历史。17世纪和18世纪，英国成为海上贸易大国，海上保险业务随之兴起。由于早期保险业承保能力较低，没有哪个商人敢于单独承担一次航行的全部风险，一些人不得不跑遍伦敦全城安排许多商人来共同为一次远航的轮船提供保险，于是产生了早期的保险经纪人。此后，保险经纪人的数量不断发展壮大，业务量也不断上升。发展到现在，保险经纪已经成为世界性的行业，不仅其经纪的险种已经到了无所不包的地步，而且出现了一些大型的保险经纪跨国公司，控制着大量保险业务。在英国，劳合社承保的每一笔业务都是以保险经纪人为媒介而实现的。作为保险经纪人，无论办理哪类业务，都必须进行以下的业务操作：选择市场，接受委托，寻找业务接受人，准备必要的文件和资料；监督保险合同的执行情况，协助索赔。要熟练地开展以上业务，成为一名合格的保险经纪人，必须掌握大量的保险法律知识和保险业务实践经验，了解投保人所在行业的专业知识，并具有良好的道德品质。世界各国对保险经纪人都有较高的资格要求，并规定有专门的资格考试。

我国保险经纪人发展的历史比较短，而且发展得相当缓慢，规模也很有限。大约在20世纪初，我国开始出现保险经纪人。到20世纪30年代，在几个主要城市保险经纪人具有了一定的规模，当时的保险经纪人多为"洋商"所控制。20世纪50年代以后，我国保险经纪人逐渐在保险市场上消失。20世纪90年代以来，随着改革开放步伐的加快，保险市场主体的增加，保险经纪人的市场需求日益明显。对此，保险监督管理机构加大了保险经纪人队伍的建设力度，建立经纪人资格考试制度，已有一批保险经纪人活跃在我国保险市场上。

3. 保险公估人

保险公估人是指依照法律规定设立，受保险人、投保人或被保险人委托办理保险标的的查勘、鉴定、估损以及赔款的理算，并向委托人收取酬金的机构。

保险理赔是保险经营的重要环节。在保险业发展初期，对保险标的的检验、定损等工作往往由保险公司自己进行。随着业务的发展，其中的局限性日益暴露。一是保险理赔人员专业的局限性越来越难以适应复杂的情况。二是保险公司从经营成本考虑，也不可能专门配备众多的、门类齐全的工程技术人员。三是保险公司既是承保人又是理赔人，直接负责对保险标的进行检验和定损，其做出的结论难以令被保险人信服。于是，地位独立、专门从事保险标的查勘、鉴定、估损的保险公估人应运而生。保险公估人的出现，使保险赔付趋于公平、合理，有利于调停保险当事人之间关于保险理赔方面的矛盾。正因为如此，保险公估人在全球各个保险市场上均得到快速发展，现已成为保险市场中不可缺少的重要一环。

保险公估人的主要职能是按照委托人的委托要求，对保险标的进行检验、鉴定和理算，并出具保险公估报告。保险公估人的作用体现在其工作的公平、公正、公开、合理性方面。保险公估人及其工作人员在对保险标的进行评估时，主要通过查勘、检验（包括必要的检测及分析）、鉴定与估损等几大步骤，再通过综合汇总，最后提出一个完整的保险公估报告。保险公估报告必须基于公开、公正、公平、合理的理念做出，不能偏袒任何一方当事人。因此，保险公估报告可以作为保险合同各方当事人处理保险理赔的重要依据。保险公估制度的确立，使得保险合同当事人出具的保险公估报告在解决保险合同当事人的争议或诉讼过程中具有一定的权威性，但是并不具有法律约束力。保险公估人对其提出的保险公估报告及有关文件材料负有相关的法律责任。

第二节　商业保险

一、商业保险概述

（一）商业保险的概念

商业保险是指通过订立保险合同运营，以营利为目的的保险形式，由专门的保险企业经营。商业保险关系是由当事人自愿缔结的合同关系，投保人根据合同约定，向保险公司支付保险费，保险公司根据合同约定的可能发生的事故因其发生造成的财产损失承担赔偿保险金责任，或者当被保险人死亡、伤残、疾病或达到约定的年龄、期限时承担给付保险金责任。商业保险通常解决的是人们高层次的风险保障的需要，并且商业保险提供风险保障的范围更加多样和灵活。我们通常所说的保险主要是指商业保险。

（二）商业保险的特征

（1）商业保险的经营主体是商业保险公司。

（2）商业保险反映的保险关系是通过保险合同体现的。

（3）商业保险的对象可以是人和物（包括有形的和无形的），具体标的有人的生命和身体、财产以及与财产有关的利益、责任、信用等。

（4）商业保险的经营要以营利为目的，而且要获取最大限度的利润，以保障被保险人享受最大限度的经济保障。

二、人身保险

（一）人身保险的概念

为了避免和补偿风险造成的损失，人类总结出了各种形式的后备基金和处理风险的办法，保险是其中最为有效也最为常见的方法之一。人身保险作为保险学的重要组成部分，是以人的身体或寿命为保险标的，当被保险人发生死亡、伤残、疾病等保险事件或生存到保险期满时，保险人给付保险金的一种保险。其基本内容是：投保人与保险人通过订立保险合同明确各自的权利和义务，投保人向保险人缴纳一定数量的保费；在保险的有效期内，当被保险人发生死亡、残疾、疾病等保险事故或被保险人生存到保险期满时，保险人向被保险人或其受益人给付约定数量的保险金。

具体而言，人身保险包含以下基本内容：

1. 人身保险的保险标的

人身保险的保险标的是人的生命或身体。人的生命被作为保险保障的标的时，是指在约定的时期内人的生存或死亡两种状态。人的身体被作为保险保障的标的时，是指人的健康与生理机能、劳动能力等状态的存在与否。

2. 人身保险的保险责任

人身保险的保险责任包括人们在日常生活中可能遭受的意外伤害、疾病、衰老、死亡等不幸事故造成生、老、病、死、伤、残等各个方面。

3. 人身保险的给付条件

在保险有效期内，当被保险人遭受了保险合同范围内的保险事故而造成了被保险人死亡、伤残、丧失工作能力等；或者当保险有效期届满时，被保险人仍然存活；或者被保险人年老退休时，保险人依据合同规定给付保险金的责任。

（二）人身保险的种类

人身保险的种类繁多，按照不同的分类标准，可以分为不同的类别。

1. 按照保障责任分类

按照保障责任分类，人身保险可以分为人寿保险、人身意外伤害保险和健康保险。

（1）人寿保险。人寿保险是以人的生命为保险标的，以被保险人在保险期内死亡或生存到保险期满为保险事故的一种人身保险。在全部人身保险业务中，人寿保险占绝大部分。由于人寿保险是以人的生存或死亡为给付条件的，因此按照保险金给付条件的不同可以分为生存保险、死亡保险和两全保险。

①生存保险。如果被保险人在合同有效期满时仍然存活，保险公司按照事先约定的金额给付保险金；如果被保险人在合同的有效期内死亡，保险公司不承担保险金的给付责任。

②死亡保险。死亡保险是一种以被保险人的死亡为给付保险金条件的人身保险。当被保险人在合同的有效期内死亡时，保险公司按照事先约定的金额将保险金支付给其受益人。死亡保险是人身保险的重要组成部分。

③两全保险。两全保险是当被保险人在保险有效期内死亡或当保险有效期满时被保险人仍然存活时，都由保险公司按照合同约定的金额进行给付的一种保险，又称"生死合险"。

（2）人身意外伤害保险。人身意外伤害保险是以被保险人在保险有效期内遭受意外伤害造成死亡或残疾为保险事故的一种保险。其中，意外伤害是指在被保险人没有预见到或与其意愿相左的情况下，突然发生的外来致害物对被保险人的身体造成明显、剧烈侵害的事实。意外伤害保险可以单独承保，也可以作为人寿保险的附加责任承保。单独承保的意外伤害保险，保险期限较短，一般不超过一年。意外伤害保险在全部人身保险业务中所占比重虽然不大，但由于其保费低廉、投保人只需支付少量保费就可以获得高额保障以及投保手续简便等受到投保人特别是从事较高风险活动的投保人的欢迎，因此投保人次较多。

（3）健康保险。健康保险是以人的身体为保险对象，以被保险人因疾病或意外事故所致的医疗费用支出或工作能力丧失、收入减少为保险事故的人身保险业务。健康保险可以单独承保，也可以作为人寿保险或意外伤害保险的附加责任承保。习惯上，通常将不属于人寿保险、人身意外伤害保险的人身保险业务全部归到健康保险中。

2. 按照保险期限分类

按照保险期限分类，人身保险可以分为长期业务、一年期业务和短期业务。

（1）长期业务。长期业务是保险期限超过一年的人身保险业务。人寿保险一般属于长期业务，健康保险也可以是长期业务。

（2）一年期业务。一年期业务是保险期限为一年的人身保险业务。一年期业务主要是人身意外伤害保险，健康保险也可以是一年期业务。

（3）短期业务。短期业务是保险期限不足一年的人身保险业务。短期业务通常指那些只保一次航程或一次旅程的意外伤害保险或公共场所游客意外伤害保险。

3. 按照投保方式分类

按照投保方式分类，人身保险可以分为个人保险、联合保险和团体保险。

（1）个人保险。个人保险是指单个被保险人在自愿选择的基础上投保的人身保险，保险对象为个人。保险人在承保时要对被保险人进行较严格的审查，必要时要对被保险人的身体进行医学检查，如个人寿险、个人健康保险，但也有不需要体检的，如简易人身保险、人身意外伤害保险等。

（2）联合保险。联合保险是指将存在一定利害关系的2个或2个以上的人，如父母、夫妻、子女、兄弟、合作者等，视为一个被保险人同时投保的人身保险。在保险有效期内，联合保险中第一个被保险人死亡，保险金将支付给其他生存的人；如果在保险期内无人死亡，则在保险有效期满时将保险金支付给所有联合被保险人或其他指定的受益人。

（3）团体保险。团体保险是以法人团体为投保人，以一份总的保险合同承保某一机关、企业、事业单位或其他团体的全体或大多数成员的人身保险。在团体保险中，投保人是团体组织，被保险人是团体中的在职人员。保险人在承保时考虑的是该团体的总体风险，并不对团体内的各个被保险人进行一一审查。由于管理费用相对减少，团体保险的费率低于个人保险。团体保险可以分为团体人寿保险、团体意外伤害保险和团体健康保险。

4. 按照金融特性分类

按照人身保险所具有的金融特性分类，人身保险可以分为纯保障型的人身保险、储蓄型的人身保险和投资型的人身保险。

（1）纯保障型的人身保险。这种保险的保单里不含现金价值，其纯保费就是根据被保险人的保险事故发生概率计算而来的，没有储蓄的性质，因此保费比较低廉。例如，定期寿险，特别是 1 年定期寿险就是典型的纯保障型的人身保险。在相同的保险金额和投保条件下，纯保障型的人身保险的保费低于任何一种人寿保险。

（2）储蓄型的人身保险。这种保险主要指的是保险期限比较长的人身保险。因为采取均衡缴费的方式，保费中含有储蓄成分，保单生效一定时期后具有现金价值。若投保人中途退保则可以获得一定数额的退保金。例如，终身人寿保险、两双保险、养老保险等。

（3）投资型的人身保险。20 世纪 70 年代以后，保险公司为适应新的保险需求，增加产品竞争力而开发了一系列新型产品，集保障和投资功能于一身，如变额保险、万能寿险和变额万能寿险等，都属于投资型的人身保险。这些险种让客户缴纳的保费分别进入"保障"和"投资"两个账户，保障账户中的基金用于保险保障，即使投资收益不理想，客户在保险期限内也可以获得基本的保险金；投资账户中的资金则由保险公司的投资部门通过专业理财渠道进行投资运作，投资收益全部归客户所有，使客户在获得保险保障的同时，也能享有专业理财带来的投资收益，当然也要承担相应的投资风险。

（三）人身保险的功能

人身保险的主要目的在于保证经济生活的安定，因此对于个人、企业和社会以及整个国民经济的发展，人身保险都将产生积极、重要的影响。

1. 微观功能

（1）解除个人和家庭对人身风险的忧虑。死亡、伤残、疾病、衰老等人身风险对每个人都是客观存在的。当家庭成员尤其是家庭收入主要来源者发生死亡、伤残、疾病、衰老等事故时，会导致家庭收入减少或支出增加，严重的还会使家庭陷入困境。人身保险可以将这些风险转嫁给保险人，消除个人和家庭对人身风险的忧虑，获得家庭生活的积极保障。例如，一旦家庭的主要收入者过早死亡，其家属可能在其死后的一段相当长的时间内面临财务困难，如家庭日常开支还在继续，住房抵押贷款、汽车贷款还要分期偿还等。人寿保险可以提供这些方面的资金需求，并在一定时期内为家庭收入需要提供保障。通常，受益人获得的保险金不是应税收入，不必缴纳个人所得税，能为其提供必要的经济安全保障。个人除了在工作期间购买年金，以便在退休后可以按月领取年金给付外，当被保险人接近于退休年龄时，也可以将一些长期人寿保单的现金价值作为趸缴保费购买年金，为被保险人提供退休收入和满足其他退休需求。

（2）具有一定的储蓄和投资功能。寿险保单的现金价值具有储蓄和投资的功能，因此可以将其视为一种金融资产，投保人可以将寿险保单作为抵押向保险公司借款，也可以在退保时领取退保金。由于在长期寿险保单中，保险公司要对投保人缴纳的保费计算利息，期满给付的保险金大大高于其缴纳的保费，因此投保长期寿险被视为一种投资手段。尽管其收益率可能低于其他投资工具，但仍具有一定的优越性。例如，传统的寿险使用固定的保证利率计算价值的增值，这种利率不会受到市场利率变化的影响。当市场利率下降时，保单的现金价值仍然要按保证的利率增值。而一些创新型的险种如"投资连结保险"和

"万能寿险"等，除了具有人寿保险基本的保障功能外，还具有更强的投资功能，可以将保单项下的投资账户资金作为投资组合，为保单所有者提供更高的投资价值增长潜力。此外，人身保险一般采用定期缴纳保费的方式，这有利于投保人养成勤俭储蓄的习惯，具有强制储蓄的效应。

（3）保单所有人或受益人可享受税收优惠。税法规定，被保险人死亡时给付的保险金可以免缴所得税；向保单所有人支付如退保金、红利，两全保险期满时给付的生存保险金，相当于所缴保费金额的部分免缴所得税；对于年金保险的给付也只对其中的利息收入部分征税。另外，人寿保险金不作为投保人项下的资产，也不计入其遗产，在开征遗产税的国家和地区，人寿保险在规避遗产税和保全遗产方面起着重要的作用。例如，美国法律规定，当遗产超过规定的金额需要缴纳遗产税，如果死者的遗产中没有足够的现金来支付时，遗嘱执行人必须变卖部分遗产以满足现金需求，使遗产继承人的利益受损，购买人寿保险则可以很好地解决这一问题，即利用从保险人那里获得的死亡保险金来支付高额的遗产税。

（4）分担企业对雇员的人身风险责任。随着现代社会工业化进程的加快，越来越多的人能够在企业获得就业机会。如果雇员在工作过程中受到了某种伤害，企业就要承担相应的赔偿责任，而一旦企业为其员工投保了意外伤害保险等团体人身保险，就能够将对雇员负有的人身风险责任转嫁给保险公司。可见，人身保险可以化解企业对员工的经济赔偿责任，减少、稳定企业的支出，有利于降低企业产品的成本，增强企业的凝聚力。

（5）增加员工福利，提高企业对人才的吸引力。现代企业在竞争中取胜的关键是拥有人才。企业能否吸引和留住人才，决定着企业能否生存和不断发展。为重要的员工投保人身保险相当于增加对其劳动回报，使得员工不仅增加了经济收入，而且获得了对其未来的保障，有一种被重视、被关心的感觉。并且员工在企业工作时间越久，获得的人身保障和能领取的保险金就越多，如果离开企业就会有一定的经济损失，因此能增加企业对人才的吸引力。此外，通过投保人身保险，尤其是人寿保险，可以使企业经营不受重要员工突然死亡的影响，可以使合伙事业不因任何一位合伙人的死亡而解散，同时可以提高企业的信用。世界上许多国家规定企业为员工投保人身保险的支出在一定金额内可以列入成本，在税前列支。

2. 宏观功能

（1）有助于促进社会稳定。人身风险随时会对每个社会成员构成威胁，给人们的日常工作和学习带来不良影响，加重整个社会成本，往往会破坏正常的社会生活秩序，是社会的不安定因素。人身保险是社会保障制度的必要补充，各国都把建立和健全社会保障制度作为现代化国家的重要标志之一，但社会保障制度不能完全解决个人和家庭的经济保障问题，需要由各种商业性人身保险作为重要补充，人身保险可以为社会成员提供多层次风险保障的经济补偿。也正因为如此，美国学者把社会保险、企业保险和个人保险比喻为"三条腿的椅子"，如果还有社会储蓄，那就为"四条腿的椅子"。因此，人们通过平等自愿地参加人身保险，能够在很大程度上消除自身的后顾之忧，或者补偿因人身风险遭受的经济损失，促进社会稳定和持续发展。

现在人身保险与社会保险的相互补充，已经成为社会稳定的基础。我国目前正处于发展阶段，社会财力有限，社会保障的覆盖面还比较窄，保障程度比较低，灾害救济能力也比较有限，因此人身保险更是成为我国社会救济和社会保险的重要补充，以解决年老、疾病、伤残等引起的特殊救济需要。在世界上，凡是经济发达的国家都建立有发达的人身保险体系。一国的经济发展水平越高，人身保险制度也越发达。

此外，因为人身保险多具有储蓄性质，并且我国近年来还推出了一些具有投资功能的创新型险种，从而人身保险也日益成为一种新的家庭理财工具，有助于投保人有计划地安排家庭生活，增强人们的家庭责任感和社会责任感。

（2）有助于解决社会老龄化问题。随着生活质量的不断提高和技术水平的日益进步，人们的预期寿命不断延长，人口老龄化已经成为世界性问题，同时也正成为当前各国政府急于解决的一个非常棘手的问题。根据联合国的划分标准，当一国老年人口比例超过10%时，就属于老龄化社会。我国在2000年60岁以上的老年人口接近1.3亿人，约占人口总数的10%，并以每年3.2%的速度急剧增长，到2026年，中国60岁以上的老年人口预计将占人口总数的18%。因此，探索一条有效解决老龄化问题的途径，使老年人能够老有所养，已是一个迫在眉睫的任务。虽然目前大多数国家都已经采用社会保障来解决这个问题，但由于保障范围、保障程度等因素的限制，单靠社会保障解决该问题是远远不够的。而人身保险与社会保障相比，有着无可比拟的优势，因此将两者有机地结合起来，取长补短，互为补充，构建一个全面、有效的社会保障体系，可以更好地解决人类社会面临的老龄化问题。

（3）金融市场重要的资金来源。大多数人身保险具有长期储蓄的性质，可以积聚成巨额资金并运用于金融市场投资，因此是金融市场重要的资金来源，成为推动国民经济发展的重要因素。例如，日本的生命保险公司的资金运用金额曾占金融市场上资金来源的10%左右；美国的人寿保险公司一直以来都是公司债券市场的最大投资者，而且在不动产抵押贷款领域也仅次于储蓄机构和商业银行。

目前，我国人身保险可运用的资金有限，但随着人身保险业务的发展、投资环境的改善、投资手段的多样化，必将会充分发挥其融通资金的功能，人身保险会成为金融市场上资金的主要来源之一。

三、财产保险

（一）财产保险的概念

财产保险是保险学科的重要组成部分，是我国保险立法按保险业务范围划分的两大保险类别之一。财产保险是以财产及其相关利益和损害赔偿责任为保险标的，以自然灾害、意外事故为保险责任，以补偿被保险人的经济损失为基本目的的保险。对于财产保险的含义，可以从三方面理解：第一，保险标的是以物质形态、非物质形态存在的财产及其相关利益；第二，承保风险一般是灾害事故；第三，当被保险人因保险事故遭受经济损失时，保险人负责赔偿。

财产保险有广义和狭义之分。在国外，习惯上把保险分为寿险与非寿险，因而广义的财产保险通常是指除寿险以外的一切保险，包括财产损失保险、责任保险、信用保证保险、健康保险和人身意外伤害保险等。狭义的财产保险仅指财产损失保险，其保险标的是各种有形的财产物资，包括火灾保险、运输工具保险、运输货物保险和工程保险等。

在我国，传统上把保险分为财产保险与人身保险，而人身保险通常又包括人寿保险、人身意外伤害保险和健康保险。因此，财产保险通常不包括健康保险和人身意外伤害保险。

财产保险在不同国家或地区还有不同的名称，其含义与承保范围也有一定的差异。例如，我国台湾地区称财产保险为产物保险，其范围较窄，强调以物质性财产为保险标的，类似我国大陆地区的财产损失保险。又如，日本称财产保险为损害保险，其范围要广得多，不仅承保物质性财产，还承保责任和信用风险，甚至包括意外伤害和医疗费用。再如，在欧洲很多国家，财产保险直接被称为非寿险，其含义是最广泛的，是除人寿保险以外的所有险种的总称。

（二）财产保险的种类

1. 火灾保险

火灾保险是指以存放在固定场所并处于相对静止状态的财产物资为保险标的，由保险人承担财产遭受火灾及其他自然灾害、意外事故损失的经济赔偿责任的一种财产保险。

火灾保险是一个发展历史悠久的险种，之所以命名为火灾保险，是强调这类财产保险承保的是火灾这种风险造成的财产损失。事实上最初的火灾保险承保的风险的确只有火灾一种，以后才将承保风险逐步扩展到火灾以外的其他自然灾害和意外事故，但人们习惯上还是称之为火灾保险。如今的火灾保险，从保险责任范围看，已经从传统的火灾扩展到爆炸、雷击和空中运行物体坠落等意外事故，而后又扩展到暴风、暴雨、洪水、雪灾、崖崩、泥石流等各种自然灾害；从保险标的范围看，从最初的不动产（建筑物）逐步扩大到动产（室内各种财产），再扩大到与物质财产有关的利益，如预期收入和租金收入等；从承保的损失看，从承保直接损失，扩大到部分间接损失，如利润损失等；从赔偿范围看，从最初仅赔偿物质财产损失，扩大到因灾害事故发生时对保险标的采取施救措施而引起的必要合理的施救费用。

火灾保险的主要险种有企业财产保险、家庭财产保险和利润损失保险。

（1）企业财产保险。企业财产保险是承保国内各种经济组织形式的企事业单位、团体法人和其他民事主体合法拥有、占用、使用、经营、管理、租赁、保管或其他与之有经济利害关系的财产。从保险责任范围看，企业财产保险分为基本险和综合险两种。

（2）家庭财产保险。家庭财产保险是承保国内城乡居民、个体工商户、家庭手工业者及其家庭成员合法拥有、占有、使用以及代他人保管或与他人共有的财产。

（3）利润损失保险。利润损失保险是承保企业单位因自然灾害、意外事故导致厂房、机器设备等财产发生物质上直接毁损，使企业单位在一个时期内停产、减产造成减少或丧失的利润收入。该险种是从属于企业财产保险的，只能以企业财产保险的附加险形式予以承保。

2. 运输工具保险

运输工具保险承保用于载人、载运货物或从事某种交通作业的各类运输工具。运输工具的一个显著特征是经常处于移动状态中，在移动过程中面临的地区、环境和自然风险又各不相同，加上驾驶人员的素质有别，它们发生的风险事故复杂多样，一旦发生事故，不但运输工具本身遭受损失，而且还会因运输工具本身发生意外而产生对所载人、货物以及对运输工具以外的人员和财产造成损害，依法应承担民事赔偿责任。因此，运输工具保险通常把第三者责任保险列入基本险范围，或者干脆作为一项基本的保险责任，如船舶保险。

运输工具保险主要险种有机动车辆保险、船舶保险和飞机保险。

（1）机动车辆保险。机动车辆保险包括机动车辆损失保险与机动车辆第三者责任保险两个基本险与若干附加险。它主要承保汽车、摩托车、拖拉机等各种机动车辆，因机动车辆遭受自然灾害、意外事故造成车辆本身损失以及在使用车辆过程中依法应承担的民事损害赔偿责任，由保险人给予赔偿。

（2）船舶保险。船舶保险承保在国际航线上航行的远洋船舶和在国内沿海内河航行的各类船舶。船舶保险保障的范围涉及船舶本身损失以及与船舶有关的各种利益、船舶在航行中引起的碰撞责任、共同海损等。船舶保险主要有远洋船舶保险和沿海内河船舶保险两种。

（3）飞机保险。飞机保险承保各种类型的客机、货机、客货两用机以及从事各种专业用途的民用飞机。飞机保险保障的范围包括飞机本身及其设备、仪器和其他附件的损失以及在营运过程中应对公众、机上旅客和托运货物承担的法定责任。飞机保险主要有机身保险、第三者法定责任保险和旅客法定责任保险三个基本险，另设承运货物责任险和战争劫持险等若干附加险。

3. 货物运输保险

货物运输保险承保装载在运输工具上、处于运输过程中的各种货物。运输过程中的货物的显著特点是具有流动性，这使它们有可能遭受到的自然灾害和意外事故更多、更复杂，发生事故损失的地点也不确定，而不同地点的货物价格存在差异，使保险人难以按出险时的实际价值来核定损失，因此一般都实行定值保险。

货物运输保险主要险种有国内水陆路货物运输保险、国内航空货物运输保险和海上货物运输保险。

（1）国内水陆路货物运输保险。国内水陆路货物运输保险承保通过国内沿海、江河、公路、铁路等运输的各种货物，在运输过程中因保险责任事故发生造成的损失由保险人承担赔偿责任。

（2）国内航空货物运输保险。国内航空货物运输保险承保通过飞机运输的各种货物，承保的风险以空运途中发生的自然灾害和意外事故为主。

（3）海上货物运输保险。海上货物运输保险承保以海上运输方式运输的各种货物，承保的风险以海上自然灾害、意外事故和其他特殊风险为主。

4．工程保险

工程保险的承保标的是在建工程和安装工程项目。现代建筑工程和安装工程的特点是规模宏大，设计与施工技术日趋复杂，建筑材料、施工机械、大型机器设备的价值及工程造价昂贵。工程项目在施工、安装、试运行过程中，既有遭受火灾、雷击、洪水、暴风、暴雨等自然灾害和意外事故的可能，又可能因设计错误、工艺不善，甚至施工人员违规操作或破坏行为引起事故损失。一旦事故发生往往损失巨大，传统的财产保险根本适应不了现代工程项目对风险保障的需要，工程保险应运而生。

工程保险主要险种有建筑工程保险、安装工程保险和机器损坏保险。

（1）建筑工程保险。建筑工程保险承保各类建筑工程项目及在建筑施工过程中的物料、机器、设备和装置等，并设第三者责任险作为附加险，对工程项目在建筑期间造成第三者财产损失或人身伤亡而依法应由被保险人承担的经济赔偿责任予以承保。

（2）安装工程保险。安装工程保险承保各类安装工程项目及在安装施工过程中的机器、机械设备、装置和物料等，并附设第三者责任险加保第三者责任。

（3）机器损坏保险。机器损坏保险承保各类已安装完毕并投入运行的机器设备因人为的、意外的或物理的原因造成的物质损失。

5．农业保险

农业保险是农业生产者以支付保险费为代价把农业生产经营过程中由于灾害事故造成的财产损失转嫁给保险人的一种制度安排。农业保险源于18世纪德国农户互助的合作组织。后来，私人保险公司曾涉足农业保险领域，但由于农业生产的高风险，商业化经营大都失败。后来只有少数农业险种实行商业化经营。从20世纪30年代开始，一些国家政府开始从政策方面扶持农业保险，建立政策性农业保险制度模式，使之成为支持农业的一种政策工具。

农业保险主要险种有种植业保险和养殖业保险。

（1）种植业保险。种植业保险承保植物性生产为保险标的的保险，如农作物保险、林木保险等。

（2）养殖业保险。养殖业保险承保动物性生产为保险标的的保险，如牲畜保险、家禽保险、水产养殖保险等。

四、责任保险

（一）责任保险的概念

《中华人民共和国保险法》第六十五条对责任保险的定义为："责任保险是指以被保险人对第三者依法应负的赔偿责任为保险标的的保险。"

从责任保险的定义中可以看出，责任保险应满足以下条件：一是被保险人对第三者依法负有赔偿责任；二是受害的第三者必须向被保险人请求赔偿；三是赔偿责任必须在保险人承保的责任范围之内。

责任保险具有以下几层含义：一是责任保险在性质上是填补损害保险责任的保险，并且其保险目的是保障第三因被保险人的原因而受到损害的权益；二是通过责任保险被保险人将责任风险转移给保险人，并且该责任风险一般是法律责任风险，也可以是约定的责任风险，但一定是民事责任风险；三是责任保险人的保险责任一般为过失责任而不包括故意行为所致的民事损害赔偿责任，但是由于法律上严格责任的存在，责任保险的承保范围可以扩展到无过失责任风险。

（二）责任保险的种类

根据不同的划分标准，责任保险的险种类别多种多样，我们主要介绍以下六种分类方法。

1. 按责任保险发生效力的方式划分

（1）强制责任保险。强制责任保险又称为法定责任保险，是指国家或政府通过制定法律、颁发法规或行政命令，强行建立起的关于投保人与保险人责任保险关系的责任保险。责任保险具有保险人代替被保险人向第三者赔偿的特点，为保障无辜受害者的经济利益，很多国家对某些责任风险实行强制性的保险，如我国的第三者交通强制责任保险。

（2）自愿责任保险。自愿责任保险指投保人和保险人在平等互利、等价有偿的原则上，经过双方协商，完全自愿订立责任保险合同的责任保险。因此，是否参与、选择险种以及责任保险的具体内容等完全由保险双方自愿协商决定，不受任意第三者干预。

这种分类方法是按照责任保险的自愿原则进行划分的，两者之间既是互补关系，又有替代关系。强制责任保险一般仅仅提供法定的基本保障，而自愿责任保险能更灵活地满足消费者的不同需求。但是如果强制责任保险的范围较广，可能会抑制自愿责任保险的需求。

2. 按责任保险的保险标的划分

责任保险的保险标的是被保险人对第三者依法应当承担的损害赔偿责任。

（1）民事损害赔偿责任保险。民事损害赔偿责任保险是指以民事损害赔偿责任为保险标的的责任保险。民事损害赔偿的主要作用在于维护公民、法人的合法权益不受侵犯。

（2）合同责任保险。合同责任保险是指经过特别约定，责任保险人愿意将合同责任作为承保对象的责任保险。责任保险一般不承保被保险人的合同责任，但经过特别约定，保险人也可以承保合同责任保险。

3. 按责任保险的险别划分

根据不同的险别，责任保险可以分为公众责任保险、产品责任保险、雇主责任保险、职业责任保险和机动车辆第三者责任保险等五类，其中每一类保险又可以分为若干具体的险种。

（1）公众责任保险。公众责任保险又称为普通责任保险或综合责任保险，它以被保险人的公众责任为承保对象，是责任保险中独立的、适用范围最为广泛的保险类别。

所谓公众责任，是指致害人在公众活动场所的过错行为致使他人的人身或财产遭受损害，依法应由致害人承担的对受害人的经济赔偿责任。公众责任的构成，以在法律上负有经济赔偿责任为前提，其法律依据是各国的民法及各种有关的单行法规制度。此外，在一些并非公众活动的场所，如果公众在该场所受到了应当由致害人负责的损害，亦可以归属于公众责任。因此，各种公共设施场所、工厂、办公楼、学校、医院、商店、展览馆、动物园、宾馆、旅店、影剧院、运动场所以及工程建设工地等，均存在着公众责任事故风险。这些场所的所有者、经营管理者等均可以通过投保公众责任保险来转嫁其风险。

公众责任保险可以分为综合公众责任保险、场所责任保险、承包人责任保险和承运人责任保险等四类，每一类又包括若干个险种，它们共同构成了公众责任保险业务体系。

（2）产品责任保险。产品责任保险是指以产品制造者、销售者、维修者等的产品责任为承保风险的一种责任保险，而产品责任又以各国的产品责任法律制度为基础。

所谓产品责任，是指产品在使用过程中因其缺陷而造成用户、消费者或公众的人身伤亡或财产损失时，依法应当由产品供给方（包括制造者、销售者、修理者等）承担的民事损害赔偿责任。

产品的制造者包括产品生产者、加工者、装配者。产品的修理者指被损坏产品、陈旧产品或有缺陷的产品的修理者。产品的销售者包括批发商、零售商、出口商、进口商等各种商业机构，如批发站、商店、进出口公司等。此外，承运人如果在运输过程中损坏了产品并因此导致产品责任事故，应当承担起相应的产品责任。

产品责任保险承保的产品责任是以产品为具体指向物，以产品可能造成的对他人的财产损害或人身伤害为具体承保风险，以制造或能够影响产品责任事故发生的有关各方为被保险人的一种责任保险。

（3）雇主责任保险。雇主责任保险是指以被保险人（雇主）雇佣的员工在受雇过程中，从事与被保险人经营业务有关的工作而遭受意外或患与业务有关的国家规定的职业性疾病，所致伤残或死亡，被保险人根据《中华人民共和国劳动法》及劳动合同应承担的医药费用及经济赔偿责任为承保风险的一种责任保险。

保险人承担的责任风险将被保险人（雇主）的故意行为列为除外责任，主要承保被保险人（雇主）的过失行为所致的损害赔偿，或者将无过失风险一起纳入保险责任范围。构成雇主责任的前提条件是雇主与雇员之间存在着直接的雇佣合同关系。

三资企业、私人企业、国内股份制公司、国有企业、事业单位、集体企业以及集体或个人承包的各类企业都可为其所聘用的员工投保雇主责任险。

（4）职业责任保险。职业责任保险是指以各种专业技术人员在其从事专业技术性工作时，因工作上的疏忽或过失，造成第三人人身损害或财产损失，依法需要由其承担的经济赔偿责任为保险标的的责任保险。

职业责任保险承保的职业责任风险是从事各种专业技术工作的单位或个人因工作上的失误导致的损害赔偿责任风险，它是职业责任保险存在和发展的基础。

职业责任的特点在于：属于技术性较强的工作导致的责任事故；不仅与人的因素有关，同时也与知识、技术水平以及原材料等的欠缺有关；限于技术工作者从事本职工作中出现的责任事故。

目前，存在着职业责任风险的各种技术工作人员，均可以通过职业责任保险方式来转嫁其风险。

（5）机动车辆第三者责任保险。机动车辆第三者责任保险是指被保险人或其允许的驾驶人员在使用保险车辆过程中发生意外事故，致使第三者遭受人身伤亡或财产直接损毁，依法应当由被保险人承担的经济责任，保险公司负责赔偿。同时，若经保险公司书面同意，被保险人因此发生仲裁或诉讼费用的，保险公司在责任限额以外赔偿，但最高不超过责任限额的30%。

绝大多数的地方政府将机动车辆第三者责任保险列为强制保险险种。

4. 按与责任风险的关系划分

（1）直接责任保险。直接责任保险是指以被保险人直接责任风险为承保风险的责任保险。直接责任是指行为主体自身的行为直接导致他人的财产损失或身体损害而承担的法律责任。

（2）间接责任保险。间接责任保险又称为替代责任保险，是指保险人以被保险人为行为人或被保险人自己管理下的物件致使他人的财产损失或身体损害所负民事赔偿责任为承保风险的责任保险。

5. 按责任保险的承保方式划分

（1）独立责任保险。独立责任保险是指作为单独的责任保险以签发专门的保险单方式承保，如公众责任保险、产品责任保险、雇主责任保险、职业责任保险等。

（2）附加责任保险。附加责任保险是指以作为各种损害赔偿保险（主要是各种财产保险）的组成部分或以附加责任的方式承保，不签发专门的责任保险单，如汽车保险的第三者责任险，船舶保险的碰撞责任险、保赔责任险，飞机保险的第三者责任险，建筑或安装工程的第三者责任险等。

（3）混合责任保险。混合责任保险是指非独立也非附加的责任保险，是将多种责任保险组合在一份分不同项目的保险单内，由被保险人按需选择的责任保险。混合责任保险是介于独立责任保险与附加责任保险之间的责任保险。保险期限视承保方式而定，可单独承保的保险险种，保险期限为 1 年，到期可续保。以附加方式投保的责任保险的期限通常与被附加的主险相一致。

6. 按责任保险承保的范围和对象的不同划分

（1）个人责任保险。个人责任保险是指保险人以个人或家庭成员的行为导致的民事损害赔偿责任为保险标的的责任保险。个人责任保险的特点主要有：投保人或被保险人可以是有民事行为能力的单个自然人，也可以是以单个自然人组合的家庭；非工作期间的所有单个自然人的行为活动均可以纳入个人责任保险的范围；经过特别约定，自然人个人在工作期间造成他人的财产或人身损害的民事损害赔偿责任也可以投保个人责任保险。

（2）企业责任保险。企业责任保险是指保险人以承保企业在经营活动过程中造成他人财产或身体损害而应当承担的民事赔偿责任为保险标的的责任保险。企业责任保险为企业生产经营过程中需承担的各种经济赔偿责任提供了保障，如企业生产的产品缺陷、业务经营场所中给消费者或公众造成人身、财产损失以及雇员因公伤亡等。

第三节 社会保险

一、社会保险概述

（一）社会保险的概念

社会保险是指国家通过立法形式为工薪阶层提供基本生活保障，促进社会和谐安定的一种社会保障制度。社会保险是国家以法律形式规定的强制保险，由政府、单位和个人三方共同筹资，旨在保证劳动者在遭遇年老、疾病、工伤、生育、失业等风险时，暂时或永久丧失劳动能力而失去收入来源时，能够得到国家或社会的物质帮助，以保障其基本生活需求。社会保险的对象是最重要的社会群体——劳动者，并突出了以劳动权利为基础，在实践中实行权利与义务相结合以及劳动者个人、单位和国家三方责任共担。

社会保险的概念包括了以下五层含义：

（1）社会保险带有一定的立法强制性。社会保险的保险制度的成员资格是通过立法确定的，也就是说，在立法指定范围内的每个劳动者都必须参加社会保险。

（2）社会保险强调个人缴费。这在形式上与商业保险的保险费有某些相似之处，但社会保险的缴费是完全建立在自助自保和互助互济基础上的。参加社会保险的劳动者通过缴费获得成员资格，即"先尽义务，后享权利"。同时，这种权利和义务是对等的，在遭遇法定范围内的各种风险时，参保成员都可以得到保障其基本生活需求的津贴。

（3）社会保险强调劳动者及所在工作单位、国家三方共同筹资。这体现了国家和社会对劳动者提供基本生活保障的责任。劳动者所在工作单位的缴费，使社会保险避免了资金来源渠道的单一，增加了社会保险制度本身的安全系数。而国家的参与，更使社会保险制度有了强大的经济后盾。

（4）社会保险具有积极预防的含义。社会保险对法定范围之内的风险起到了未雨绸缪的作用，使参加社会保险制度的成员获得心理上的安全感，从而体现了社会保障的稳定机制的作用。

（5）社会保险是依法建立、促进社会和谐安定的一种社会保障制度。全球大多数国家都制定、出台了各具特色的社会保险法规，规范和保障社会保险事业的发展。

（二）社会保险的特征

1. 强制性

所谓强制性，是指社会保险是通过国家或政府立法强制实施的，其内容和实施都是通过法律进行的，凡属于法律规定范围内的成员都必须无条件地参加社会保险，按规定履行缴纳保险费的义务，并受到该保险的保障。这也是社会保险区别于自愿性商业保险的重要标志之一。

2. 社会性

所谓社会性，是指社会保险的保障对象是全社会的劳动者，是面对整个社会的系统工程。一般来说，社会保险的对象在整体上具有普遍性。

3. 福利性

所谓福利性，是指社会保险一般不以营利为目的，实施社会保险完全是为了保障社会成员的基本生活。社会保险是国家和社会基本惠民政策的直接体现，目的在于保证与安定社会成员的物质生活，促进经济可持续发展，增进社会福利。

4. 互济性

这是指社会保险通过法律的形式，向全社会有缴纳义务的单位和个人收取社会保费建立社会保障基金，并在全社会范围内统一用于帮助被保障的对象。同时，各项社会保险基金可以从统一基金中相互调节使用。

5. 公平性

公平分配是宏观经济政策的目标之一，社会保险作为一种分配形式具有明显的公平特征。首先，社会保险中不能存在任何特殊阶层，同等条件下的公民得到的保障是相同的；其次，在保险基金的形成过程中，高收入社会成员比低收入社会成员缴纳较多的保险费；

最后，在使用的过程中，一般都是根据实际需要进行调剂，不是完全按照缴纳保险费的多少给付保险金，个人享有的权利与承担的义务并不严格对价，从而体现出一定程度的社会公平性。

二、养老保险

（一）养老保险的概念

社会养老保险是指由国家和社会依法为老年劳动者定期提供一定物质帮助，保障其晚年基本生活的社会保障制度。养老保险是社会保险体系的重要组成部分，也是世界各国普遍实行的、最受人们关注的险种之一。

养老保险的含义有以下三个：

（1）养老保险在法定范围内的老年人完全或基本退出社会劳动生活后才自动发生作用。这里所说的"完全"，是以劳动者与生产资料的脱离为特征；"基本"是指参加生产活动已不成为主要社会生活内容。

（2）养老保险的目的是保障老年人的基本生活需求，为其提供稳定可靠的生活来源。

（3）养老保险是以社会保险为手段来达到保障的目的。

（二）养老保险制度

1990 年以来，世界银行等国际组织提倡并根据各国改革经验，将社会养老保险概括为基本养老保险、企业补充养老保险、个人储蓄性养老保险三个层次。

1. 基本养老保险

基本养老保险是按国家统一政策规定强制实施，为保障广大离退休人员基本生活需要的社会保险制度。企业和职工依法缴纳养老保险费，在职工达到国家规定的退休年龄或因其他原因而退出劳动岗位并办理退休手续后，社会保险经办机构向退休职工支付基本养老保险金。我国的基本养老保险制度实行社会统筹与个人账户相互结合的模式。

2. 企业补充养老保险

企业补充养老保险也称企业年金，是由企业根据自身经济实力而决定为其职工建立的一种辅助性养老保险。该保险所需费用是从企业自有资金中的奖励、福利基金中提取的。该保险是对基本养老保险的补充，两者既有联系也有区别。其联系主要体现在两种养老保险的政策和水平上；区别主要体现在两种养老保险的层次和功能上的不同。因此，企业补充养老保险既不能由企业完全自愿，又不能由国家强制实施，而应该由国家规定实施政策和实施条件，企业达到规定条件的可以实行。企业补充养老保险费可由企业完全承担，或者由企业和员工双方共同承担，承担比例由劳资双方协议确定。企业内部一般都设有由劳资双方组成的董事会，负责企业补充养老保险事宜。

3. 个人储蓄性养老保险

职工个人储蓄性养老保险是由职工自愿参加、自愿选择经办机构的一种补充保险形式。由社会保险机构经办的职工个人储蓄性养老保险，由社会保险主管部门制定具体办法，职工个人根据自己的工资收入情况，按规定缴纳个人储蓄性养老保险费，计入当地社会保险机构在有关银行开设的养老保险个人账户，并应按不低于或高于同期城乡居民储蓄存款利率计息，以提倡和鼓励职工个人参加储蓄性养老保险，所得利息计入个人账户，归个人所有。职工达到法定退休年龄经批准退休后，凭个人账户将储蓄性养老保险金一次总付或分次支付给本人。职工跨地区流动，个人账户的储蓄性养老保险金应随之转移。职工未到退休年龄而死亡，计入个人账户的储蓄性养老保险金应由其指定人或法定继承人继承。

（三）我国的养老保险制度

我国现行的个人养老保险政策，主要是依据 1999 年 1 月 22 日国务院发布实施的《社会保险费征缴暂行条例》和 2005 年 12 月 13 日国务院出台的《国务院关于完善企业职工基本养老保险制度的决定》（国发〔2005〕38 号）而制定的。

1. 基本养老保险制度的覆盖范围

城镇各类企业职工、个体工商户和灵活就业人员都要参加企业职工基本养老保险。随着我国养老保障体系的不断改革和完善，到 2020 年，所有老年居民均能享受到基本的生活保障，以实现所有居民"老有所养"。

2. 基本养老保险费的筹集

现阶段我国实行社会统筹与个人账户相结合的基本养老保险制度，基本养老保险费由企业和职工共同负担。

（1）《社会保险费征缴暂行条例》规定，我国基本养老保险费的征缴范围为国有企业、城镇集体企业、外商投资企业、城镇私营企业和其他城镇企业及其职工，实行企业化管理的事业单位及其职工。

（2）企业依法缴纳基本养老保险费，缴费比例一般不得超过企业工资总额的 20%；企业缴费部分不再划入个人账户，全部纳入社会统筹基金，并以省（自治区、直辖市）为单位进行调剂。

（3）个人依法缴纳的基本养老保险费，从 2006 年 1 月 1 日起，个人账户的规模统一由本人缴费工资的 11% 调整为 8%，全部由个人缴费形成，单位缴费不再划入个人账户。城镇个体工商户和灵活就业人员参加基本养老保险的缴费基数为当地上年度在岗职工平均工资，缴费比例为 20%，其中 8% 记入个人账户。

（4）有条件的企业可为职工建立企业年金（补充养老保险），并实现市场化运营和管理。企业年金实行基金完全积累，采用个人账户方式进行管理，费用由企业和职工个人缴纳，企业缴费在工资总额 4% 以内的部分，可以从成本中列支。

（5）个人账户基金只用于职工养老，不得提前支取。职工跨统筹范围流动时，个人账户随同转移；职工或退休人员死亡，个人账户可以继承。

（6）个人账户基金由省级社会保险经办机构统一管理，按国家规定存入银行，全部用于购买国债，以实现保值增值，收益率要高于银行同期存款利率。

（7）2006年在总结黑龙江、吉林、辽宁东北三省做实个人账户试点经验的基础上，做实账户试点扩大到天津、上海、山西、山东、河南、湖北、湖南、新疆8个省（市、区）。对做实个人账户后出现的当期养老金发放缺口，中央财政将给予部分补贴。根据东中西部不同省情，做实办法有所差异，即对中西部试点省份做实部分由中央财政划拨75%的补助，地方财政负担25%，而东部地区则基本由地方财政自筹。

3. 职工领取基本养老金的条件

符合下列条件的职工，可以按月领取基本养老金：

（1）达到法定退休年龄，即男职工年满60岁，从事管理和科研工作的女职工年满55岁，从事生产和工勤辅助工作的女职工年满50岁，并已办理退休手续。

（2）所在单位和个人依法参加了养老保险并履行了养老保险缴费义务。

（3）个人缴费至少累计满15年（过渡期内缴费年限包括视同缴费年限）。

4. 基本养老保险待遇与计发办法

我国企业职工的基本养老金由基础养老金和个人账户养老金组成。其具体计发办法如下：

（1）退休时的基础养老金月标准以当地上年度在岗职工月平均工资和本人指数化月平均缴费工资的平均值为基数，缴费每满1年发给1%。个人账户养老金月标准为个人账户储存额除以计发月数，计发月数根据职工退休时城镇人口平均预期寿命、本人退休年龄、利息等因素确定。

（2）在1997年《国务院关于建立统一的企业职工基本养老保险制度的决定》（国发〔1997〕26号）实施后参加工作、缴费年限（含视同缴费年限，下同）累计满15年的人员，退休后按月发给基本养老金。

（3）在1997年《国务院关于建立统一的企业职工基本养老保险制度的决定》（国发〔1997〕26号）实施前参加工作、在2005年《国务院关于完善企业职工基本养老保险制度的决定》（国发〔2005〕38号）实施后退休、已缴费年限累计满15年的人员，在发给基础养老金和个人账户养老金的基础上，再发给过渡性养老金。各省、自治区、直辖市人民政府要按照待遇水平合理衔接、新老政策平稳过渡的原则，在认真测算的基础上，制定具体的过渡办法，并报劳动保障部、财政部备案。

在2005年《国务院关于完善企业职工基本养老保险制度的决定》（国发〔2005〕38号）实施后到达退休年龄但缴费年限累计不满15年的人员，不发给基础养老金；个人账户储存额一次性支付给本人，终止基本养老保险关系。在2005年《国务院关于完善企业职工基本养老保险制度的决定》（国发〔2005〕38号）实施前已经离、退休的人员，仍按国家原来的规定发给基本养老金，同时执行基本养老金调整办法。

2005 年《国务院关于完善企业职工基本养老保险制度的决定》（国发〔2005〕38 号）实施后城镇个体工商户和灵活就业人员参加基本养老保险的缴费基数为当地上年度在岗职工平均工资，缴费比例为 20%，其中 8% 计入个人账户，退休后按企业职工基本养老金计发办法计发基本养老金。

达到国家规定的退休年龄，累计缴费年限满 10 年不满 15 年的被保险人（不含建设征地农转工人员），如果本人愿意，可以选择一次性补缴所差年限的缴费，然后按月领取基本养老金。

基本养老保险费的税务优惠依据国务院制定并发布实施的《社会保险费征缴暂行条例》的规定，企事业单位按照国家或省（自治区、直辖市）人民政府规定的缴费比例或办法实际缴付的基本养老保险费，免征个人所得税；个人按照国家或省（自治区、直辖市）人民政府规定的缴费比例或办法实际缴付的基本养老保险费，允许在个人应纳税所得额中扣除。

企事业单位和个人超过规定的比例和标准缴付的基本养老保险费，应将超过部分并入个人当期的工资、薪金收入计征个人所得税。个人实际领（支）取原提存的基本养老保险金、基本医疗保险金、失业保险金和住房公积金时，免征个人所得税。

[案例] 宝马汽车和牛

"养老金缴满 15 年要不要续缴"一直是不少参保人员格外关注的话题，那么养老金缴得多好，还是"点到即止"比较好？哪种更划算？我们通过公式和数据，进行一个直观的认识。

对于这个问题，我们需要知道与养老金计算有关的四个公式：

（1）每月领取的养老金＝基础养老金＋个人账户养老金

（2）基础养老金＝全省上年度在岗职工月平均工资×（1＋本人平均缴费指数）÷2 ×缴费年限×1%

（3）本人平均缴费指数＝本年缴费工资与上一年本地平均工资之比相加÷实际缴费年限

（4）个人账户养老金＝个人账户储存额÷计发月数

我们可以看出，养老金和个人的缴费年限、缴费工资有关。这些公式中，本人平均缴费指数较复杂，但是它的值与个人缴费的工资呈正相关关系。一般随着工作时间的增加，缴费工资、缴费年限都会增加，继而影响个人平均缴费指数。

在一个理想化的情况下，假设小明在北京 25 岁入职，65 岁正常退休，活到了 80 岁，每月税前工资 10 000 元。已知北京市 2015 年在岗职工月平均工资为 6 463 元。分成两种情况来看，第一种小明缴纳满 15 年后不再续缴，第二种小明缴纳满 40 年，直至退休。假设第一种情况个人平均缴费指数为 1，第二种情况个人平均缴费指数为 1.2。

（1）退休前个人缴纳的费用。

第一种情况：个人缴纳费用＝10 000×0.08×12×15＝144 000（元）

第二种情况：个人缴纳费用＝10 000×0.08×12×40＝384 000（元）

（2）退休后每月领取养老金。

第一种情况：退休后每月领取养老金＝6 463（1＋1）÷2×15×1%＋10 000×0.08×12×15÷101＝2 395（元）

第二种情况：退休后每月领取养老金＝6 463（1＋1.2）÷2×40×1%＋10 000×0.08×12×40÷101＝6 646（元）

（3）到去世时个人领取的养老金总额。

第一种情况：个人领取的总额＝2 395×12×15＝431 100（元）

第二种情况：个人领取的总额＝6 646×12×15＝1 196 280（元）

（4）回报率。

第一种情况：比例＝（431 100－144 000）÷144 000＝1.99

第二种情况：比例＝（1 196 280－384 000）÷384 000＝2.12

因此在这样简单的计算下，缴费年限长和缴费工资高还是比较合适的，会有更高的回报率。

三、医疗保险

（一）医疗保险的概念

医疗保险与人们日常生活的关系最为密切，对提高人们的生活质量的意义也最为明显。但由于医疗保险在各国间的运作模式、内涵与外延均有不同，名称也就不尽相同，有的称为疾病保险，有的称为医疗保险，还有的称为健康保险，国内外学术界对此尚无统一的定义。本章采用国内学者郑功成教授对医疗保险的界定，即把医疗保险作为社会保险制度中的一个项目来定位，专指社会医疗保险，它是由国家立法规范并运用强制手段，向法定范围内的劳动者及其他社会成员提供必要的疾病医疗服务和经济补偿的一种社会化保险机制。

这一概念的界定，包括如下五层含义：

第一，医疗保险是由国家立法强制实施的。1883年5月31日，世界上第一部社会保险法律《疾病社会保险法》在德国诞生。从19世纪末到20世纪末，全世界有110多个国家或地区通过立法先后建立了自己的社会医疗保险制度，立法规范和强制实施构成了各国社会医疗保险的共同特点，法律不仅规范了主体各方的权利和义务，而且对保险对象范围、医疗保障待遇以及强制实施的程序等做出了明确规范，从而体现了社会医疗保险与自愿参与的商业医疗保险的区别。

第二，医疗保险的对象通常是劳动者，尤其是工薪劳动者。这一点与其他社会保险相似，均是从保护劳动力和解除劳动者的后顾之忧出发的。不过，在一些国家的社会医疗保险制度中，也会放宽到劳动者的家属。

第三，医疗保险强调权利义务相结合和互助共济。对于每一个人来说，其生病和受伤害的概率是不可预测的，而对于一个群体来说，则通过大数法则可以预测。因此，社会医疗保险通过保险精算，确定被保险人的缴费（税）义务和获取医疗服务或补偿医疗费用的权利，履行缴费义务构成社会成员获得医疗保障权利的前提条件。同时，由于每个参与者是否患病或何时患病都具有不确定性，真正享受社会医疗保险待遇的人及受益多少也是不确定的，正是在这种不确定中，大数法则与互助共济功能才在社会医疗保险中得到了充分体现。

第四，医疗保险保障的内容主要是疾病。劳动者面临的风险很多，与身体直接相关的事件既有疾病，也有职业伤害、生育等，但社会医疗保险保障的主要是各种疾病，而职业伤害风险由工伤保险制度来承担，生育事件由生育保险制度来承担。不过，在一些国家也将女职工的生育行为纳入医疗保险范围，或者由其他普惠性质的生育津贴来保障。

第五，医疗保险必须社会化。与其他保障制度相比，医疗保险服务更强调社会化，因为医疗保险服务必须由第三方即医疗机构来提供，这就使得医疗保障制度不可能由社会保险机构直接实施，而只能由众多的医疗机构来承担组织实施任务，因此非供给者与受益方的直接对应行为。需要指出的是，在把握医疗保险（本章专指社会医疗保险）概念并将其与商业医疗保险或健康保险加以区别的同时，还应当区分医疗保险与医疗保障两个概念。尽管在某些国家或地区以及一些文献中，医疗保险与医疗保障被混用，但一般而言，医疗保障的范围要大得多，医疗保险只是医疗保障的一种方式。以中国为例，医疗保险仅指社会保险制度中的基本医疗保险，而以保障国民疾病医疗的相应政策还有农村合作医疗、补充医疗保险、社会医疗救助以及妇幼保健、儿童免疫、地方病防治、传染病防治等，这些制度安排与医疗保险共同构成了中国的医疗保障体系。

（二）医疗保险制度

实行医疗保险制度的国家，由于各自的经济发展水平不同、传统文化和价值观念不同，其制度运行也呈现出不同的特点。综观世界各地的医疗保险制度，形式多种多样，可以从不同的角度进行不同的分类。

1. 按医疗服务的供求关系分类

按医疗服务的供求关系分类，医疗保险制度有直接关系型和间接关系型之分。直接关系型是指医疗保险的承办机构同时又是医疗服务的提供机构，在医疗单位（供方）与患者（需方）之间不存在偿付医疗费用的"第三方"，如我国的劳保医疗和公费医疗。间接关系型是指医疗保险承办机构与医疗服务机构不是同一个机构，在医疗单位与患者之间还存在偿付医疗费用的"第三方"。三者的关系是由雇主、雇员组成的需方将保险费交给社会保险机构（第三方），当雇员发生疾病风险时，由医疗服务提供者（供方）提供治疗服务，社会保险机构向医疗服务提供者支付医疗费用。

2. 按医疗保险基金筹集方式分类

按医疗保险基金筹集方式分类，医疗保险制度有国家医疗保险、社会医疗保险、社区合作医疗保险、储蓄医疗保险等类型。其中，社会医疗保险按医疗保险的休制安排及保障对象的限定，又叫分为基本统一型、分类对口型和特别限定型。基本统一型制度模式以德国为代表，它将一些城市中的全体劳动者及其家属都囊括进去，因此是一种覆盖面很广的全国统一医疗保险制度。分类对口型制度模式以日本为代表，日本的医疗保险制度根据对象分为两大类：一类是以产业工人、公务员等在职职工及其家属为对象的"职工医疗保险"，又称雇用者医疗保险；另一类是以农民、自营业者、小企业（5人以下）职工、学生为对象的"国民健康保险"。其中，参加"职工医疗保险"的人数占绝大多数。特别限定型制度模式以美国为代表，美国没有全国性的医疗社会保险制度，仅有限定对象的所谓"老残健康保险"，如退休的铁路员工、慢性肾脏病患者、有持续24个月领取残疾补助金记录的未满65岁残疾者等。由于特别限定对象，美国不少人只能参加私人医疗保险。

此外，按医疗费用的支付方式划分，医疗保险制度有按服务项目付费、按病种付费、按人头付费等类型。

(三) 我国的医疗保险制度

我国医疗保险制度由三部分组成：城镇职工基本医疗保险、城镇居民基本医疗保险、新型农村合作医疗。

1. 城镇职工基本医疗保险

城镇职工基本医疗保险是为补偿劳动者因疾病风险遭受经济损失而建立一项社会保险制度。通过用人单位和个人缴费，建立医疗保险基金，参保人员患病就诊发生医疗费用后，由医疗保险经办机构给予一定的经济补偿，以避免或减轻劳动者因患病、治疗等所承受的经济风险。

（1）原则。城镇职工基本医疗保险的水平要与社会主义初级阶段生产力发展水平相适应；城镇所有用人单位及其职工都要参加城镇职工基本医疗保险，实行属地管理；城镇职工基本医疗保险费由用人单位和职工双方共同负担；城镇职工基本医疗保险基金实行社会统筹和个人账户相结合。

（2）覆盖范围和缴费办法。城镇所有用人单位，包括企业（国有企业、集体企业、外商投资企业、私营企业等）、机关、事业单位、社会团体、民办非企业单位及其职工，都要参加城镇职工基本医疗保险。乡镇企业及其职工、城镇个体经济组织业主及其从业人员是否参加基本医疗保险，由各省、自治区、直辖市人民政府决定。

城镇职工基本医疗保险原则上以地级以上行政区（包括地、市、州、盟）为统筹单位，也可以以县（市）为统筹单位，北京、天津、上海3个直辖市原则上在全市范围内实行统筹（以下简称统筹地区）。所有用人单位及其职工都要按照属地管理原则参加所在统筹地区的城镇职工基本医疗保险，执行统一政策，实行基本医疗保险基金的统一筹集、使用和管理。铁路、电力、远洋运输等跨地区、生产流动性较大的企业及其职工，可以以相对集中的方式异地参加统筹地区的城镇职工基本医疗保险。

城镇职工基本医疗保险费由用人单位和职工共同缴纳。用人单位缴费率应控制在职工工资总额的6%左右，职工缴费率一般为本人工资收入的2%。随着经济的发展，用人单位和职工缴费率可做相应调整。

（3）建立城镇职工基本医疗保险统筹基金和个人账户。城镇职工基本医疗保险基金由统筹基金和个人账户构成。职工个人缴纳的基本医疗保险费，全部计入个人账户。用人单位缴纳的基本医疗保险费分为两部分，一部分用于建立统筹基金，一部分划入个人账户。划入个人账户的比例一般为用人单位缴费的30%左右，具体比例由统筹地区根据个人账户的支付范围和职工年龄等因素确定。

统筹基金和个人账户要划定各自的支付范围，分别核算，不得互相挤占。要确定统筹基金的起付标准和最高支付限额，起付标准原则上控制在当地职工年平均工资的10%左右，最高支付限额原则上控制在当地职工年平均工资的4倍左右。起付标准以下的医疗费用，从个人账户中支付或由个人自付。起付标准以上、最高支付限额以下的医疗费用，主要从统筹基金中支付，个人也要负担一定比例。超过最高支付限额的医疗费用，可以通过商业医疗保险等途径解决。统筹基金的具体起付标准、最高支付限额以及在起付标准以上和最高支付限额以下医疗费用的个人负担比例，由统筹地区根据以收定支、收支平衡的原则确定。

（4）城镇职工基本医疗保险基金的管理和监督机制。城镇职工基本医疗保险基金纳入财政专户管理，专款专用，不得挤占挪用。

社会保险经办机构负责城镇职工基本医疗保险基金的筹集、管理和支付，并要建立健全预决算制度、财务会计制度和内部审计制度。社会保险经办机构的事业经费不得从基金中提取，由各级财政预算解决。

城镇职工基本医疗保险基金的银行计息办法为：当年筹集的部分，按活期存款利率计息；上年结转的基金本息，按3个月期整存整取银行存款利率计息；存入社会保障财政专户的沉淀资金，比照3年期零存整取储蓄存款利率计息，并不低于该档次利率水平。个人账户的本金和利息归个人所有，可以结转使用和继承。

各级劳动保障和财政部门要加强对城镇职工基本医疗保险基金的监督管理。审计部门要定期对社会保险经办机构的基金收支情况和管理情况进行审计。统筹地区应设立由政府有关部门代表、用人单位代表、医疗机构代表、工会代表和有关专家参加的医疗保险基金监督组织，加强对城镇职工基本医疗保险基金的社会监督。

保险报销需要到当地医疗管理中心或指定医疗机构医保结账窗口报销。其办理材料包括本人身份证、医保卡、原始发票、用药清单、病历本、清单、入/出院证等其他材料。

医疗保险的报销是按比例进行的，一般在 70% 左右浮动。其报销的比例和多少跟自己的检查和用药情况、医疗等级等因素有关。举个例子就比较清晰了，A 类药品可以享受全报，C 类药品就需要全部自负费用，而 B 类药品可报销 80%，自负 20%。

2. 城镇居民基本医疗保险

城镇居民基本医疗保险是社会医疗保险的组成部分，具有强制性，采取以政府为主导，以居民个人（家庭）缴费为主，政府适度补助为辅的筹资方式，按照缴费标准和待遇水平相一致的原则，为城镇居民提供医疗需求的医疗保险制度。城镇居民基本医疗保险是政府组织实施，以家庭缴费为主，财政给予适当补助，以大病统筹为主的医疗保险制度。

目前没有医疗保障制度安排的主要是城镇非从业居民。为实现基本建立覆盖城乡全体居民的医疗保障体系的目标，国务院决定，从 2007 年起开展城镇居民基本医疗保险试点（以下简称"试点"）。各地区各部门要充分认识这项工作的重要性，将其作为落实科学发展观、构建社会主义和谐社会的一项重要任务，高度重视，统筹规划，规范引导，稳步推进。

（1）保险待遇。

①城镇居民基本医疗保险基金主要用于支付参保居民的住院和门诊大病、门诊抢救医疗费，支付范围和标准按照城镇居民基本医疗保险药品目录、诊疗项目和医疗服务设施范围和标准执行。

②起付标准（也就是通常说的门槛费）与城镇职工基本医疗保险一样，即三级 980元、二级 720 元，一级 540 元。

③就医管理。城镇居民基本医疗保险参保居民就医实行定点首诊和双向转诊制度，将社区卫生服务中心、专科医院、院店合作和一级及其以下医疗机构确定为首诊医疗机构，将部分三级综合和专科医疗机构确定为定点转诊医疗机构，参保居民就医时应首先在定点首诊医疗机构就诊，因病情确需转诊转院治疗的，由定点首诊医疗机构出具转院证明，方可转入定点转诊医院接受住院治疗，等病情相对稳定后，应转回定点首诊医院。

④支付比例。基金支付比例按不同级别医疗机构确定，一级（含社区卫生服务中心）、二级、三级医疗机构基金支付比例为 75%、60%、50%。城镇居民连续参保缴费满 2 年后，可分别提高到 80%、65%、55%。

⑤基本保额。一个自然年度内，基本医疗保险统筹基金的最高支付限额为每人每年1.6 万元。如果是由于慢性肾功能衰竭（门诊透析治疗）、恶性肿瘤（门诊放、化疗）、器官移植抗排异治疗、系统性红斑狼疮、再生障碍性贫血（简称"门诊大病"）患者，年统筹基金最高支付限额可提高到每人 2 万元。

（2）起付标准和报销比例。

①学生、儿童。在一个结算年度内，发生符合报销范围的 18 万元以下医疗费用，三级医院起付标准为 500 元，报销比例为 55%；二级医院起付标准为 300 元，报销比例为

60%；一级医院不设起付标准，报销比例为 65%。

②年满 70 周岁以上的老年人。在一个结算年度内，发生符合报销范围的 10 万元以下医疗费用，三级医院起付标准为 500 元，报销比例为 50%；二级医院起付标准为 300 元，报销比例为 60%；一级医院不设起付标准，报销比例为 65%。

③其他城镇居民。在一个结算年度内，发生符合报销范围的 10 万元以下的医疗费用，三级医院起付标准为 500 元，报销比例为 50%；二级医院住院起付标准为 300 元，报销比例为 55%；一级医院不设起付标准，报销比例为 60%。

城镇居民在一个结算年度内住院治疗两次以上的，从第二次住院治疗起，不再收取起付标准的费用。转院或者两次以上住院的，按照规定的转入或再次入住医院起付标准补足差额。

例如，一名儿童生病，如果在三级医院住院，发生符合规定的医疗费用 6 万元，可以报销 32 725 元［（60 000−500)×55%］；如果在一级医院住院，医疗费用 5 000 元，可以报销 3 250 元（5 000×65%）。

（3）主要特点。

①参保人患病特别是患大病时，一定程度上减轻了经济负担。

②参保人身体健康时，缴纳的保险费可以用来帮助其他参保病人，从而体现出"一人有病万家帮"的互助共济精神。

③解除参保人的后顾之忧。为鼓励城镇居民参加保险，符合参保条件的城镇居民按其参保时间划分，设定不同的医疗待遇起付期，6 个月内参保者，医疗待遇起付期为 3 个月，未成年居民医疗待遇无起付期；6 个月后参保者（含未成年居民，下同），医疗待遇起付期为一年；一年后参保者，医疗待遇起付期延长至两年；低保居民医疗待遇无起付期。

（4）城镇居民基本医疗保险与城镇职工基本医疗保险的区别。

①城镇职工基本医疗保险和城镇居民基本医疗保险是两种不同的医疗保险形式。

②各自具有不同的针对性和受众范围，城镇职工基本医疗保险是针对与单位建立了劳动关系的城镇职工，单位和个人共同缴纳基本医疗保险费用，单位缴大头，个人缴小头；而城镇居民基本医疗保险是国家就城镇无业人员、城镇低收入家庭，建立的基本医疗保险。

③城镇职工基本医疗保险缴费基数是职工本人的工资，每月扣缴，城镇居民基本医疗保险的缴费基数是城镇最低生活保障，一年缴一次，二者在缴费基数上相差很大。

④在保障范围上，相差较大。城镇职工基本医疗保险每年返所缴保险费的 30% 左右到个人账户，可以作为门诊费用，由职工个人自行支配，住院按社保医疗范围报销费用；而城镇居民基本医疗保险只报销在二级以上医院住院医疗费的 50%~70%，门诊费不报销。

⑤在时效上，城镇职工基本医疗保险为按月缴费，缴够 25 年后可不再缴，之后可以一直享受医保待遇，包括门诊和住院。城镇居民基本医疗保险，缴一年享受一年，不缴费不享受。

3. 新型农村合作医疗

新型农村合作医疗（简称"新农合"）是指由政府组织、引导、支持，农民自愿参加，个人、集体和政府多方筹资，以大病统筹为主的农民医疗互助共济制度。其采取个人缴费、集体扶持和政府资助的方式筹集资金。

（1）基本原则。

①坚持农民自愿参加、多方筹资、县办县管、以收定支、保障适度的原则。

②坚持以收定支，收支平衡，略有结余；以住院补偿为主、兼顾受益面；保持相对稳定，不断完善；充分体现互助共济，以大病统筹为主。

（2）资金来源。

①筹资渠道。根据国家有关规定，全国新型农村合作医疗试点县（市）筹集资金的主要渠道有两条：一是各级财政补贴；二是参加合作医疗的农民缴纳。

新型农村合作医疗的性质是"互助共济"，即自愿参加合作医疗的农民，必须每年缴纳一定的费用。缴纳标准可以根据当地经济发展水平而定。国务院规定，参加合作医疗的农民个人缴费数额，原则上每人每年不低于 10 元，经济发达地区可以在农民自愿的基础上，根据农民收入水平及实际需要相应提高缴费标准。

②资金筹集。新型农村合作医疗的筹资原则是农民自愿参加，集体和政府多方筹资，即在农民自愿参加的基础上，首先是农民缴纳部分，按照相关规定，收缴入库，进入县（市）新型农村合作医疗专用账户，然后县（市）财政按照实际参加人数，将配套资金拨付到位。根据县（市）统计报表、县级拨款通知书复印件和县合作医疗进账凭据复印件，财政按照实际参加人数，拨付市级财政应配套的资金。市级财政根据各试点县（市）资金到位情况，统一报省级财政，申请省级财政及中央财政的补助资金。

（3）基金组成。新农合基金分为三个部分，即风险基金、住院统筹基金和门诊家庭账户基金（简称"家庭账户"），新农合基金不再单独设立其他基金。

①风险基金。风险基金是从新农合总基金中提取和新农合基金结余中划转的用于弥补新农合基金非正常超支的专项储备资金。风险基金由各县（市、区）每年从筹集的新农合基金总额中按 3% 的比例提取，基金结余较多的各县（市、区）也可以按结余资金的 50% 划入风险基金。风险基金的规模应保持在年筹资总额的 10%，达到规定的规模后，不再继续提取。

②住院统筹基金。住院统筹基金是指用于参加新农合（以下简称"参合"）农民住院医疗费用、门诊大病（慢性病）医疗费用和孕产妇住院分娩的补偿。中央及地方财政对参合农民的补助资金全部纳入住院统筹基金，农民参合自缴经费不低于 30% 的部分纳入住院统筹基金。住院统筹基金用于对参合农民住院可报费用达到起付线标准的补偿、各县（县、区）规定的门诊大病（慢性病）的补偿以及住院分娩的定额补偿。

③家庭账户基金。农民参合自缴经费纳入统筹基金后剩余部分为参合农民本人的家庭

账户，中央及地方政府对参合农民的补助资金不得纳入家庭账户。家庭账户由家庭成员共同使用，也可用于住院医药费用的自付部分和健康体检，家庭账户内的金额可一次性用完，当年结余部分可转入下一年度使用，但不得用于冲抵下一年度参加新农合缴费资金。

（4）报销范围。参合农民，无论门诊或住院，实际发生的医疗费用只要符合合作医疗相关规定，均可获得一定比例的补偿。

①门诊补偿。参合农民在定点医疗机构门诊就医，其医药费用，可按县（市）制定的门诊补偿办法及补偿程序，获得补偿，但在非定点医疗机构就医的不予补偿。

②住院补偿。参合农民因病需住院治疗，必须在合作医疗定点医疗机构住院，其补偿方式及补偿比例，需按县（市）制定的实施细则（方案）要求进行补偿。

参合农民在定点医疗机构住院治疗发生的医疗费用，首先扣除起付标准规定的数额，再扣除超出基本用药目录范围的药品费和有关特殊检查费后，按比例补偿。起付标准按不同级别的医疗机构确定。越是基层医疗机构，起付标准越低；越是上级医疗机构，起付标准越高。

确定起付标准是按一级医院（乡镇卫生院）、二级医院（县市级医院及部分州级医院）、三级医院和省级及以上医院四个等级划分的。

参合农民在定点医疗机构住院发生医疗费用，减去起付标准的金额，再减去应当自付的部分金额，就是计算补偿的范围。以此为基数，按补偿比例计算出应当补偿参合人的具体数额。

具体补偿比例也是按照一级医院、二级医院、三级医院和省级及以上医院级别确定的，具体比例分别为 60%、50%、30%、20%。个别县（市）在制订实施细则（方案）时，适当提高了基层定点医疗机构的补偿比例，属正常情况。

③大病补偿。凡参加合作医疗的住院病人一次性或全年累计应报医疗费超过 5 000 元则分段补偿，即 5 001~10 000 元补偿 65%，10 001~18 000 元补偿 70%。镇级合作医疗住院及尿毒症门诊血透、肿瘤门诊放疗和化疗补偿年限额为 1.1 万元/年。

（5）报销标准。原则上规定，参合农民每人每年补偿标准最高不超过 6 000 元。参合农民因患大病，当年医疗费数额特大的实行二次补偿。二次补偿最高限额不超过 6 000 元，即参合农民当年因患大病住院治疗，当年可享受最高 12 000 元的补偿。少数县（市）制订的实施细则（方案）略高于此标准。

本章小结

1. 保险（insurance）是用来规划人生财务的一种工具，是市场经济条件下风险管理的基本手段，是金融体系和社会保障体系的重要的支柱。

2. 保险公司收取保费，将保费所得资本投资于债券、股票、贷款等资产，运用这些资产所得收入支付保单确定的保险赔偿。

3. 商业保险关系是由当事人自愿缔结的合同关系，投保人根据合同约定，向保险公司支付保险费，保险公司根据合同约定的可能发生的事故因其发生所造成的财产损失承担赔偿保险金责任，或者当被保险人死亡、伤残、疾病或达到约定的年龄、期限时承担给付保险金责任。

4. 人身保险的基本内容是：投保人与保险人通过订立保险合同明确各自的权利和义务，投保人向保险人缴纳一定数量的保费；在保险的有效期内，当被保险人发生死亡、残疾、疾病等保险事故或被保险人生存到保险期满时，保险人向被保险人或其受益人给付约定数量的保险金。

5. 人身保险的功能：解除个人和家庭对人身风险的忧虑，具有一定的储蓄和投资功能，保单所有人或受益人可以享受税收优惠，分担企业对雇员的人身风险责任，增加员工福利，提高企业对人才的吸引力，有助于促进社会稳定，有助于解决社会老龄化问题，是金融市场重要的资金来源。

6. 财产保险是以财产及其相关利益和损害赔偿责任为保险标的，以自然灾害、意外事故为保险责任，以补偿被保险人的经济损失为基本目的的保险。

7. 责任保险应满足以下条件：一是被保险人对第三者依法负有赔偿责任，二是受害的第三者必须向被保险人请求赔偿，三是赔偿责任必须在保险人承保的责任范围之内。

8. 社会保险是国家以法律形式规定的强制保险，由政府、单位和个人三方共同筹资，旨在保证劳动者在遭遇年老、疾病、工伤、生育、失业等风险时，暂时或永久丧失劳动能力而失去收入来源时，能够得到国家或社会的物质帮助，以保障其基本生活需求。

9. 基本养老保险制度的覆盖范围：城镇各类企业职工、个体工商户和灵活就业人员都要参加企业职工基本养老保险。随着我国养老保障体系的不断改革和完善，到 2020 年，所有老年居民均能享受到基本的生活保障，以实现所有居民"老有所养"。

10. 我国医疗保险的组成由三部分组成：城镇职工医疗保险、城镇居民医疗保险、新型农村合作医疗。

关键概念

1. 保险　2. 商业保险　3. 人身保险　4. 财产保险　5. 社会保险
6. 养老保险　7. 医疗保险

思考题

1. 某家银行投保火险附加盗窃险，在投保单上写明 24 小时有警卫值班，保险公司予以承保并以此作为减费的条件。后银行被窃，经调查某日 24 小时内有半小时警卫不在岗。请问：保险公司是否承担赔偿责任？

2. 李某 2017 年 12 月 23 日向某保险公司投保了保险期间为 1 年的家庭财产保险，其保险金额为 20 万元。2018 年 2 月 26 日，李某家因意外发生火灾。火灾发生时，李某的家庭财产实际价值为 30 万元。请问：若按第一危险赔偿方式，财产损失 15 万元时，保险公司应赔偿多少？为什么？家庭财产损失 25 万元时，保险公司又应赔偿多少？为什么？

3. 李某在游泳池内被从高处跳水的王某撞昏，溺死于水池底。由于李某生前投保了一份健康保险，保额为 5 万元，而游泳馆也为每位游客投保了一份意外伤害保险，保额为 2 万元。事后，王某承担民事损害赔偿责任 10 万元。请问：因未指定受益人，李某的家人能领取多少保险金？对王某的 10 万元赔款应如何处理？请说明理由。

4. 某人在行走时因心脏病突然发作跌倒死亡，他生前投保了意外伤害险 1 万元，单位为他投保了团体人身险（既保意外，也保疾病）3 000 元。请问：其受益人可获得多少保险金？

练习题

一、单项选择题

1. 保险是指投保人根据合同的约定，向保险人支付保险费，保险人对于合同的约定的事项承担（   ）保险金责任的商业保险行为。

    A. 赔偿和给付   B. 赔偿和分摊   C. 分摊和分散   D. 分散和给付

2. 保险在一定条件下，分担了个别单位和个人所不能承担的风险，从而形成了一种经济关系。这一特征所体现的保险特性是（   ）。

    A. 商品性   B. 互助性   C. 契约性   D. 经济性

3. 设立保险公司应当经（   ）批准。

    A. 国务院

    B. 国务院保险监督管理机构

C. 国务院保险监督管理机构和人民银行共同

D. 国务院保险监督管理机构、人民银行和财政部共同

4. 基于投保人的利益，为投保人和保险人订立保险合同提供中介服务，并依法收取佣金的单位是（　　）。

　　A. 保险代理人　　　B. 保险经纪人　　　C. 保险公估人　　　D. 保险律师

5. 国家或政府通过立法形式，采取强制手段对劳动者因遭遇年老、疾病、生育、伤残、失业和死亡等社会特定风险失去生活来源时提供经济保障的一种制度是（　　）。

　　A. 人身保险　　　　B. 强制保险　　　　C. 社会保险　　　　D. 社会救济

6. 人寿保险是以人的寿命为保险标的，是以（　　）为保险事件的一种人身保险。

　　A. 人的生存　　　B. 人的健康　　　　C. 人的死亡　　　　D. 人的生存或死亡

7. 按（　　）分类，可以将人身保险分为人寿保险、意外伤害保险和健康保险。

　　A. 风险程度　　　B. 保障责任　　　　C. 实施形式　　　　D. 保障范围

8. 通常情况下，投保团体的规模越大，则保险公司可以给予的折扣率（　　）。

　　A. 越高　　　　　B. 越低　　　　　　C. 一样　　　　　　D. 与投保规模无关

9. 承保雇主对雇员在受雇期间，因发生意外事故或职业病而造成的伤残、疾病或死亡，依法应承担的经济赔偿责任的保险是（　　）。

　　A. 职业责任保险　　　　　　　　　B. 公众责任保险

　　C. 雇主责任保险　　　　　　　　　D. 雇员忠诚保证保险

10. 受保险人或被保险人的委托，以第三者的身份对保险标的、保险事故等进行鉴定、勘察、评估的机构是（　　）。

　　A. 保险监督管理机构　　　　　　　B. 保险代理人

　　C. 保险经纪人　　　　　　　　　　D. 保险公估人

11. 人身意外伤害保险属于（　　）保险。

　　A. 补偿性　　　B. 短期性　　　　　C. 储蓄性　　　　　D. 分红性

12. （　　）是指以一张总的保险单为某一团体单位的所有成员，或者其中的大多数员工提供保险保障的保险。

　　A. 个人保险　　　B. 团体保险　　　　C. 健康保险　　　　D. 意外保险

13. 保险人承保从事各种专业技术工作的单位或个人在履行自己的职责过程中，因疏忽或过失行为而对他人造成的损失或伤害产生的经济赔偿责任，称为（　　）。

　　A. 产品责任保险　　　B. 雇主责任保险　　　C. 公众责任保险　　　D. 职业责任保险

14. 国内工程保险的主要险种分为建筑工程保险、安装工程保险和（　　）。

　　A. 机器损坏保险　　　B. 企业财产保险　　　C. 家庭财产保险　　　D. 间接损失保险

15. 财产面临的最基本和最主要的风险是（　　）。

　　A. 地震　　　　B. 洪水　　　　　C. 爆炸　　　　　D. 火灾

16. 产品责任保险在确定损害赔偿时，要求产品事故必须发生在（　　）。

    A. 用户家中 　　　　　　　　　B. 制造或销售场所以内的地方

    C. 制造或销售场所以外的地方　　D. 任何地方

17. 责任保险中最早兴起并最早实行强制保险的险种是（　　）。

    A. 产品责任保险　　B. 职业责任保险　　C. 公众责任保险　　D. 雇主责任保险

18. 社会保障制度旨在满足人们（　　）水平的生活需要。

    A. 小康生活需要 　　　　　　　B. 基本生活需要

    C. 富裕生活需要 　　　　　　　D. 现代化生活需要

19. 职工应当按照国家规定的（　　）的比例缴纳基本养老保险费，记入个人账户。

    A. 单位平均工资 　　　　　　　B. 社会平均工资

    C. 用工地最低工资 　　　　　　D. 本人工资

20. 参加基本养老保险的个人，达到法定退休年龄时累计缴费满（　　）年的，按月领取基本养老金。

    A. 5 　　　　　　B. 10 　　　　　　C. 15 　　　　　　D. 20

21. 下列选项中，不属于社会医疗保险基本属性的是（　　）。

    A. 公益性 　　　　B. 福利性 　　　　C. 保障性 　　　　D. 盈利性

二、多项选择题

1. 下列关于团体保险特征的描述中，正确的是（　　）。

    A. 团体保险合同设计可以享受的灵活性的程度与团体规模有关

    B. 在团体保险定价过程中，如果团体的人数超过一定人数，则可以使用经验费率

    C. 因为只有身体好的团体成员才可以参加团体保险，因此团体保险的核保成本较低

    D. 团体保险不仅限制团体最低规模，还对应参保比例有所限制

2. 在传统上，按给付条件类型划分，人寿保险可归纳为（　　）。

    A. 定期寿险 　　　B. 终身寿险 　　　C. 生死两全保险 　　　D. 万能寿险

3. 下列选项中，属于不可保意外伤害的有（　　）。

    A. 被保险人在犯罪活动中所受的意外伤害

    B. 被保险人在醉酒后发生的意外伤害

    C. 核辐射造成的意外伤害

    D. 因被保险人的自杀行为造成的伤害

4. 关于保险经纪人的说法不正确的是（　　）。

    A. 保险经纪具有独立代理人的某些特征

    B. 是以投保人的名义进行的中介行为

    C. 是基于投保人利益的中介行为，其佣金由投保人支付

D. 因过错，给投保人、被保险人造成的损失由保险人承担法律后果

5. 根据给付保险金条件的不同，人寿保险可以分为（　　　）。

　　A. 定期寿险　　　　B. 死亡保险　　　　C. 生存保险　　　　D. 两全保险

6. 养老保险方面，我国经历（　　　）三个阶段。

　　A. 社会保险　　　　　　　　　　B. 统账结合

　　C. 自筹　　　　　　　　　　　　D. 统一企业职工基本养老保险制度

7. 国家建立的基本社会保险制度中包括（　　　）等险种。

　　A. 养老保险　　　　B. 意外伤害保险　　　C. 失业保险　　　　D. 医疗保险

8. 城镇居民基本医疗保险实行个人缴费和政府补贴相结合，但（　　　）等所需个人缴费部分，由政府给予补贴。

　　A. 享受最低生活保障的人

　　B. 丧失劳动能力的残疾人

　　C. 低收入家庭60周岁以上的老年人和未成年人

　　D. 失业人员

三、简答题

1. 人身保险的功能是什么？

2. 构成财产保险的风险责任须符合哪些基本条件？

3. 试比较财产保险与人寿保险。

4. 商业保险与社会保险的区别是什么？

5. 保险的意义与功能是什么？

（练习题参考答案）　　　　　　　（本章学习课件）

第七章 巧妙使用外汇

学习目标

知识目标

1. 掌握外汇的概念

2. 掌握汇率标价的三种方法

3. 熟悉世界主要货币名称及符号

4. 熟悉不同种类的汇率，并能熟练进行汇率套算

5. 了解外汇市场的概念与构成

6. 熟悉外汇市场的类型、特点和功能

能力目标

1. 能从动态和静态两个角度理解外汇的含义

2. 能理解外汇在国家经济发展中的作用

3. 能识别世界主要货币名称及符号

4. 能区分汇率的三种标价方法，并能根据交易需要计算应支付的本国货币

5. 能熟练进行汇率套算

6. 能理解外汇市场的主要参与者及其不同类型

7. 能区分不同外汇市场

素养目标

1. 通过外汇的学习，形成金融全球化的思维和观念

2. 通过汇率和外汇市场的学习，树立汇率波动及外汇市场的风险意识

引导案例

［案例］人民币成为自由使用的货币①

2015 年 12 月 1 日，国际货币基金宣布，人民币纳入 SDR 货币篮子，2016 年 10 月 1 日正式生效，成为可以自由使用的货币。

国际货币基金组织（IMF）总裁拉加德于 2015 年 9 月 30 日宣布：纳入人民币的特别提款权（SDR）新货币篮子于 10 月 1 日正式生效。这标志着人民币将以全球储备货币的角色开启新的征程，凸显了中国在全球经济和国际金融体系中的重要性，对中国和国际货币体系来说都具有历史性的里程碑意义。这是 SDR 历史上首次扩大货币篮子，也是自 1999 年欧元取代德国马克和法国法郎以来首次有新货币加入篮子，人民币"入篮"让 SDR 的构成更全面地反映当今世界货币和全球经济。

SDR 是 IMF 于 1969 年创设的一种国际储备资产，用以弥补成员方官方储备不足，其价值最初由黄金和美元来确定，布雷顿森林体系崩溃后，改为一篮子货币。人民币加入后，新的货币篮子包含美元、欧元、人民币、日元和英镑，权重分别为 41.73%、30.93%、10.92%、8.33% 和 8.09%。

人民币从此跻身国际权威机构认可的国际储备货币和"可自由使用货币"俱乐部，这是中国与世界的双赢，最终会给百姓带来好处

加入 SDR 可以增强国际市场对人民币的信心，扩大人民币使用，减少中国企业从事外贸、跨境投资时面临的汇率风险。人民币"入篮"后将逐步成为国际结算货币，自由兑换程度逐步提高，中国资本市场将逐步双向开放。这些不仅使得居民海外购物、投资可以逐步实现用人民币结算，而且可以帮助有需要的居民合理配置海外资产，形成资产多元化配置。

---

① 人民币纳入 SDR 货币篮子正式生效 给百姓带来啥好处？［EB/OL］.（2016-10-02）［2018-07-25］. http://news.cnhubei.com/xw/jj/201610/t3710355.shtml.

思政课堂

坚定"四个自信",人民币国际化步伐加快

人民币国际化是指人民币能够跨越国界,在境外流通,成为国际上普遍认可的计价、结算以及储备货币的过程。

人民币国际化的含义包括三个方面:第一,人民币现金在境外享有一定的流通度;第二,最重要的是以人民币计价的金融产品成为国际各主要金融机构包括中央银行的投资工具,以人民币计价的金融市场规模不断扩大;第三,国际贸易中以人民币结算的交易要达到一定的比重。这是衡量货币国际化的通用标准。当前,国家间经济竞争的最主要表现形式就是货币竞争。如果人民币对其他货币的替代性增强,不仅将改变储备货币的分配格局及其相关的铸币税利益,而且也会对西方国家的地缘政治格局产生深远的影响。

人民币国际化的最终目标应该是在国际货币体系中拥有与美元及欧元并驾齐驱的地位。2007年6月,首笔人民币债券"登陆"我国香港,此后我国内地多家银行先后多次在香港推行两年或三年期的人民币债券,总额超过200亿元人民币。2008年7月10日,国务院批准中国人民银行"三定"方案,新设立汇率司,其职能包括根据人民币国际化的进程发展人民币离岸市场。2008年12月12日,中国人民银行和韩国银行签署了双边货币互换协议,两国通过本币互换可相互提供规模为1 800亿元人民币的短期流动性支持。2008年12月,中国已与包括蒙古国、越南、缅甸等在内的周边八国签订了自主选择双边货币结算协议,人民币区域化的进程大幅加快。2009年2月8日,中国与马来西亚签订的互换协议规模为800亿元人民币/400亿林吉特。2009年3月和4月,中国人民银行和白俄罗斯共和国国家银行、印度尼西亚银行、阿根廷中央银行先后签署双边货币互换协议,目的是支持双边贸易及直接投资以促进经济增长,并为稳定金融市场提供短期流动性。2011年8月,跨境贸易人民币结算境内地域范围扩大至全国。2012年11月,人民币国际化进程正式在南非起步,我国和南非之间的贸易都是直接将南非兰特兑换成人民币来结算。2013年10月15日,中国和英国同意人民币与英镑直接交易。2014年6月18日,中国建设银行担任伦敦人民币业务清算行。2013年10月19日,中国银行担任法兰克福人民币清算行。2014年7月,交通银行首尔分行担任首尔人民币业务清算行,这成为在首尔打造人民币离岸中心的重要一步。2016年10月1日,特别提款权(SDR)新货币篮子正式生效,人民币继美元、欧元、日元、英镑之后,成为SDR货币篮子中的第五种货币。这标志着人民币将以全球储备货币的角色开启新的征程,凸显了中国在全球经济和国际金融体系中的重要性,对中国和国际货币体系来说都具有历史性的里程碑意义。这是SDR历

史上首次扩大货币篮子，也是自 1999 年欧元取代德国马克和法国法郎以来首次有新货币加入货币篮子，人民币"入篮"让 SDR 的构成更全面地反映当今世界货币和全球经济情况。人民币加入 SDR 对我国的直接影响有三个方面，即人民币资产的自动配置需求与吸引力增加、人民币国际储备货币地位获得正式认定、人民币成为国际货币基金组织官方交易货币。2016 年，中国作为二十国集团（G20）主席国召开了 G20 杭州峰会，重启国际金融架构工作组，继续推动国际货币体系改革的讨论，并成功推动世界银行、渣打银行在中国发行 SDR 计价债券。2022 年 4 月，以色列央行将首次将人民币纳入外汇储备，同时削减美元和欧元持有量，以实现外汇储备配置多元化，并延长投资期限。孟加拉国和俄罗斯已商定同意使用人民币来支付俄罗斯在该国建设的核电站项目款项。

人民币跨境支付系统（Cross-border Interbank Payment System，CIPS）于 2012 年 4 月 12 日开始建设，2015 年 10 月 8 日上午正式启动，2023 年 12 月参与者已遍布 111 个国家和地区，这是人民币国际化发展进程中的又一大进步。

据国家外汇管理局研究人员调查统计，人民币每年跨境的流量大约有 1 000 亿元，在境外的存量大约是 200 亿元。中国人民币供给量（M2）约为 20 000 亿元，这意味着境外人民币大约是人民币总量的 1%。由此可见，人民币已经在一定程度上被中国周边国家或地区广泛接受，人民币国际化处于渐进发展的阶段。

启示：中国经济实力和综合国力的不断增强使人民币的国际地位不断提高。只要我们创造条件，坚定信心，发展经济，增强国力，在不远的将来，人民币就一定能够成为世界人民欢迎和接受的货币。我们要坚定中国特色社会主义道路自信、理论自信、制度自信、文化自信，培养爱国之情和大国情怀。

第一节 认识外汇

据统计，目前世界上有 200 多个国家和地区，其中分布在亚洲的国家和地区就有 40 多个，这些国家和地区中，绝大多数都有自己的货币。据悉，世界流通货币共有 170 余种，各国或地区在各自的管辖范围内使用货币，完成商品交换和支付等经济活动。

在世界经济一体化程度日益加深的今天，货币的使用已不再局限于一国之内，而是随着商品在世界范围内的交换而在各国间不断流通。随着经济全球化的发展，在全球范围内进行的政治、经济、文化往来的全球性经济活动中，一国的主权货币（本币）未必有跨国自由流通的特性，也就未必能顺利地完成上述领域的支付结算。

在国际经济问题中，常常会涉及交易采用何种货币进行支付、本国货币和外国货币之间按何种比例进行兑换等问题，即外汇和汇率问题。对这些问题的研究，是我们理解和掌握相关国际金融问题最重要的起点之一。

一、外汇的概念

外汇（foreign exchange）的概念可以从动态和静态两个方面来分析。

（一）动态的外汇

动态外汇是指国际汇兑，即把一个国家的货币兑换为另一个国家的货币，借以清偿国际债权债务关系的金融活动。这种国际汇兑过程同国内汇兑道理相似，也是借助中介机构（通常指银行）来办理两国之间债权债务的清结，避免现金的运送。

世界上的货币收付活动并非仅限于在一国境内进行，国际贸易结算业务、国际资金借贷以及因此而发生的本息收付业务、国内总部与国外分支机构之间的汇款业务等都需要与境外进行货币的交往。这种跨越国境的货币交往就叫外汇。

外汇交易的最基本特征是在某个交易场所进行不同货币的"交换"。它与在一国国内收付款截然不同，金融术语将其表述为"以某种货币表示的债权同其他货币表示的债权的交换"，或者称其为国际汇兑。

（二）静态的外汇

如果从"国际汇兑"的角度看，外汇是一种动态的经营过程，但绝大多数人习惯将外汇视为一种具体的、静态的事物，即仅仅将外汇作为一种国际上清偿债权债务的支付手段或工具的统称。静态意义的外汇又可在广义和狭义两个层次上使用。

1. 狭义外汇

人们日常生活中所说的外汇多指静态意义上的狭义外汇，是指以外币表示的用于国际结算的支付手段，包括以外币表示的汇票、支票、本票、银行存款凭证和邮政储蓄凭证等，此概念常在国际商务中使用。

一种外国货币要成为外汇，必须同时具有以下特征：

第一，自由兑换性。外汇必须是可以自由兑换为其他支付手段的外币资产。如果某种资产在国际自由兑换受到限制，则其不是外汇。

第二，可偿付性。外汇必须是在国外能够得到补偿的债权，空头支票和遭到拒付的汇票不能视为外汇。

第三，国际性。任何以本国货币表示的信用工具、支付手段、有价证券等对本国人来说都不是外汇。例如，美元资产是国际支付中最为常用的一种外汇资产，但它是针对美国以外的其他国家而言的。

由狭义外汇的定义可知，不能把外汇简单地理解为外国货币，也不能把外国货币统统理解为外汇。只有在国外银行的存款以及索取这些存款的外币票据和外币凭证（如汇票、支票、本票和电汇凭证）等才是外汇。

2. 广义外汇

广义外汇泛指一切以外币表示的金融资产。

国际货币基金组织（IMF）对外汇的解释为：外汇是货币行政当局（中央银行、货币管理机构、外汇平准基金组织以及财政部等）以银行存款、国库券、长短期政府证券等形式保有的在国际收支逆差时可以使用的债权，而不论其是以债务国货币还是以债权国货币表示。

我国于1996年公布、2008年修订通过的《中华人民共和国外汇管理条例》对外汇做了明确规定。外汇是指下列以外币表示的可以用作国际清偿的支付手段和资产：外国货币，包括纸币、铸币；外币支付凭证或支付工具，包括票据、银行存款凭证、银行卡等；外币有价证券，包括债券、股票等；特别提款权；其他外汇资产。

二、外汇的作用

国际经济的发展和各国货币制度的差异引致的世界范围内统一货币的缺乏，客观上要求产生外汇。反过来，外汇产生后，又成为推动国际经贸关系向纵深发展的重要条件。外汇在国际经济、政治、文化往来中发挥着重要的桥梁纽带作用，具体表现在以下几个方面：

（一）促进国际经济、贸易的发展，方便国际结算

外汇作为国际结算的计价手段和支付工具，能够转移国际购买力，使国与国之间的货币流通成为可能，方便国际结算。在世界经济交往中，如果没有自由外汇，那么所有的交易不得不用黄金来充当"世界货币"进行支付结算，这种黄金结算将带来大量的运费和造成支付结算时间的长期延迟，由此产生的成本和风险都是巨大的。用外汇清偿国际债权债务，不仅能节省运送现金的费用，降低风险，缩短支付时间，加速资金周转，而且更重要的是运用这种信用工具，可以扩大国际信用交往，拓宽融资渠道，促进国际经贸的发展，同时维持本国汇率的稳定，促进经济发展与增长。

（二）有利于调剂国际资金余缺

世界经济发展不平衡导致了资金配置不平衡。在一定时点上，总是有的国家资金相对过剩，有的国家资金严重短缺，这在客观上存在着调剂资金余缺的必要。外汇允当国际支付手段，通过国际信贷和投资途径，可以调剂资金余缺，促进各国经济的均衡发展。同时，随着跨国资金调剂的发展，国际金融市场也日益繁荣，世界经济的发展也实现了时间上的飞跃。

（三）丰富储备资产的形式

一国需要一定的国际储备，以应付各种国际支付的需要。在黄金充当国际支付手段时期，各国的国际储备主要是黄金。随着黄金的非货币化，外汇产生后，由于其在交易中使用的便利性，日益成为世界各国国际储备的重要组成部分，也是清偿国际债务的主要支付手

段。外汇跟国家黄金储备一样，作为国家储备资产，国际收支发生逆差时可以用来清偿债务。

外汇在充当国际储备手段时，不像黄金那样必须存放在金库中成为一种不能带来收益的暂时闲置资产，它广泛地以银行存款和安全性好、流动性强的有价证券为存在形式，给持有国带来收益。

三、主要外国货币概览

目前，在全世界 170 多种可流通货币中，大约有 30 种货币属于交易活跃的。按照我国外汇管理的规定，我国银行只收兑其中的 20 多种外币。这 20 多种外币中，我国只办理美元、日元、欧元、英镑等货币的现钞兑换和汇户存款。此外，我国还可以办理加拿大元、瑞士法郎等币种的汇户存款。

在国际外汇市场上作为外汇交易的主要品种有美元、欧元、日元、英镑、港币等少数货币，它们是构成各国储备资产中的外汇资产的主体，在国际外汇市场上有自己习惯的交易符号和国际标准的交易代码（具体如表 7-1 所示）。我国的人民币虽然目前并不是国际外汇市场上的活跃交易品种，但也有自己的惯用符号，即"RMB￥"，国际标准符号为"CNY"。

（一）世界主要货币名称及符号

常见的自由兑换货币名称及标准代码如表 7-1 所示。

表 7-1　常见自由兑换货币名称及标准代码①

国际标准货币符号	货币名称	汉译	习惯写法
USD	US Dollar	美元	$/US $
EUR	EURO	欧元	€
GBP	Pound Sterling	英镑	£
JPY	YEN	日元	JP￥
CHF	Swiss France	瑞士法郎	SF
SEK	Swedish Krona	瑞典克朗	SKr
NOK	Norwegian Krone	挪威克朗	NKr
CAD	Canadian Dollar	加拿大元	Can $
AUD	Australia Dollar	澳大利亚元	A $
SGD	Singapore Dollar	新加坡元	S $

---

① 由于外汇买卖是一项国际性的交易行为，因此货币的名称必须要统一，为方便电子化运作，各种货币的简称便有了国际标准，以免不同的地方出现不同的简称而产生混乱。国际标准货币简称为三个英文字母缩写，为首的两个字母是国际标准化组织（ISO）制定的货币发行国家和地区的代号。

表7-1(续)

国际标准 货币符号	货币名称	汉译	习惯写法
HKD	Hong kong Dollar	香港元	HK＄
MOP	Pataca	澳门元	P/Pat
MYR	Malaysian Ringgit	马来西亚林吉特	M＄
THB	Thai Baht	泰国铢	B
KRW	Korea Won	韩国元	W
SDR	Special Drawing Right	特别提款权	SDRs

(二) 主要外国货币介绍

1. 美元

美元是美国官方货币，发行权由美国联邦储备体系控制。2001年后，受美国经济增长放缓的影响，美国财政收入减少，美元也大幅贬值，美国政府出现严重的财政赤字，美国政府不得不向外国发行美国国债来增加政府的收入。此外，2008年金融危机以来，作为全球主要结算货币的美元再次遭受信任危机。美元贬值导致全球性通货膨胀的压力增大，并且导致美元储备国持有的外汇资产财富缩水。

2. 日元

日本是世界经济强国，但由于第二次世界大战时大量印制钞票，使物价飞涨，日元贬值惊人，令日元货币单位很小。20世纪50年代后日本工业发展一日千里，加上日本国际收支常年出现盈余，美国与西欧诸国为求减轻贸易差额，向日本施加压力，要求日元升值，而日本则采取长期逐步升值政策。由于日本是多种科技产品的出口地，其国际收支盈余还是有增无减。美国等国采取进出口政策来改善对日贸易逆差。

3. 英镑

英镑曾经在外汇市场中占有一定地位，英国因多年经济衰退，失业人数日渐增多，因此以高息来吸引外国资金。结果在1992年9月11日，英国中央银行宣布退出欧洲汇率机制（ERM），实行单独浮动，并减息2.5%（由15%减至12.5%），随后再减2.5%（由12.5%减至10%），最终减至6.75%，令英镑由1英镑兑2.01美元跌至1.3美元。

4. 瑞士法郎

瑞士法郎是瑞士和列支敦士登的货币。瑞士本身是中立国家，加上本国通货膨胀率低，黄金储备多，当世界政治、金融出现不稳定，瑞士法郎便成为资金的避难所。在投资界中有句话叫"不安定，有繁荣"。由于瑞士发展稳定，本身汇率变化须取决于热钱进出情况及美元方向，周期较为明显，因此瑞士法郎被认为是"短线投资之皇"。

5. 欧元

欧元于1999年1月正式在外汇市场进行买卖，而货币则在2002年1月正式流通。欧元现在大多数欧盟成员国中使用，这些成员国包括德国、法国、意大利、荷兰、西班牙、葡萄牙、比利时、爱尔兰、芬兰、奥地利、卢森堡、希腊立陶宛、拉脱维亚、爱沙尼亚、斯洛伐克、斯洛文尼亚、马耳他、塞浦路斯。

6. 澳大利亚元

澳大利亚属于南半球国家，在 20 世纪 80 年代初期，由于澳大利亚经济发展缓慢，因此用高息来吸引投资者。到 20 世纪 90 年代，高息政策推行约十年后，澳大利亚的经济发展具备一定的基础后，高息政策开始逐步降低，澳大利亚元从 1992 年的 1 澳大利亚元兑 0.82 美元一直跌至 1 澳大利亚元兑 0.47 美元的历史低位。

[案例] 现钞和现汇的不同

现钞指外币现金或以外币现金存入银行的款项，主要指的是由境外携入或个人持有的可自由兑换的外国货币，简单地说就是指个人持有的外国钞票，包括纸币和铸币，如美元、日元、英镑等。现钞是具体的，实实在在的外国纸币和硬币。

现汇是账面上的外汇，是以外币表示的可以用作国际清偿的支付手段，指由国外汇入或由境外携入、寄入的外币票据和凭证，通过转账的形式，汇入个人在银行的账户中。在我们日常生活中能够经常接触到的主要有境外汇款和旅行支票等。

在外汇指定银行公布的外汇牌价中，买入价要做现汇和现钞的区别，通常现钞买入价小于现汇买入价，而卖出价两者相同。因为当客户要把一定金额范围内的现钞转移出境时，既可以携带，也可以汇出。但当客户采取"汇出"时，由于现钞具有实物形态，银行必须从客户手中收取外币现钞清点、打捆、运送至货币发行地等过程所支付的必要费用，具体包括现钞管理费、运输费、保险费、包装费等。俗话说"羊毛出在羊身上"，这些费用由客户承担。此外，现钞需要积累到足够数量，银行才能把这些外币现钞运送到国外并存入国外银行，这些做完之后才能获得外汇存款利息。

而现汇作为账面上的外汇，它的转移出境只需进行账面上的划拨就可以了。因此，银行购入客户的现汇时，支付的本币数量较多，银行买入客户现钞使用的现钞买入价在直接标价法下要低于现汇买入价。外汇户与外钞户本息支取同种货币现钞时，均按 1∶1 支取；而外钞户转为外汇户时银行要收取一定比例的手续费。在银行卖出外汇给客户的时候，不论客户支取现钞还是以现汇的形式存入外汇账户中，均按照比较高的价格收取客户的本币，因此并没有区分现钞和现汇，只报出统一的卖出价。

此外，在外汇买卖交易中，一般买卖的是现汇，即外汇存款账户中的"头寸"。特别是外汇实盘交易中，报出的都是现汇的价格。

[案例] 日元作为避险货币之谜①

近期，在金融市场波动之际，不时看到财经媒体指日元成为避险货币，这当然是指日元汇率（无论是兑美元还是欧元）在全球经济和市场出现不安情绪时的升值情况。事实上，日元作为避险货币并非只是近况，而是多年以来的一个惯常现象。这似乎与日本经济长期低迷、"双赤"问题严重、日本央行零利率和超级量化宽松的情况相矛盾。事实上，日元作为避险货币并非只是近况，而是多年以来的惯常现象。这主要是因为日本仍是可观的经常账户盈余国和全球最大的债权国。因此，每当全球非日本的风险提升时，日元就会成为避险货币。

日本是全球最早实施零利率的经济体，在全球风险不高的时期，日元会是流行的套息交易货币，但外部风险提升，也往往是日元套息交易平仓，资金返还的时期。另外，日本如果发生重大自然灾害，日资保险公司往往会出售海外资产，把资金调回以应付索赔。这两种行为在汇市投资者当中已经形成共识，类似事件一出，可能未必需要真的有套息交易平仓或资金掉返，就可以把日元炒高，形成自我实现的预言。

第二节 理解汇率

汇率看不见，也摸不着，但是汇率不仅可以影响个人的生活，还可以影响公司，尤其是跨国公司的发展，甚至影响世界各国的经济。一直以来，世界各主要经济体都在共同合作、博弈，寻找一条通往公平与稳定的汇率之路。直到今天，人们的探索仍未停止。

一、汇率的概念和作用

（一）汇率的概念

外汇汇率（foreign exchange rate）又称汇价、外汇行市，是指两种货币的折算比例，是用一国货币表示的另一国货币的数量或价格。

汇率作为一种交换或兑换比例，实质上反映的是不同国家货币价值的对比关系②。

（二）汇率的作用

汇率作为外汇的价格，其作用主要表现在以下几个方面：

第一，汇率是外汇买卖的必不可少的折算标准，缺少了汇率，外汇交易无从谈起。

第二，汇率架起了联系国内外货币价格的桥梁。有了汇率，人们可以轻而易举地将国

---

① 戴道华. 日元作为避险货币之谜 [J]. 金融博览，2016（4）：56-57.

② 美国国际经济学家英格拉姆对汇率做了如下比喻："人们对于外国货币似乎像对外国语言一样陌生，一部字典能将外语译成本国语言，而汇率则能将外币表示的商品价格换算成本国货币表示的价格。"

内商品、劳务的本币价格转化为外币价格，反之亦然。其实，追溯汇率产生和发展的历史，我们可以清楚地发现，汇率正是早期地中海沿岸的商人们为了便利海上跨国贸易而发明的不同主权国家之间货币兑换的价格。

第三，汇率是调节国内经济的重要杠杆，国内有关宏观管理部门可以通过汇率的适时、适当调整达成特定经济条件和经济目标。

第四，汇率是经济决策的重要指示灯，决策部门通常选择将汇率作为经济决策的重要参考指标，为本国经济发展、贸易以及资本往来等方面提供参考。

二、汇率的标价方法

与实物商品的标价不同，描述两国货币的比例首要的是选择以哪国货币作为基准，这正是汇率标价方法所要解决的问题，确定的标准不同，汇率的标价方法就不同。根据作为基准货币的标准是外币、本币还是美元，汇率的标价方法可以分为直接标价法、间接标价法和美元标价法。

人们将各种标价法下数量固定不变的货币称为基准货币（based currency）或被报价货币（reference currency），把数量变化的货币称为报价货币或标价货币（quoted currency）。

（一）直接标价法

直接标价法（direct quotation）又称应付标价法，是以一定单位的外国货币作为标准，折算为一定数额的本国货币来表示其汇率，即"外币固定本币变"。我们可以简单地理解为以本币表示的外币的价格，此时，是将外币视为"商品"

例如，100 美元＝632.21 元人民币。

汇率变动分析：一定单位的外币折合本币数额增加→外汇汇率上升→外币升值，本币贬值；反之亦然。

（二）间接标价法

间接标价法（indirect quotation）又称为应收报价法。与直接报价法相反，间接报价法是以一定单位的本国货币为标准，折算为一定数额的外国货币来表示其汇率，即"本币固定外币变"。此时，是将本币理解为待售商品，等待外国人持币来购买。

例如，纽约外汇市场：1 美元＝0.8137 欧元。

汇率变动分析：一定单位的本币折合外币数额上升→汇率上升→外币贬值，本币升值；反之亦然。

（三）美元标价法（US dollar quotation）

各国外汇市场上公布的外汇牌价均以美元为标准，表示折合多少单位的其他货币，目的是简化报价并广泛地比较各种货币的汇价。

例如，苏黎世外汇市场：1 美元＝12 卢布

汇率变动分析：汇率上升→美元升值，其他货币贬值；反之亦然。

在直接标价法下，基准货币为外币，标价货币为本币；在间接标价法下，基准货币为本币，标价货币为外币；在美元标价法下，基准货币可能是美元，也可能是其他各国货币。

在直接标价法下，一定单位以外币折算的本国货币越多，说明本国货币的币值越低，而外国货币的币值越高；反之则说明本国货币币值越高，而外国货币币值越低。同理，一定单位以外币折算的本国货币增多，说明外币汇率上涨，即外国货币币值上升或本国货币币值下降；反之则说明外国货币币值下降或本国货币币值上升。在间接标价法下，此种关系正好与直接标价法下的情形相反。

三、汇率的种类

外汇汇率的种类很多，在实际使用、理论研究和分析中，不同场合会选择从不同的角度对其划分，划分标准不同，汇率就不同。

（一）买入汇率、卖出汇率、现钞汇率和中间汇率

从银行买卖外汇的角度出发，汇率可分为买入汇率（buying rate）、卖出汇率（selling rate）、现钞汇率（cash rate）与中间汇率（middle rate）。

外汇是一种特殊的金融商品，银行经营外汇买卖业务需要一定的成本，也需要一定的利润空间。因此，任何经银行进行的外汇交易在汇率报价时，都采用双向报价方式，即报价者（通常是银行）同时报出买入价格（bid price）和（offer price）。中国银行即期外汇牌价如表7-2所示。

表7-2　中国银行即期外汇牌价（2018年3月10日05时51分45秒）

交易单位：人民币/100外币

货币名称	现汇买入价	现钞买入价	现汇卖出价	现钞卖出价	中行折算价
阿联酋迪拉姆		166.41		178.49	172.75
澳大利亚元	495.53	480.13	499.17	500.27	494.11
巴西里亚尔		186.8		204.31	194.24
加拿大元	492.76	477.2	496.39	497.48	492.02
瑞士法郎	663.43	642.96	668.09	669.75	666.97
丹麦克朗	104.2	100.98	105.04	105.25	104.85
欧元	776.9	752.76	782.63	784.19	780.89
英镑	874.32	847.16	880.76	882.69	876.03
港币	80.67	80.03	80.99	80.99	80.92
印尼卢比		0.044 4		0.047 6	0.046
印度卢比		9.142 3		10.309 5	9.748 9

表7-2(续)

货币名称	现汇买入价	现钞买入价	现汇卖出价	现钞卖出价	中行折算价
日元	5.9118	5.7282	5.9553	5.9553	5.9641
韩元	0.5921	0.5713	0.5969	0.6186	0.5926
澳门元	78.44	75.81	78.75	81.28	78.7
林吉特	163.1		164.24		162.34
挪威克朗	81.09	78.59	81.75	81.91	80.92
新西兰元	460	445.81	463.24	468.91	460.64
菲律宾比索	12.14	11.77	12.24	12.81	12.18
卢布	11.14	10.45	11.22	11.65	11.12
沙特里亚尔		164.19		172.74	169.18
瑞典克朗	76.48	74.12	77.1	77.25	76.75
新加坡元	479.59	464.79	482.95	484.16	481.56
泰铢	20.15	19.53	20.31	20.93	20.23
土耳其里拉	165.54	157.42	166.86	174.98	165.95
新台币		20.89		22.52	21.65
美元	632.21	627.07	634.89	634.89	634.51
南非兰特	53.42	49.32	53.78	57.88	53.29

1. 买入汇率

买入汇率又称买入价，指银行从同业或客户买入外汇票据时使用的汇率。在我国官方公布的外汇牌价中，根据银行从客户手中买入的是外汇现钞还是外汇现汇的不同，买入价进一步分为现汇买入价和现钞买入价。通常现钞买入价小于现汇买入价，如表7-2所示。

2. 卖出汇率

卖出汇率又称卖出价，是指银行向同业或客户卖出外汇时使用的汇率。买入汇率和卖出汇率都是从银行买卖外汇的角度来看的，银行买卖外汇遵循的原则是"贱买贵卖"。目的是赚取中间差价，这一差价一般为1‰~5‰（买卖汇价差额/卖出价×100%），买卖差价即为银行的手续费收入，这种差价收入代表银行承担风险的报酬。该差价越小，说明外汇银行经营得越有竞争性，即外汇市场的发达程度越高。

因此，外汇交易中往往会同时报出买入价和卖出价。在不同的标价方式下，买入汇率与卖出汇率的位置是不同的。在直接标价法下，前面一个小数字为买入汇率，后面的大数字为卖出汇率；而在间接标价法下，前面一个小数字为卖出汇率，后面的大数字为买入汇率。

例如，某日纽约外汇市场和伦敦外汇市场的报价如下：

纽约：USD1=SF 1.7505~1.7535

伦敦：GBP1＝USD　1.887 0～1.889 0

需要注意以下几点：

（1）买入或卖出都是站在报价银行的立场来说的，而不是站在进出口商或询价银行的角度。

（2）按照国际惯例，外汇交易在报价时通常可以只报出小数（如上例中的05/35或70/90），大数省略不报（如上例中的1.75或1.88），在交易成交后再确定全部的汇率1.750 5或1.887 0。

（3）买价与卖价之间的差额，是银行买卖外汇的收益。

由上述可知，在实际外汇买卖业务操作中，一定要清楚，买入价和卖出价都是从银行的角度而言的。

3. 现钞汇率

现钞汇率是指银行买卖外币现钞时使用的汇率，包括现钞买入价和现钞卖出价。

4. 中间汇率

中间汇率（middle rate）又称中间价，指银行买入价和银行卖出价的算术平均数，即两者之和再除以2。中间汇率主要用于新闻报道和经济分析。

（二）基本汇率和套算汇率

按照制定汇率的方法不同，汇率分为基本汇率和套算汇率。

1. 基本汇率

基本汇率又被称为基础汇率，是指一国货币对某种关键货币的汇率。选择某一货币为关键货币（key currency），并制定出本币对关键货币的汇率，这一汇率就称为基本汇率（basic rate）。通常关键货币是指在一国贸易和收支中使用最多、在一国储备中占比最大，同时又可自由兑换、汇率行情稳定且被国际社会普遍接受的货币。例如，我国的关键货币一般是美元。但必须注意，一国的关键货币并不是一成不变的，可以随时在不同时期针对本国经济贸易变化情况做出最适当的调整。目前，在国际市场上进行外汇交易时，银行之间的报价一般都采用以美元为标准，只报出美元对各国货币的汇价，也就是我们前面所说的"美元标价法"。各国均以美元为关键货币，报出本国货币与美元的汇率，即基本汇率。

2. 套算汇率

套算汇率仕基础汇率的基础上套算出的本币与非关键货币间的汇率。

例如：

基础货币：100美元＝872元人民币

基础货币：1美元＝1.526 5瑞士法郎

套算汇率：1瑞士法郎＝5.420 3元人民币

两种汇率的标价法相同，即其标价的被报价货币相同时，要将竖号左右的相应数字交叉相除。

两种汇率的标价法不同，即其标价的被报价货币不同时，要将竖号左右的数字同边相乘。

（1）关键货币同在一侧，交叉相除

例如，已知某日外汇市场行情为 EUR/USD：1.101 0/1.102 0。GBP/USD：1.601 0/1.602 0，求 EUR/GBP。

EUR/USD：1.101 0——1.102 0

GBP/USD：1.601 0——1.602 0（交叉相除）

EUR/GBP = 0.687 3/0.688 3

（2）关键货币一个在左一个在右，同边相乘。

例如，已知某日外汇市场行情为 USD/JPY：120.10/120.20. EUR/USD：1.100 5/1.101 5，求 EUR/JPY。

USD/JPY：120.10——120.20

EUR/USD：1.100 5——1.101 5

EUR/JPY = 132.17/132.40

（三）即期汇率和远期汇率

按外汇买卖交割的期限不同，汇率分为即期汇率和远期汇率。

交割（delivery）是指双方各自按照对方的要求，将卖出的货币解入对方指定的账户的处理过程。

即期汇率（spot exchange rate）也叫现汇汇率，是指外汇买卖的双方在成交后，在当天或两个营业日以内进行交割的汇率。一般外汇汇率没有明确标明远期字样的都是即期汇率，实际交易中，即期汇率往往是远期汇率确定的基础。

远期汇率（forward exchange rate）又称期汇汇率，是指外汇买卖的双方事先约定，据以在未来约定的期限办理交割时使用的汇率。远期汇率是远期价格，属于预约性交易，远期汇率与即期汇率的差额成为远期差价，如果远期汇率高于即期汇率，就是升水（at premium），反之则是贴水（at discount），远期汇率可以在即期汇率的基础上加升水或减贴水计算出来。升水表示远期汇率比即期汇率贵，贴水表示远期汇率比即期汇率便宜，平价（at par）表示两者相等。升水和贴水的幅度一般用点数来表示，每点（point）为万分之一，即 0.000 1。

升水和贴水举例如下：

判断在以下外汇市场上，哪种货币在升值或贬值？升水或贴水点数是多少？

直接标价法下：

多伦多市场　　即期汇率：　　　　　$ 1 = CAD 1.453 0/40

　　　　　　　一个月远期汇率：　　$ 1 = CAD 1.457 0/90

　　　　　　　美元升水，升水点数为 40/50。

香港市场　　即期汇率：　　　　　　＄1＝HKD 7.792 0/25，

三个月远期汇率：　　　＄1＝HKD 7.786 0/75，

美元贴水，贴水点数为60/50。

间接标价法下：

纽约市场　即期汇率：　　　　　＄1＝SF 1.817 0/80

一个月远期汇率：　　＄1＝SF 1.811 0/30

瑞士法郎升水，升水点数为60/50。

伦敦市场　即期汇率：　　　　　£1＝＄1.830 5/15

一个月远期汇率：　　£1＝＄1.832 5/50

美元贴水，贴水点数为20/35。

在实际外汇交易中，远期汇率总报出远期外汇的买入价和卖出价。这样远期差价的升水值或贴水值也都有一大一小两个数字。

直接标价法下，远期点数按"小/大"排列则为升水，按"大/小"排列则为贴水；间接标价法下刚好相反，按"小/大"排列为贴水，按"大/小"排列则为升水。

此外，汇率按外汇交易工具和收付时间的不同，分为电汇汇率、信汇汇率和票汇汇率；按衡量货币价值的角度不同，分为名义汇率和实际汇率；按不同的汇率制度，分为固定汇率和浮动汇率；按国家对汇率管制的程度，分为官方汇率和市场汇率；按国家制定汇率种类的多少，分为单一汇率和多重汇率；按交易对象划分，分为同业汇率和商人汇率。

[案例] 中美两国金融合作迈出新步伐①

中国人民银行与美国联邦储备委员会签署了在美国建立人民币清算安排的合作备忘录。中国人民银行同意将人民币合格境外机构投资者（RQFII）试点地区扩大到美国，投资额度为2 500亿元人民币。上述安排标志着中美两国金融合作迈出新步伐，有利于中美两国企业和金融机构使用人民币进行跨境交易，促进双边贸易、投资便利化。

第三节　外汇市场

一、外汇市场的概念

外汇市场（foreign exchange market）是金融市场的重要组成部分，是指个人、企业以及银行等金融机构买卖外汇的场所，或者说是各种不同货币彼此进行交换的场所。在外汇市场上，外汇的买卖有两种类型：一是本币与外币之间的相互买卖，即需要外汇者按汇率

---

① 李国辉. 中美两国金融合作迈出新步伐［N］. 金融时报，2016-06-09.

用本币购买外汇，持有外汇者按汇率卖出外汇换回本币；二是不同币种的外汇之间的相互买卖。

由于传统习惯，外汇市场的形成有两种模式。一种模式是大陆式外汇市场，具有具体的交易场所，表现为外汇交易所这样有固定场所的有形市场，欧洲大陆的德、法、荷、意等国的外汇市场就属于此类；另一种模式是英美式外汇市场，没有固定的交易场所，绝大部分交易是在无形、抽象的市场上进行的，参加外汇交易的经纪人、银行以及客户通过电话、网络，有的根据协议进行外汇买卖和借贷，其典型代表是英、美、日等国的外汇市场。20 世纪八九十年代以来，国际上一些大型商业银行和其他金融机构专门设立独立的外汇交易室或外汇交易部，外汇交易员通过交易室中的计算机终端、专用电话、电传等高技术的通信设备直接进行外汇的报价、询价、获取最新信息，并与外汇经纪人、顾客谈判成交，使全球外汇市场形成了紧密联系的电子通信网络。

最初，外汇市场的产生主要是为了满足贸易结算的需要。后来，随着交易手段的现代化和国际资本流动的巨大发展，外汇市场的发展已经远远超越了最初的贸易结算的附属地位，目前外汇市场已经成为世界上规模最大、最有影响的国际金融市场。

二、外汇市场的参与者

外汇市场的参与者众多，可以划分为以下六类：

（一）外汇银行

外汇银行（foreign exchange bank）是指各国中央银行指定或授权经营外汇业务的商业银行。就某一国的外汇银行而言，它不但包括专营或兼营外汇业务的本国商业银行，还要包括经营外汇业务的在本国的外国银行的分行。外汇银行是外汇市场上最重要的参与者，是外汇市场上交易的中心。

外汇银行进行外汇交易主要有三个目的：一是代客买卖外汇，获取手续费和佣金收入；二是调整外汇头寸，规避外汇风险；三是出于保值或投机目的进行同业间外汇交易。

（二）外汇经纪商

外汇经纪商（foreign exchange broker）是指专门在外汇交易中介绍成交，充当中介，从中收取佣金的中间商。外汇经纪商分为一般经纪商和跑街经纪商两类。其熟悉外汇供求情况和市场行情，本身并不买卖外汇，而是在可能的买主和卖主之间活动，促成交易，从中获取手续费（佣金）

（三）外汇交易商

外汇交易商是指运用自有外汇经营外汇买卖业务的机构。这类机构多数是信托公司、银行的兼营机构或票据贴现公司。其利用自己的资金，根据外汇市场的行情，赚取买卖中的差价。外汇交易商可以自己直接买卖外汇，也可以通过经纪人交易。

（四）进出口商及其他外汇供求者

进出口商在经营进出口业务时需要用外汇支付运费、保险费、差旅费、手续费等，出口商是外汇市场上外汇的主要供给方，进口商是外汇市场上外汇的主要需求方。当然，还有一些其他原因产生的外汇供求。

（五）中央银行

中央银行在外汇市场上一般不进行直接的、经常性的买卖，主要通过经纪人和商业银行进行交易，当涉及本币的汇率发生剧烈波动时，中央银行通过买卖外汇来干预外汇市场，借以缓和外汇市场的波动，稳定汇率，并执行本国的货币政策。

（六）外汇投机者

外汇投机者在外汇市场上兴风作浪，预测汇价的涨跌，以买空或卖空的形式，根据汇价的变动低买高卖，赚取差价。这些人往往是活跃外汇交易的重要力量，但过度投机常会带来汇价的大起大落，扰乱外汇市场的正常秩序。

三、外汇市场的分类

（一）有形市场和无形市场

根据有无固定场所划分，外汇市场可以分为有形市场（visible market）和无形市场（invisible market）两类。有形市场就是大陆式市场，如巴黎、法兰克福、阿姆斯特丹等地的外汇市场。无形市场就是英美模式的外汇市场，典型代表就是伦敦、纽约、东京等地的外汇市场，世界主要的外汇市场都属于此类市场。

（二）外汇批发市场和外汇零售市场

根据外汇交易主体和交易量划分，外汇市场可以分为外汇批发市场和外汇零售市场。这一划分标准涉及外汇市场的层次问题。外汇批发市场包括银行同业之间的外汇交易、商业银行与中央银行之间的外汇交易。外汇零售市场是指银行与顾客之间的外汇交易。外汇批发市场是拥有最大交易规模的金融市场，持续在线、24小时运转，因具有信息瞬间传递突破空间障碍、极小的买卖价差和汇率的及时反应等特点，是公认的有效市场。

（三）国内外汇市场和国际外汇市场

根据市场范围划分，外汇市场可以划分为国内外汇市场和国际外汇市场。国内外汇市场是指外汇交易仅仅局限在一国领土范围内的外汇市场，必须接受市场所在国法律法规的监管，风险较小。国际外汇市场是指在一国领土范围之外进行外汇交易的市场，管理相对宽松，因而风险较大。

（四）官方外汇市场、自由外汇市场和外汇黑市

根据外汇管制的程度划分，外汇市场可以分为官方外汇市场、自由外汇市场和外汇黑市。官方外汇市场是在所在国政府控制下，按照官方规定的汇率进行交易的外汇市场，在发展中国家存在比较普遍。自由外汇市场不受市场所在国政府控制，按照市场汇率进行交

易，国际上主要的外汇市场都属于自由外汇市场。外汇黑市是在外汇管制比较严格、不允许外汇自由交易的国家出现的非法外汇市场。

（五）即期市场、远期市场、期货市场、期权市场和互换市场

根据交易工具划分，外汇市场可以分为即期市场、远期市场、期货市场、期权市场和互换市场。

四、外汇市场的特点

外汇市场是一个从事外汇买卖、外汇交易和外汇投机活动的系统。其具有以下特征：

（一）全球外汇市场在时空上已连成一个全球性市场

现代通信设施的迅速发展以及世界性外汇交易网络系统的形成，已使世界各地的外汇市场相互连成一体，外汇市场参与者可以在世界各地进行交易。从时间上看，由于英国已将传统的格林尼治时间改为"欧洲标准时间"，英国与西欧原有的时差（1小时）消除了，整个西欧外汇市场统一了营业时间。当西欧从早上开始到下午2点结束营业时，纽约外汇市场刚好开张；而纽约外汇市场结束营业时，正是东京市场开始营业的时间；东京市场收盘时，又与西欧市场相接。如此首尾相接，周而复始，可以使全球范围内不同市场的外汇交易在一天24小时内都可以成交，世界各地的外汇市场已经变成了一个全球一体化的市场。在24小时交易中，欧洲市场与美国市场交叠的时间是全球外汇交易量的最大时段。首先，最初的24小时交易是指跨时区的不同市场形成的连续交易状态，即跨市场的相同品种金融产品的交易。其次，某个交易所不断扩展自己的交易时间，对于在本交易所上市的产品实现24小时不间断的交易状态。最后，不同的交易所形成联盟合作关系，在交易所之间形成通用的交易平台。各交易所的投资者都可以利用此交易平台交易各种金融产品，由此形成了跨时区、跨地区、24小时连续不停的交易形式。

（二）以无形交易为主的市场

在外汇交易中，无形市场已经成为当代外汇市场的主要形态。世界上大部分的外汇交易都是通过现代化的电子通信设备进行的，不受场地限制，交易速度很快。目前，一般大银行都设有专门的外汇交易室，外汇交易十分便利。

（三）价格波动剧烈、投机活动异常猖獗的市场

在世界各国普遍实行浮动汇率制的情况下，汇率直接受到市场供求关系的影响，因而波动相对频繁、剧烈。尤其是投机性的外汇交易，更是加剧了汇率的不稳定，因而外汇交易的市场价格风险很大，但同时现代通信技术的应用也使各地外汇市场之间的汇率趋于一致。

（四）交易方式多样化、交易规模最大的市场

外汇市场自产生以来，交易量不断增长，交易范围不断扩大，由此使外汇市场的风险也在不断地增大。为了减少汇率风险，在外汇的即期交易、远期交易、期货交易和期权交

易的基础上，产生了大量的新的金融衍生工具，而且许多新的外汇交易工具和交易技术还在不断地涌现。外汇市场呈现多样化的交易格局，外汇交易活动越来越复杂化。

（五）交易对象相对集中的市场

外汇市场的交易对象相对比较集中，主要是美元、日元、欧元、英镑、瑞士法郎和加拿大元等货币，其他货币交易量占的比例较小。

（六）开放的市场

外汇市场实际上是国际资金流动的一个中转站，无论是国际贸易还是国际投资，都需要通过外汇市场来完成国际资金流动。因此，国际金融市场上各个市场资金流动都对外汇市场产生影响，这使外汇市场成为一个开放的市场。

五、外汇市场的作用与功能

（一）实现购买力国际转移

实现购买力国际转移是到目前为止外汇市场的首要功能。一个国家对外汇的需求产生于人们到国外旅行、从国外进口商品或到国外投资等经济活动。一个国家的外汇供给来源于外国人在本国旅游花费、出口或外国对本国的投资等经济活动，所有这些经济活动均需实现购买力国际转移。这是由于各国（或一些具有特殊地位的地区）均有自己的货币这个客观事实决定的。外汇市场的存在便是贸易、投资的日益国际化而货币还是具有强烈的主权特征这个矛盾的反映。外汇市场的存在对于缓和这个矛盾具有很重要的意义。但是，应该注意到，外汇市场并没有彻底解决这个矛盾。当外汇市场剧烈动荡时，国际贸易与国际投资活动会受到很大影响。

（二）提供外汇资金融通，为国际经济交易提供信贷或融资

在国际贸易中，进口方往往需要出口方给予一定的信贷以完成运输和销售。实际上，在一般情况下出口方会接受 90 天后付款的条件。但是，这并不意味着出口方在这段时间必须等待。出口方往往到银行将进口方的付款义务贴现。出口方会马上获得支付，银行等到期后会向进口方收回货款。在这个过程中，银行实际上提供了信贷。由于这种做法很普遍，所以提供信贷或融资成了外汇市场的一个重要功能。

（三）提供外汇套期保值与投机活动的场所

套期保值与投资的详细定义我们后面要涉及，这里不详细解释。从两个例子可以了解外汇市场这一功能。比如说你是一个出口商。现在你出口到美国一笔价值 1 000 万美元的货物，并和进口方约定 3 个月以后用美元付款。由于 3 个月期间美元与人民币的汇率会发生改变，你承担着汇率风险。如果你想避免汇率风险，你可以马上到银行卖出一笔 1 000 万美元的 3 个月美元期汇。3 个月以后你用你收到的货款和银行交割你卖掉的美元。由于你卖出美元期汇时已经约定了交割价格，无论这 3 个月美元与人民币汇率如何变动均对你最终可收回的人民币数额无影响。这样你避免了汇率风险。如果你这样做了，你就是一个

套期保值者，外汇市场为你提供了便利。

又比如说，假定现在人民币与美元的汇率为 1 美元兑换 6 元人民币。如果你预测人民币与美元的汇率一年后很可能变动为 1 美元兑换 10 元人民币，并且你想从此汇率变动中获利，你可以现在用 1 美元兑换 6 元人民币的价格购入若干单位美元。一年以后，如果人民币与美元的汇率果真如你所料，你可以将你购入的美元抛出。如果不考虑费用，你买卖1 美元会有 4 元人民币的收益。这就是一种简单的投机活动，同样利用了外汇市场。

（四）提供宏观调控机制

这是指外汇市场便于中央银行进行稳定汇率的操作。由于国际短期资金的大量流动会冲击外汇市场，造成流入国或流出国的货币汇价暴涨或暴跌，需由中央银行进行干预，中央银行通过在外围大量抛出或买进汇价过分涨跌的货币，使汇价趋于稳定。

（五）防范汇率风险，提供避免外汇风险的手段

有些公司或银行，有远期外汇的收支活动，由于远期汇率变动而蒙受损失，可以通过外汇市场进行远期外汇买卖，从而避免外汇风险。

本章小结

1. 如果从"国际汇兑"的角度看，外汇是一种动态的经营过程，但绝大多数人习惯将外汇视为一种具体的、静态的事物，即仅仅将外汇作为一种国际上清偿债权债务的支付手段或工具的统称。静态意义的外汇又可以在广义和狭义两个层次上使用。狭义的外汇是指以外币表示的用于国际结算的支付手段，包括以外币表示的汇票、支票、本票、银行存款凭证和邮政储蓄凭证等；广义的外汇泛指一切以外币表示的金融资产。

2. 一种外国货币要成为外汇，必须同时具有以下特征：自由兑换性、可偿付性和国际性。

3. 外汇的经济功能主要体现在：促进国际经济、贸易的发展，方便国际结算；有利于调剂国际资金余缺；丰富储备资产的形式。

4. 汇率是国际金融的基本概念，是一种货币用另一种货币表示的价格，是一国货币兑换成另一国货币的比率或比价。汇率将同一种商品的国内价格和国外价格联系起来，为比较进口商品和出口商品、贸易商品和非贸易商品的成本与价格提供了基础。

5. 根据作为基准货币的标准是外币、本币还是美元，汇率的标价方法可以分为直接标价法、间接标价法和美元标价法。

6. 根据不同的分类标准，汇率可以划分为不同的种类。从银行买卖外汇的角度出发，汇率可以分为买入汇率、卖出汇率、现钞汇率与中间汇率；按照制定汇率的方法不同，汇率可以分为基本汇率和套算汇率；按照外汇买卖交割的期限不同，外汇可以分为即期汇率

和远期汇率。

7. 外汇市场是金融市场的重要组成部分，是指个人、企业以及银行等金融机构买卖外汇的场所，或者说是各种不同货币彼此进行交换的场所。外汇市场的参与者众多，主要包括外汇银行、外汇经纪商、外汇交易商、进出口商及其他外汇供求者、中央银行和外汇投机者。

8. 根据划分标准的不同，外汇市场有多种分类。根据有无固定场所划分，外汇市场可以分为有形市场和无形市场两类；根据外汇交易主体和交易量划分，外汇市场可分为批发市场和零售市场；根据市场范围划分，外汇市场可以分为国内市场和国际市场；根据外汇管制的程度划分，外汇市场可以分为官方市场、自由市场和外汇黑市；根据交易工具划分，外汇市场可以分为即期市场、远期市场、期货市场、期权市场和互换市场。此外，还有综合运用上述工具进行交易的其他外汇交易方式，如套汇、套利等。

9. 外汇市场是一个从事外汇买卖、外汇交易和外汇投机活动的系统，具有以下特征：全球外汇市场在时空上已连成一个全球性市场；以无形交易为主的市场；价格波动剧烈、投机活动异常猖獗的市场；交易方式多样化、交易规模最大的市场；交易对象相对集中的市场；开放的市场。其作用与功能表现在：实现购买力国际转移；提供外汇资金融通，为国际经济交易提供信贷或融资；提供外汇套期保值与投机活动的场所；提供宏观调控机制；防范汇率风险，提供避免外汇风险的手段。

关键概念

1. 外汇　2. 汇率　3. 直接标价法　4. 间接标价法　5. 外汇市场

思考题

1. 请认真分析表 7-3 给出的 2018 年 3 月 10 日 05 时 51 分 45 秒北京银行的人民币即期外汇牌价表的部分内容，并回答问题。

表 7-3　北京银行人民币即期外汇牌价（2018 年 3 月 10 日 05 时 51 分 45 秒）

交易单位：人民币/100 外币

英文代码	中文代码	银行现汇买入价	银行现钞买入价	银行卖出价	中间价
GBP/CNY	英镑/人民币	939.26	916.65	944.91	942.09
HKD/CNY	港币/人民币	83.67	83.19	83.96	83.82

表7-3(续)

英文代码	中文代码	银行现汇买入价	银行现钞买入价	银行卖出价	中间价
USD/CNY	美元/人民币	649.29	646.36	651.89	650.59
CHF/CNY	瑞士法郎/人民币	669.73	653.61	673.77	671.75
SEK/CNY	瑞典克朗/人民币	80	78.08	80.49	80.25
JPY/CNY	日元/人民币	6.057 8	5.912	6.094 3	6.076 1
CAD/CNY	加拿大元/人民币	503.7	491.57	506.73	505.22
AUD/CNY	澳门元/人民币	479.54	467.99	482.42	480.98
EUR/CNY	欧元/人民币	739.71	722.64	744.16	741.94
NZD/CNY	新西兰元/人民币	444.74	434.04	447.42	446.08

请问:

(1) 什么是汇率?从表7-3中数字来看,人民币对美元的汇率采取什么样的标价方式?含义是什么?

(2) 什么是汇率的"中间价"?

(3) 表7-3给出的人民币对美元的汇率是我国的基本汇率还是套算汇率?为什么?

(4) 比较表7-3中人民币对各种外币的外汇牌价中的现钞汇率、现汇汇率的买入价格和卖出价格有什么不同,并说明理由。

练习题

一、单项选择题

1. 各国中央银行往往通过买卖外汇对汇率进行干预,当外汇汇率(   )时,卖出外币,回笼本币。

    A. 过高   B. 过低   C. 不一定   D. 以上都不是

2. 远期外汇交易是由于(   )而产生的。

    A. 金融交易者的投机   B. 为了避免外汇风险

    C. 与即期交易有所差别   D. 银行的业务需要

3. 远期汇率高于即期汇率称为(   )。

    A. 贴水   B. 升水   C. 平价   D. 议价

4. 下列选项中,错误的是(   )。

    A. 外汇是一种金融资产

    B. 外汇必须以外币标示

C. 用作外汇的货币不一定具有充分的可兑换性

D. 用作外汇的货币必须具有充分的可兑换性

5. 外汇投机活动会（　　）。

A. 使汇率下降
B. 使汇率上升

C. 使汇率稳定
D. 加剧汇率的波动

6. 如果人民币升值，外汇汇率就会降低。下列选项中，属于外汇汇率降低的是（　　）。

A. 100 单位的人民币可以购买更多的商品

B. 100 单位的外币可以购买更多的商品

C. 100 单位的人民币可以兑换更少的外币

D. 100 单位的外币可以兑换更少的人民币

7. 在直接标价法下，一定单位的外币折算的本国货币增多，说明本币汇率（　　）。

A. 上升
B. 下降
C. 不变
D. 不确定

8. 在间接标价法下，汇率数值的上下波动与相应外币的价值变动在方向上（　　），而与本币的价值变动在方向上（　　）。

A. 一致　相反
B. 相反　一致
C. 无关系　一致
D. 不确定　相反

9. 以本币表示的外汇资产必须是（　　）。

A. 自有外汇
B. 有价凭证
C. 支付凭证
D. 协定外汇

10. 在外汇报价中，1 个基点一般为（　　）。

A. 0.1
B. 0.01
C. 0.001
D. 0.000 1

11. 在间接标价法下，汇率上升反映了（　　）。

A. 外币币值上升
B. 本币币值上升

C. 外币币值不变
D. 无法确定

12. 银行买入现钞价格（　　）买入外汇现汇的价格。

A. 高于
B. 低于
C. 等于
D. 加 0.5%为

13. 即期汇率也叫现汇汇率，是指外汇买卖双方成交后，在当天或（　　）工作日以内进行交割的汇率。

A. 1 个
B. 2 个
C. 3 个
D. 根据合同确定的

14. 外汇市场的主体是（　　）。

A. 外汇银行
B. 外汇经纪人
C. 中央银行
D. 客户

15. 已知某日纽约外汇牌价，即期汇率 USD/CHF＝1.734 0/1.736 0，3 个月远期汇率 203/205，则瑞士法郎对美元 3 个月远期汇率为（　　）。

A. 0.562 9/0.563 6
B. 0.563 6/0.562 9

C. 0.570 0/0.569 3
D. 0.569 3/0.570 0

二、计算题

1. 某日外汇市场牌价为 EUR/USD = 1.536 4/1.536 7，GBP/USD = 1.977 6/1.978 0，计算 EUR/GBP 的汇率。

2. 某日外汇市场行情为 USD/JPY = 120.10/120.20，EUR/USD = 1.100 5/1.101 5，计算 EUR/JPY 的汇率。

三、简答题

1. 简述外汇的含义、特点及作用。
2. 简述汇率的含义、作用和主要类型。
3. 简述外汇市场的类型、特点和功能。

（练习题参考答案）

（本章学习课件）

第八章　看懂通货膨胀

学习目标

知识目标

1. 理解通货膨胀的内涵、类型及产生原因
2. 理解并衡量通货膨胀标准
3. 学习通货膨胀的社会效应及其治理

能力目标

1. 了解并正确认识我国经济发展中出现的有关通货膨胀的问题
2. 通过我国历史上曾出现的通货膨胀事例分析和探索它与经济效应的关系
3. 结合我国金融现状，针对通货膨胀提出相应政策措施

素养目标

1. 通过对通货膨胀的学习，关注生活中息息相关的物价，洞察它与我们的关系
2. 通过对通货膨胀的学习，培养具有让货币保值增值的理财理念

引导案例

[案例] 一张面值 50 亿元的大钞　　我亲历的津巴布韦

2008 年 6 月 20 日在津巴布韦的首都哈拉雷，太阳如往常一样火辣辣地升起，但生活在一片土地上的人们的心却是早已经结成冰了。津巴布韦的货币经过了无数次的贬值后，今天又贬值了 20%，1 美元可以兑换 9.87 亿津巴布韦元，津巴布韦元贬值已超过 1 300 倍。为了尽可能保证生活，你会发现这里的每间银行前都站满了人，排着长长的队伍，等着取回他们的那一点钱，如果今天取不到，明天就不知还能剩下多少。你知道 5 美元在这里可以换到多少津巴布韦元吗？答案是一张 50 亿（5 000 000 000）的"大"钞票，因为汇率是 USD1 = 9.87 亿津巴布韦元，更令人瞠目结舌的是钞票上著名的日期：发行日期是 2008 年 5 月 15 日，到期日是 2008 年 12 月 31 日，就是说此日期内没使用的话，这张钞票

就作废了。

我看了一眼宾馆餐厅门口的牌子，上面用好多个零标示着早餐、午餐、晚餐的价格，都是100亿津巴布韦元。怪不得当地的出租车司机告诉我，2 000万津巴布韦元一张的钞票在地上都没有人去捡。因为钞票的数字太大，一般的商店都不使用计算器而用笔，对于那些小面额的钞票就靠用尺子量高度了。由于货币急剧贬值，到处都不能刷卡，只能支付现金。

思政课堂

新中国如何遏制恶性通货膨胀——经济领域的淮海战役

因通货膨胀而让人们熟知的津巴布韦在2004年经历了恶性通货膨胀之后，经济一路下滑，到现在依然没有恢复。其实，新中国历史上也曾发生过一次严重的通货膨胀，其程度不亚于津巴布韦，但是很快物价就稳定下来了，这是如何做到的呢？

1949年，刚刚成立的新中国面对着一个满目疮痍的烂摊子。国民党政府滥发货币，曾经造成了持续12年之久的恶性通货膨胀，导致新中国金融体系全面崩溃。

当时的物价飞涨到什么程度呢？60亿法币，折合金圆券1万元，在当时的上海市场只能买到一勺大米（70多粒）。有些老百姓到理发店去理发，理发前说好是一个价格，理完发又涨到了另外一个价格。

面对这个恶性通货膨胀的烂摊子，新中国的人民政府迅速采取多种措施，打击和取缔金融投机，加强金融管理，统一货币，从而保证了人民币占领市场并取得巩固地位。

第一，打响"银元之战"。当时，人民政府首要的任务是迅速清理金融市场，确立人民币作为单一的本位币，这样才能建立起新经济秩序，才能恢复生产，才能保证供给。

早在1948年年底人民币发行之前，市场上就有多种货币流通，既有银元、双毫、铜元，又有国民党政府发行的金圆券、银圆券、大洋券等，还有美元等外币。投机分子故意用银元与人民币对抗，包括一部分城市资产阶级，也或明或暗地抵制人民币的流通。

在这种形势下，各级人民政府和金融部门依靠人民群众，迅速采取行动措施。其主要措施包括：将金圆券和银圆券驱逐出市场、禁止金银流通、禁止外币流通、取缔和打击非法经营高利贷的"地下钱庄"、兑换收清各种地方货币等。由于政治手段、经济手段、宣传攻势三管齐下、多点发力，人民政府在同旧经济势力的"银元之战"中取得了胜利，为日后经济的恢复与发展创造了良好的开端。

第二，打响"米棉之战"。"银元之战"刚刚平息，投机资本家又大肆囤积粮食、煤炭、棉纱等物资，导致市场从1949年7月底开始再起涨价风潮，到1949年10月中旬，几个大城市物价猛涨 1.5 倍以上。这次物价上涨尽管已在预料之中，但其涨风之猛、波动之大、范围之广，不能不令人深深担心。

当时，中央财政经济委员会直接指挥各地人民政府打响了一场"米棉之战"。中央财政经济委员会先是在全国范围内紧急调拨物资。到 1950 年上半年，上海市已经拥有了 8.5 亿千克粮食，足够支撑全市一年半的周转用量。紧接着，中央财政经济委员会指示人民银行，加强现金管理，尽快收紧银根。一切准备就绪后，人民政府开始全面反击投机势力。

从 1950 年 11 月下旬开始，各地国营商店跟随市场价格，逐步提高牌价，抛售部分商品。几日后，全国各大城市趁高价大量抛售主要物资，此时投机商认为物价还要上涨，拼命高息借贷吃进。另一边，国营商店凭借雄厚的经济实力，连续多天大量抛售，使得物价逐渐下跌。其中，粮价下跌了 30%～40%。同时，中国人民银行继续紧缩银根，投机商不得不抛售囤积商品还债，但越抛越贱，越卖不出去。

投机商无可奈何，只好借新债还旧债，这样一来，不但亏了老本，还得偿还高息，最终落得个倾家荡产的下场。光是上海市就有数十家粮食批发商宣布破产。

就这样，由中央财政经济委员会直接领导的"米棉之战"迅速平息了这次波及地区最广、持续时间最长、涨价幅度最大的物价风潮，人民政府也完全掌握了市场主动权。

经过"银元之战"和"米棉之战"后，金融市场和主要物资市场基本上趋了稳定，在新中国成立后不到一年时间里，人民政府就实现了财政收支基本平衡，创造了经济史上的一个奇迹。毛泽东主席高度评价这一胜利，说：平抑物价、统一财经，其意义"不下于淮海战役"。

启示：胜利都不是偶然的。新中国打赢了"粮油之战"和"米棉之战"，结束了自抗日战争以来连续多年使人民深受其害的恶性通货膨胀、物价飞涨的局面。伟大的胜利，离不开中国共产党的智慧和魄力，也离不开人民群众的支持和配合。我们在享受当下美好生活的同时，也应以史为鉴，努力为中华民族的经济腾飞做出贡献。

第一节　通货膨胀概述

一、通货膨胀的定义和衡量

（一）通货膨胀的定义

通货膨胀是指在一定时期内，由于货币供应量过大，超过流通对货币的客观需求而引起的货币贬值、物价总水平持续、普遍和明显上涨的现象。

（二）通货膨胀的衡量

通货膨胀是一种货币现象，产生于不兑换的信用货币制度。在金属货币制度下，货币本身具有内在价值，可以通过发挥贮藏手段的职能自发地调节流通量，从而控制物价的上涨。

货币供应量超过流通中所需货币量是导致通货膨胀的直接原因。在现代信用高度发达的社会，货币供应量的形式不仅仅是现金还包括了不同形式的货币。因此，货币供应量增加更多是通过信用扩张的途径来实现的。

通货膨胀与物价上涨有着密切的关系。通货膨胀不是个别商品价格的上涨，而是指总的物价水平，即全部商品的加权平均价格上涨。各种商品间价格上涨具有不均衡性：生活必需品的价格上涨快于非生活必需品、国内商品价格上涨快于出口商品，等等。

衡量通货膨胀的指标主要包括以下三种：

（1）消费物价指数（CPI）：主要指居民消费物价指数，是一种用来测量一定时期城乡居民购买的生活消费品和服务项目价格变化程度的指标。

（2）批发物价指数（PPI）：反映不同时期批发市场上多种商品价格平均变化程度的经济指标，包括生产资料和消费品在内的全部商品批发价格，但劳务价格不包括在内。

国内生产总值平减指数：衡量一国经济在不同时期内生产和提供的最终产品与劳务的价格总水平变化程度的经济指标。

二、通货膨胀的类型

（一）显性通货膨胀和隐性通货膨胀

显性通货膨胀也叫公开型通货膨胀，指商品和劳务价格在物价不受管制的市场机制下出现明显的、直接的上涨。在这种类型的通货膨胀过程中，物价总水平明显地、直接地上涨，通货膨胀率就等于物价上涨率。

隐性通货膨胀又称抑制性通货膨胀，主要表现为表面上看由于价格被政府管制而不能或不能完全、充分地上涨所以物价变化不大，但经济社会的物价水平实际上已经上涨。在现行价格水平及相应的购买力条件下，就会出现商品普遍短缺、有价无货、凭票证供应、黑市猖獗等现象。

（二）温和型通货膨胀、快速型通货膨胀和严重型通货膨胀

温和型通货膨胀又称爬行式通货膨胀，表现为发展缓慢，在短期内不容易被察觉，但持续的时间相对较长，一般年物价上涨率在3%～6%。快速型通货膨胀的物价水平上涨幅度在两位数以上，为10%～50%，而且发展速度很快。严重型通货膨胀又称恶性通货膨胀，物价水平上涨在50%以上，无法控制，并伴随着货币的严重贬值和正常经济秩序的紊乱，对经济社会产生破坏作用，最后导致整个货币制度的崩溃。其年物价上涨率可超过600%。

（三）需求拉上型通货膨胀、成本推动型通货膨胀和混合推进型通货膨胀

需求拉上型通货膨胀又称超额需求通货膨胀，是指总需求超过总供给引起的一般价格水平的持续显著上涨。"需求拉上"通货膨胀论是较早出现在西方经济学中的，也是比较

重要的一种理论，它认为通货膨胀是由总需求的过度增长引起的。由于物品和劳务的需求超过按现行价格可以得到的供给，从而引起一般物价水平的上涨。或是说当消费者、企业、政府的总开支超过可得到的总供给时，"需求拉上"的通货膨胀就会发生。

对物价水平产生拉上作用的因素有两个方面：实际因素和货币因素。根据引起总需求增加的原因，需求拉上型通货膨胀可以分为以下三种类型：

（1）自发性需求拉上型。其总需求增加是自发性而不是由于预期的成本增加而造成的。

（2）诱发性需求拉上型。其主要是由于成本增加而诱发了总需求增加。

（3）被动性需求拉上型。其是由于政府支出或采用扩张性货币政策增加了总需求。

成本推动型通货膨胀又称供给通货膨胀，是指在没有超额需求的情况下由于供给方面成本的提高引起的一般价格水平持续和显著的上涨。该理论的流行始于20世纪50年代后的西方经济学界，认为通货膨胀根源于总供给而不是总需要，在商品及劳务不变的情况下，因为生产成本不断提高，最终导致物价上涨。

成本推动型通货膨胀可以分为以下两类：

（1）工资推进的通货膨胀论。该理论认为，物价上涨的原因在于工资率的提高超过了劳动生产率的增长。西方经济学家认为，在不完全竞争的劳动市场上，由于存在着力量强大的工会，工会可以通过各种形式提高劳动市场的工资水平，并使工资的增长率超过生产的增长率。由于工资提高，引起产品成本增加，导致物价上涨，如此循环往复就造成了工资—物价"螺旋"上升，引起成本推进型通货膨胀。

（2）利润推进的通货膨胀。该理论认为，通货膨胀产生的原因在于不完全竞争。在不完全竞争市场上，垄断企业利用它能操纵市场价格的权力，通过削减产量从而导致价格的上涨，使成本推动型通货膨胀形成。

混合推进型通货膨胀是由经济学家萨缪尔逊和索洛提出的，他们认为在现实的经济生活中，纯粹由需求拉上或成本推进引起的通货膨胀是不常见的。而长期以来大部分的通货膨胀都是由需求与供给这两方面的因素共同起作用的结果，即所谓的"拉中有推，推中有拉"。

第二节　通货膨胀的影响与治理

一、通货膨胀的影响

（一）通货膨胀对经济增长的影响

在短期内，当有效需求不足而社会却存在闲置生产能力时，通货膨胀可以刺激政府的投资性支出，并通过扩大总需求刺激经济增长。但从长期看，通货膨胀会增加生产性投资风险，提高经营成本，使生产投资下降，从而不利于经济增长。

（二）通货膨胀对收入分配的影响

通货膨胀能够改变不同人收入的价值，使一部分人的实际收入增长，而另一部分人的实际收入就会减少，这也是社会总收入在进行再分配的效应。例如，对于那些主要依赖固定收入生活的人，如领取退休金和社会保险金的退休人员等，其收入的增长速度一般慢于通货膨胀率，于是通货膨胀的发生会使其实际收入减少，导致其生活水平下降。相反，对于那些弹性收入者，即那些能够根据通胀率变化及时调整货币收入者，通货膨胀的不利影响相对要小得多，甚至会是有益的。因此，当发生未预期通货膨胀时，有固定货币收入的人及债权人遭受损失；相反，非固定收入者及债务人往往都是受益者。

（三）通货膨胀对国际收支的影响

通货膨胀的国家，国内市场商品价格上涨，出口商品价格也上涨，从而影响出口商品在国际市场上的竞争能力，进而导致出口减少。本国货币贬值，必然导致进口商品价格降低，进口增加，最终结果是国际收支恶化。

二、通货膨胀的治理

（一）宏观经济政策

紧缩性货币政策包括通过公开市场业务出售政府债券，回笼货币，减少经济体系中的存量；提高利率，如提高再贴现率、贴现率、法定存款准备金率、银行存款利率等。利率的上升促使人们将更多的钱用于储蓄，从而使消费需求减少，利率的上升使投资成本上升，对投资需求也有抑制作用。紧缩性财政政策可以从增加税收和压缩财政支出入手。例如，提高税率，以压缩社会可支配收入；压缩财政支出主要是削减财政投资的公共项目或发行公债替代货币，以弥补财政赤字，减少货币供应量。

（二）收入紧缩政策

收入政策又称为工资物价管制政策，是指政府制定一套关于物价和工资的行为准则，由价格决定者共同遵守。其目的在于限制物价和工资的上涨率，以降低通货膨胀率，同时又不造成大规模的失业。其具体措施一般包括工资管制和利润管制，

（1）工资管制。工资管制的办法主要有四种：第一，道义规劝和指导，即政府制定出一个工资增长的指导线，供企业参考，但政府只能规劝、建议，不能直接干预。第二，协商解决，即在政府干预下使工会和企业就工资问题达成协议。第三，开征工资税，即政府对增加工资过多的企业征收特别税款。第四，冻结工资，即政府强制性地将全社会工资或增长率固定，不能随便上涨。

（2）利润管制。利润管制是指政府以强制手段对可能获得暴利的企业利润实行限制措施。利润管制的办法有管制利润率和对超额利润征收较高的所得税等。

管制利润率，即政府对成本加成方法定价的产品规定一个适当的利润率，或者对商业企业规定其经营商品的进销差价。采用这种措施应注意使利润反映出不同产品的风险差异，并使其建立在企业的合理成本基础上。

对超额利润征收较高的所得税，这种措施可以将企业不合理的利润纳入国库，对企业追求超额利润起到限制作用，但如果企业超额利润的获得是通过提高效率或降低成本实现的，则可能会打击企业的积极性。

此外，有的国家还通过制定一些法规限制垄断利润以及对公用事业产品直接实行价格管制等。

（三）收入指数化政策

指数化政策是指运用通货膨胀指数来调整有关变量的名义价格，使其实际值保持不变。通货膨胀的出现会导致我们的收入分配发生变化，如实际工资下降，从而使得我们的利润和实际纳税额都增加。指数化政策就是为了消除这种影响，更有利于总供给和整个经济的稳定。

（四）供给政策

供给学派认为，通货膨胀与供给紧密相连，通货膨胀的主要危害在于损害经济的供给能力而导致供给不足，需求过剩，这就引发了通货膨胀。治理通货膨胀，摆脱滞胀的方法在于提高生产和供给。提高生产意味着经济增长，这样可以避免单纯依靠紧缩总需求引起衰退的负面效应。增加供给就满足了过剩的需求，从而克服了通货膨胀。要增加生产和供给，一个关键的措施就是减税，提高人们的储蓄和投资能力与积极性，同时限制货币增长率，稳定物价，排除对市场机制的干扰，保证人们储蓄和投资的实际效益，增强其信心与预期的乐观性，随着商品和劳务供给的增加彻底消除通货膨胀。

（五）币制改革

恶性的通货膨胀破坏力巨大，会导致资源极度扭曲，如果不进行及时的改革，经济会面临彻底的崩溃，在这种严重的局面下政府为了治理通货膨胀不得不进行币制改革，即政府下令废除旧币，发行新币，变更钞票面值，对货币流通秩序采取一系列强硬的保障措施。

［案例］津巴布韦"去掉10个零"的币制改革

由于恶性通货膨胀率发展迅速，津巴布韦的货币急剧贬值，津巴布韦央行被迫不断发行大面额钞票与农业无记名支票，导致流通中的农业无记名支票最大面额达到1 000亿津元，津巴布韦的通货膨胀率高达2 200 000%。2008年7月30日，津巴布韦央行宣布将改革农业无记名支票体系，100亿津元支票将与"去掉10个零"的1元新农业无记名支票等值。除了发行新的农业无记名支票外，津巴布韦政府还计划发行硬币。农业无记名支票与正在流通的津元现钞一样可以购买任何商品和服务，在津巴布韦发挥着货币的作用。

本章小结

1. 通货膨胀是指在一定时期内，由于货币供应量过大，超过流通中对货币的客观需求而引起的货币贬值和物价总水平持续、普遍与明显上涨的现象。

2. 通货膨胀是一种货币现象，它的产生于不兑换的信用货币制度。货币供应量超过流通中所需货币量是导致通货膨胀的直接原因，通货膨胀与物价上涨有着密切的关系。

3. 通货膨胀的类型分为显性通货膨胀和隐性通货膨胀，按通货膨胀的程度分为温和型通货膨胀、快速型通货膨胀和严重型通货膨胀，按通胀的成因分为需求拉上型通货膨胀、成本推动型通货膨胀和混合推进型通货膨胀。

4. 短期内，当有效需求不足而社会却存在闲置生产能力时，通货膨胀可以刺激政府的投资性支出，并通过扩大总需求刺激经济增长，但长期则会使生产投资下降，从而不利于经济增长。通货膨胀能够改变不同人的收入，使社会总收入出现再分配。通货膨胀会导致出口商品价格上涨，从而影响出口商品在国际市场上的竞争能力，进而导致出口减少。

5. 通货膨胀的可以运用公开市场业务、再贴现率、贴现率、法定存款准备金率、银行存款利率等货币政策进行治理；还可以通过增加税收和压缩财政支出等紧缩性财政政策进行遏制；也可以借助收入政策达到工资管制和利润管制的效果，或是实施收入指数化政策和供给政策。如遭遇恶性通货膨胀，影响恶劣且难以遏制的话政府可以选择改革币制来应对。

关键概念

1. 通货膨胀　　2. 显性通货膨胀　　3. 隐性通货膨胀

思考题

1. 王先生是一位普通的公司职员，他的月薪为3 000元。国家统计局公布的CPI同比上涨了8.5%。请问：如果王先生所在的公司没有给其涨工资，王先生的利益是否受到损害？

2. 如果你的房东说："工资、公用事业费以及别的费用都涨了，我也只能提你的房租了。"这属于需求拉上型通货膨胀还是成本推进型通货膨胀呢？如果某店主说："可以提价，别愁卖不了，店门口排队争购的人多着呢。"这又属于什么类型的通货膨胀呢？

3. 选择一组消费品，调查其连续几个月价格变化情况，了解我国目前物价变动情况。

练习题

一、单项选择题

1. 通货膨胀的基本定义是指（　　　）。
   A. 货币供应量的减少　　　　　　　　B. 商品和服务的普遍短缺
   C. 货币购买力的持续下降　　　　　　D. 利率的持续上升

2. 消费者价格指数（CPI）用来衡量（　　　）。
   A. 工资水平的变化　　　　　　　　　B. 企业盈利能力的变化
   C. 货币供应量的变化　　　　　　　　D. 通货膨胀率的变化

3. 需求拉动型通货膨胀通常发生在（　　　）。
   A. 经济衰退期间　　　　　　　　　　B. 经济快速增长期间
   C. 货币供应量减少时　　　　　　　　D. 生产成本上升时

4. 成本推动型通货膨胀主要是由于（　　　）。
   A. 消费者需求减少　　　　　　　　　B. 工资和原材料成本上升
   C. 企业竞争加剧　　　　　　　　　　D. 政府税收增加

5. 如果一国的货币供应量过多，可能导致的通货膨胀类型是（　　　）。
   A. 需求拉动型　　　　　　　　　　　B. 成本推动型
   C. 货币型　　　　　　　　　　　　　D. 结构性

6. 在通货膨胀期间，固定收入者（如退休人员）的购买力会（　　　）。
   A. 增加　　　　　　　　　　　　　　B. 保持不变
   C. 减少　　　　　　　　　　　　　　D. 波动不定

7. 中央银行通常使用（　　　）工具来控制通货膨胀。
   A. 财政政策　　　　　　　　　　　　B. 货币政策
   C. 价格控制　　　　　　　　　　　　D. 收入政策

8. 通货膨胀对债务人的影响通常是（　　　）。
   A. 债务负担加重　　　　　　　　　　B. 债务负担减轻
   C. 债务负担保持不变　　　　　　　　D. 债务被免除

9. 在通货膨胀环境下，投资者可能会倾向于购买（　　　）。

    A. 债券 　　　　　　　　　　　　B. 股票

    C. 黄金或其他贵金属 　　　　　　D. 现金

10. 通货紧缩是指（　　　）。

    A. 货币购买力上升 　　　　　　　B. 商品和服务价格普遍上涨

    C. 经济持续增长 　　　　　　　　D. 货币供应量减少

11. 通货膨胀可能导致的负面效应不包括（　　　）。

    A. 经济增长 　　　　　　　　　　B. 收入分配不均

    C. 投资决策扭曲 　　　　　　　　D. 经济波动

12. 如果一国经历超级通货膨胀，其货币可能会（　　　）。

    A. 升值 　　　　　　　　　　　　B. 贬值

    C. 稳定 　　　　　　　　　　　　D. 与外币挂钩

13. 在通货膨胀期间，企业可能会提高价格以（　　　）。

    A. 增加市场份额 　　　　　　　　B. 吸引更多投资者

    C. 抵消成本上升 　　　　　　　　D. 减少生产

14. 通货膨胀对实际工资的影响是（　　　）。

    A. 提高实际工资 　　　　　　　　B. 降低实际工资

    C. 使实际工资保持不变 　　　　　D. 与通货膨胀率无关

15. 通货膨胀对储蓄的影响通常是（　　　）。

    A. 增加储蓄的实际收益 　　　　　B. 减少储蓄的实际收益

    C. 使储蓄的实际收益保持不变 　　D. 与通货膨胀率无关

16. 通货膨胀的一个主要原因是（　　　）。

    A. 消费者支出减少 　　　　　　　B. 生产率提高

    C. 货币供应量增加 　　　　　　　D. 政府预算盈余

17. 在通货膨胀期间，（　　　）不是政府可能采取的措施。

    A. 增加税收 　　　　　　　　　　B. 减少政府支出

    C. 增加货币供应量 　　　　　　　D. 提高利率

18. 通货膨胀对国际贸易的影响可能包括（　　　）。

    A. 提高出口竞争力 　　　　　　　B. 降低进口价格

    C. 增加贸易顺差 　　　　　　　　D. 减少贸易逆差

19. 如果通货膨胀率超过了预期，中央银行可能会（　　　）。

    A. 增加货币供应量 　　　　　　　B. 减少货币供应量

    C. 保持货币供应量不变 　　　　　D. 与通货膨胀率无关

二、多项选择题

1. 治理需求拉上型通货膨胀，应该采用的经济政策是（   ）。

   A. 降低工资　　　　　　　　　　B. 增税

   C. 控制货币供给量　　　　　　　D. 解除托拉斯

2. 从成本推动的角度分析，引起通货膨胀的原因有（   ）。

   A. 世界性商品价格上涨　　　　　B. 银行贷款的扩张

   C. 工资率上升　　　　　　　　　D. 投资率下降

3. 紧缩通货膨胀的需求管理政策要求（   ）。

   A. 实现较低通货膨胀，但不引起产量下降

   B. 政府支出减少

   C. 降低名义货币增长率

   D. 政府提高税率

4. 如果通货膨胀没有被预料到，受益者是（   ）。

   A. 股东　　　　　　　　　　　　B. 债权人

   C. 债务　　　　　　　　　　　　D. 工薪收入者

5. 如果经济中由于价格的变化使人们拒绝接受货币，则存在（   ）。

   A. 真正的通货膨胀　　　　　　　B. 隐蔽的通货膨胀

   C. 温和的通货膨胀　　　　　　　D. 恶性的通货膨胀

三、简答题

1. 通货膨胀有哪些类型？

2. 请解释一下通货膨胀是怎样实现财富再分配的？

3. 度量通货膨胀有哪几项指标？

4. 通货膨胀对经济有何影响？

5. 通货膨胀促进论的依据是什么？

（练习题参考答案）

（本章学习课件）

第九章　明白中央银行与货币政策

学习目标

知识目标

1. 理解货币政策的含义及其类型
2. 了解货币政策的中介目标和最终目标
3. 理解一般性货币政策、选择性货币政策和其他货币政策工具
4. 掌握货币政策传导机制的含义和过程

能力目标

1. 运用课本知识，联系实际分析中国如何与时俱进地采取货币政策
2. 通过对政策工具的学习，认识其利弊和对现实经济的作用
3. 分析我国货币政策传导机制存在的问题与对策
4. 从中国的实际国情出发，学习和探索影响中国货币政策的因素

素养目标

1. 通过对货币政策的学习，培养具有宏观货币政策的敏锐性和职业素养
2. 通过对货币政策的学习，培养具有系统思维的职业素养

引导案例

[案例]

在世界金融危机日趋严峻、我国经济遭受冲击日益显现的背景下，中国宏观调控政策做出了重大调整，将实行积极的财政政策和适度宽松的货币政策，并在两年多时间内安排4万亿元资金强力启动内需，促进经济稳定增长。在 2008 年 11 月 5 日召开的国务院常务会议提出，为抵御国际经济环境对我国的不利影响，必须采取灵活审慎的宏观经济政策，以应对复杂多变的形势。要实行积极的财政政策和适度宽松的货币政策，确定出台进一步扩大内需的十项措施，涉及加快民生工程、基础设施、生态环境建设和灾后重建，提高城

乡居民特别是低收入群体的收入水平，促进经济平稳较快增长。在随后的 2008 年 11 月 9 日公布的十大举措力度大、出手快，发出了保持经济平稳较快发展的强烈政策信号。国务院发展研究中心研究员张立群认为，以投资为例，中国 2007 年的固定资产投资总规模为 13.7 万亿元，而这次新安排的扩大内需投资规模到 2010 年年底仅两年多时间内达 4 万亿元，对经济的拉动作用将十分明显。

由于 2008 年席卷全球的国际金融危机对我国经济造成的不利影响导致了我国外需减弱，一些企业甚至出现经营困难，投资下滑，内需不振，如不及时采取有力措施，中国经济存在下滑的风险。因此，重新启用积极的财政政策，配合实施适度宽松的货币政策，扩大投资规模，启动国内需求是应时之需、必要之策。

积极的财政政策，就是通过扩大财政支出，使财政政策在启动经济增长、优化经济结构中发挥更直接、更有效的作用。1998 年，亚洲金融危机冲击我国经济，我国国内遭遇特大洪灾，经济发展和人民生活受到较大影响，积极的财政政策发挥了重要的作用，有效拉动了经济增长。但在 2005 年，鉴于国内社会投资明显加快，经济活力充沛，积极的财政政策在实施 7 年后正式退场，转为稳健的财政政策。2008 年，时隔 10 年后"宽松"一词又再次出现在货币政策中。适度宽松的货币政策意在增加货币供给，并在继续稳定价格总水平的同时促进经济增长。早在 2007 年下半年，我国针对经济中呈现的物价上涨过快、投资信贷高增等现象，曾将货币政策由"稳健"转为"从紧"。但由于时局的变化，货币政策又转为"适度宽松"，这意味在货币供给取向上进行重大转变。

思政课堂

为实体经济服务是金融的天职

2023 年，我国经济处于恢复过程中，国内信贷需求有所放缓，贷款平稳可持续投放难度增大，稳货币稳信贷挑战增多。在此背景下，中国人民银行运用了多种货币政策工具。2023 年 3 月、9 月，中国人民银行两次下调存款准备金率，释放中长期资金超过 1 万亿元；2023 年 6 月、8 月，中国人民银行两次调降逆回购操作和中期借贷便利（MLF）等政策利率，分别累计下降 20 个基点、25 个基点，带动 1 年期、5 年期以上贷款市场报价利率（LPR）分别累计下降 20 个基点、10 个基点；中国人民银行两次增加支农支小再贷款、再贴现额度，延长实施普惠小微贷款支持工具等多项结构性货币政策工具……着力营造良好的货币金融环境。

中国人民银行注重发挥货币政策工具的总量和结构双重功能，激励引导金融机构把更多金融资源投向科技创新、制造业、绿色发展、普惠小微、乡村振兴等重点领域。2023 年年底，普惠小微贷款余额同比增长 23.5%；"专精特新"、科技型中小企业贷款增速分别为 18.6% 和 21.9%；制造业中长期贷款余额同比增长 31.9%，其中高技术制造业中长期贷款增速达 34.0%；基础设施业中长期贷款余额同比增长 15.0%。这些重点领域和薄弱环节的贷款增速显著高于全部贷款增速。近年来，我国金融系统坚持深化金融供给侧结构性改革，持续提升金融服务实体经济质效。截至 2023 年年底，我国对实体经济发放的人民币贷款余额为 235.48 万亿元，同比增长 10.4%。

启示：金融是现代经济的核心，直接关系高质量发展和国家安全。2023 年的货币政策加大逆周期调节，统筹运用好总量和结构、数量和价格工具，切实服务实体经济，有效防控金融风险，推动我国经济总体回升向好。习近平总书记指出："金融是实体经济的血脉，为实体经济服务是金融的天职，是金融的宗旨，也是防范金融风险的根本举措。"习近平总书记强调要"增强金融服务实体经济能力，坚决打好防范化解包括金融风险在内的重大风险攻坚战，推动我国金融业健康发展"。

第一节　中央银行的性质和职能

一、中央银行的性质

中央银行是代表政府进行金融管理和调控的金融机构，在一国金融体系中居于核心地位。其主要职责是制定和执行货币政策，防范和化解金融风险，维护金融稳定。中央银行的基本特征主要表现在以下几个方面：

第一，不以营利为目的。中央银行以金融管理和调控为目的，其宗旨是稳定货币，促进经济增长，不以利润为导向。

第二，不经营普通银行业务。中央银行的业务对象是政府和商业银行等金融机构，不办理一般企业单位和个人存贷款、结算业务。

第三，资产流动性高。中央银行持有具有较高流动性的资产，旨在灵活调节货币供求，确保经济金融运行的相对稳定。

第四，不在国外设立分支机构。根据国际法的有关规定，一国中央银行在他国只能设置代表处而不能设立分行，不能在他国发行货币、经营商业银行业务，不能与各国商业银行发生联系。

二、中央银行的职能

（一）发行的银行

中央银行是发行的银行。中央银行垄断货币发行权，具有货币发行的特权、独占权，是一国唯一的货币发行机构。因此，中央银行要根据经济发展的客观情况，适时适度发行货币，调节货币供给量，为经济稳定增长提供良好的金融环境。同时，中央银行应根据货币流通的需要，适时印刷、铸造、销毁货币，调剂地区间货币分布、货币面额比例，满足流通中货币支取的不同要求。

（二）银行的银行

中央银行是银行的银行。中央银行通过对商业银行及其他金融机构办理存、放、汇等业务，对其业务经营实施有效的影响。这一职能集中体现为中央银行的以下职责：第一，集中保管存款准备金。商业银行及有关金融机构必须按照吸收的存款和法定的比例向中央银行缴存存款准备金。因此，集中统一保管商业银行的存款准备金是现代中央银行的一项极其重要的业务。第二，充当最后贷款人。所谓最后贷款人，是指中央银行为稳定经济、金融运行，向面临资金周转困难的商业银行及其他金融机构及时提供贷款，帮助其渡过难关。中央银行作为最后贷款人提供贷款，因此也成为一国商业银行及其他金融机构的信贷中心。第三，组织全国银行间的清算。因为商业银行都在中央银行开立存款账户，商业银行之间因业务办理产生的债权债务关系，就可以通过中央银行采用非现金结算办法予以清算，从而也使得中央银行成为一国银行业的清算中心。

（三）国家的银行

中央银行是国家的银行。中央银行为政府提供服务，是政府进行金融管理的专门机构。中央银行的这一职能主要体现在以下几个方面：第一，代理国库，即经办政府的财政收支，充当政府的出纳。第二，充当政府的金融代理人，代办各种金融事务，如代理国债的发行及到期国债的还本付息事宜。第三，对政府提供融资支持，如向财政提供贷款，或者直接购买政府债券。第四，代表政府参加国际金融活动，进行金融事务的协调、磋商等。第五，制定和执行货币政策。

三、货币需求和货币供给

（一）货币需求的概念

货币需求是指社会各部门在既定的收入或财富范围内能够且愿意以货币形式持有的数量。货币需求分为交易性货币需求、预防性货币需求和投机性货币需求。

交易性货币需求是居民和企业为了交易的目的而形成的对货币的需求。居民和企业为了顺利进行交易活动就必须持有一定的货币量。交易性货币需求是由收入水平和利率水平共同作用的。

预防性货币需求是指为了应对意外的事件而形成的货币需求。

投机性货币需求是由于未来利息率的不确定，人们为了避免资本损失或增加资本利息，及时调整资产结构而形成的货币需求。

(二) 货币供给的概念

货币供给是指某一国或货币区的银行系统向经济体中投入、创造、扩张（或收缩）货币的金融过程。

(三) 货币供给模型

1. 基础货币（强力货币）

从基础货币的计量范围来看，基础货币是指处于流通中为社会公众所持有的通货及商业银行存于中央银行的存款准备金的总和。从基础货币的来源看，基础货币是指货币当局的负债，即由货币当局投放并为货币当局所能直接控制的那部分货币。从基础货币组成来看，其由两部分组成：一是商业银行存款准备金（包括法定存款准备金和超额存款准备金，超额准备金中包括库存现金），二是通货。

由于货币供给量＝基础货币×货币乘数，但这是货币供给量的最大值理论。实际上，货币供给量等于基础货币中商业银行实际用于进行货币创造的部分与货币乘数之积加上中央银行对社会公众直接投放的基础货币所形成的货币供给量，即 $M = B \times m$。其中，M 代表货币供给量，m 代表货币乘数。在乘数一定时，基础货币增加，货币供给量将成倍扩张；基础货币减少，货币供给量将成倍缩减。因此，基础货币能为货币当局所直接控制，在货币乘数不变的条件下，货币当局可以通过控制基础货币来控制整个货币供给量。

2. 货币乘数

货币乘数也称货币扩张系数或货币扩张乘数，是货币供给量与基础货币之比，是指在现代中央银行体制下，商业银行体系将一定量的基础货币放大的倍数或实现货币供应量的放大倍数。货币乘数一般用 m 来表示，即 $m = \triangle M / \triangle B$，其中 $\triangle M$ 代表货币供给变化量，$\triangle B$ 代表基础货币变化量。

设 R 为金融机构在中央银行的存款，C 为商业银行和社会公众持有的现金，D 为银行活期存款，则货币乘数 m 表示为：

$$m = (C+D) / (C+R)$$

其中，$C+D$ 是货币供给量，$C+R$ 是基础货币。在基础货币的构成中，通货 C 虽然能成为创造存款的根据，但其本身的数量是由中央银行来决定的，中央银行发行多少就是多少，不可能成倍增加，引起倍数增加的只能是存款准备金 R。

货币乘数的大小取决于现金比率、超额准备金比率、定期存款准备金率、活期存款准备金率以及定期存款与活期存款之间的比率等因素，都是负相关。

货币供给量＝基础货币×货币乘数，在基础货币一定的条件下，货币乘数与货币供给成正比。

第二节　货币政策及其目标

一、货币政策概述

（一）货币政策的概念

货币政策的范围包括了广义范围和狭义范围。从广义上讲，货币政策包括了中央银行和其他相关部门所有有关货币方面的规定和所采取的影响货币数量的一切措施。从这个范围来讲，货币政策既包括了建立货币制度的规定，也包括了影响金融系统的发展和效率的措施，甚至包括了政府税收、国债管理等影响货币支出的行为。从狭义上讲，多数情况下货币政策是指中央银行为实现既定的经济目标，运用各种工具调节货币供给和利率，进而影响宏观经济的方针和措施的总和。

（二）货币政策的特征

货币政策的特征是公共性、统一性、有效性、均衡性、公信力和透明度。

（三）货币政策的类型

积极的货币政策是通过提高货币供应增长速度来刺激总需求，在这种政策下，利息率会降低，取得信贷会更为容易。因此，当总需求与经济的生产能力相比很低时，使用扩张性的货币政策最合适。

消极的货币政策是通过削减货币供应的增长率来降低总需求水平，在这种政策下，取得信贷较为困难，利息率也随之提高。因此，在通货膨胀较严重时，采用消极的货币政策较合适。

目前我国根据实际经济状况实行的是稳健的货币政策和积极的财政政策。货币政策调节的对象是货币供应量，即全社会总的购买力，具体是指流通中的现金和个人、企事业单位在银行的存款。流通中的现金是最活跃的货币，与消费物价水平变动有着密切的关系，因此一直是中央银行关注和调节的重要目标。

二、货币政策的最终目标

（一）货币政策的最终目标的内容

1. 物价稳定

物价稳定一般是指通过实行适当的货币政策，保持物价水平的相对稳定，以避免出现通货膨胀或通货紧缩。物价稳定目标一直都是中央银行货币政策的首要目标，而物价稳定的实质是币值的稳定。在以往的金属货币制度下，币值指的是单位货币的含金量，而在现代信用货币流通条件下，衡量币值稳定性已经不再是根据单位货币的含金量，而是根据单位货币的购买力，即在一定条件下单位货币购买商品的能力，通常用综合物价指数来表示。物价指数上升，表示货币贬值；物价指数下降，表示货币升值。

2. 充分就业

充分就业是针对所有可利用资源的利用程度而言的，并不意味着每个人都有工作。实际上，充分就业是同某些数量的失业同时存在的，并使失业率维持在一个较低的、合理的限度之内。所谓充分就业目标，就是要保持一个较高的、稳定的水平。在充分就业的情况下，凡是有能力并自愿参加工作者，都能在较合理的条件下随时找到适当的工作。

3. 经济增长

经济增长是指一国人力和物质资源的增长，通常用国内生产总值、国民生产总值、国民收入增长率等衡量。目前各国衡量经济增长的指标一般采用人均实际国内生产总值的年增长率，即用人均名义国内生产总值年增长率剔除物价上涨率后的人均实际国内生产总值年增长率来衡量。政府一般对计划期的实际国内生产总值增长幅度定出指标，用百分比表示，中央银行以此作为货币政策的目标。

4. 国际收支平衡

国际收支是指一定时期内（通常是一年），一国对其他国家或地区的全部货币收支保持平衡。一国国际收支会出现三种情况：国际收支逆差、国际收支顺差、国际收支平衡。一般情况下，国际收支很难实现绝对的平衡，短期的逆差和顺差却是很常见的。经济学家普遍认为，国际收支平衡应当是一种动态平衡，只要在若干年的时间内一国国际收支平衡表主要项目的变动接近于平衡，大致上就可以认定为国际收支平衡。

从各国平衡国际收支目标的历史发展来看，一般都与该国国际收支出现问题有关。例如，在20世纪60年代初之前，美国并未将平衡国际收支列入政策目标。1969—1971年三年期间，美国国际收支逆差累计达到400亿美元，黄金储备大量流失，在此关头美国才将国际收支平衡作为货币政策的第四个目标。日本的情况与美国类似，日本对外贸易和国际收支经常出现逆差的状况出现在20世纪50年代以后，严重影响日本国内经济的发展，因此日本将国际收支平衡列为政策目标之一。在1965年以前，日本银行在国际收支方面主要解决逆差问题，在政策的作用下日本国际收支呈现出顺差的趋势。但由于当时日本因致力于国内物价稳定而忽视了对顺差的关注，结果顺差的进一步扩大引发了1971年的日元升值。随后，日本银行转而进入了解决国际收支顺差的长期化努力中。由此也可以看出，在一定条件下，适当的逆差并不是坏事。英国的情况有别于美国和日本，英国因为国内资源比较缺乏，所以对外经济在整个国民经济中占有较大的比重，国际收支状况对国内经济发展影响很大，特别是国际收支失衡会使国内经济和货币流通产生较大的波动。二战后英国一直把国际收支平衡列为货币政策的重要目标。

综上所述，各国中央银行货币政策中国际收支平衡的目标，就是努力实现一国对外经济往来中的全部货币收入和支出大体平衡或略有顺差、略有逆差，避免长期的大量顺差或逆差，使国际收支经常处于大体平衡。

货币政策的四个目标之间存在一致性，如经济增长和充分就业，但更多的是相互冲突。通常情况下，为实现某一货币政策目标所采用的货币政策措施很可能阻挠另一货币政策目标的实现。因此，各国的政策制定者在承认若干目标间的互补性同时，也应注意货币政策目标间的冲突性。主要冲突体现在以下四个方面：

1. 物价稳定与充分就业的冲突

如果要降低失业率，就必须增加货币工资，但若货币工资增加过少，对充分就业目标就无明显的促进作用；若货币工资增加过多，甚至是上涨率超过劳动生产率的增长，那就形成了成本推进型通货膨胀，必然造成物价与就业两项目标的冲突。因此物价稳定与充分就业两个目标之间存在着冲突。例如，在20世纪70年代以前，西方国家推行的货币扩张政策不仅无助于实现充分就业和刺激经济增长，反而造成"滞胀"局面。

我们可以借菲利普斯曲线来说明物价稳定与充分就业之间的矛盾。菲利普斯是英国经济学家，他在20世纪50年代末根据自己的研究，指出了失业率与货币工资变动率之间存在着相互交替的关系，即当失业率高时，经济处于萧条阶段，这时工资和物价水平较低，从而通货膨胀率也较低；反之，失业率低时，经济处于繁荣阶段，这时工资和物价水平较高，从而通货膨胀率也较高。失业率和通货膨胀率之间存在反方向变动关系。因此，菲利普斯曲线的出现受到了西方国家政府的欢迎，并为政府采取反经济危机和反通货膨胀政策提供了理论依据。

菲利普斯曲线说明了以下几个重要的观点：

（1）通货膨胀是由于工资成本推动的，这就是成本推动型通货膨胀理论。正是根据这一理论把货币工资变动率与通货膨胀率联系了起来。

（2）承认了通货膨胀与失业间的交替关系，这否定了凯恩斯关于失业与通货膨胀不会并存的观点。

（3）当失业率为自然失业率时通货膨胀率为零。

2. 物价稳定与经济增长的冲突

关于物价稳定与促进经济增长之间是否存在着矛盾，理论界主要有以下几种观点：

（1）轻微的物价上涨能对经济增长起积极作用。这是凯恩斯学派的观点，即认为在充分就业没有达到之前，增加货币供应，增加社会总需求，主要是促进生产发展和经济增长，而物价上涨比较缓慢。凯恩斯学派认定资本主义经济只能在非充分就业的均衡中运行，因此轻微的物价上涨会促进整个经济的发展。凯恩斯学派也指出了价格的上涨通常能带来较充分的就业，在轻微的通货膨胀之中，工业发展甚好，其产量接近于最高水平，整个社会的私人投资活跃，因此就业机会增多。

（2）物价稳定能维持经济增长。该观点认为，只有物价稳定才能维持经济的长期增长势头。一般而言，劳动力增加，资本形成并增加，加上技术进步等因素促进生产的发展和产量的增加，随之而来的是货币总支出的增加。由于生产率是随时间的进程而不断发展的，货币工资和实际工资也是随生产率而增加的。只要物价稳定，整个经济就能正常运转，维持其长期增长的势头。

（3）经济增长能使物价稳定。该观点实际上是源于马克思分析金本位制度下资本主义经济的情况时论述的观点。该观点认为，随着经济的增长，价格应趋于下降，或者趋于稳定。因为经济的增长主要取决于劳动生产率的提高和新生产要素的投入，在劳动生产率提高的前提下，生产的增长，一方面意味着产品的增加，另一方面意味着单位产品生产成本的降低。因此，物价稳定目标与经济增长目标并不矛盾。

实际上，从历史发展的实践中分析发现，每个一个国家在经济增长时期，物价水平都是呈上涨趋势的。就我国而言，几十年的社会主义经济建设的现实也说明了这一点。由此可见，要使物价稳定与经济增长齐头并进并不容易。主要原因在于政府往往较多地考虑经济发展，刻意追求经济增长的高速度。如采用扩张信用和增加投资的办法，其结果必然造成货币发行量增加和物价上涨，使物价稳定与经济增长之间出现矛盾。

3. 物价稳定与平衡国际收支的冲突

在一个开放型的经济中，国家为了促进本国经济发展，一般会遇到如下问题：

（1）经济增长引起进口增加，随着国内经济的增长，国民收入增加及支付能力的增加，必然会引起对进口商品需要的增加。如果该国的出口贸易不能随进口贸易的增加而相应增加，必然会使得贸易收支状况变坏。

（2）引进外资可能形成资本项目逆差，在国内储蓄不足的情况下，要促进国内经济增长，就要增加投资，提高投资率，借助于外资，引进外国的先进技术，以此促进本国经济。这种外资的流入，必然带来国际收支中资本项目的差额。尽管这种外资的流入在一定程度上可以弥补由于贸易逆差而造成的国际收支失衡，但不一定就能确保经济增长与国际收支平衡的齐头并进。其原因在于：第一，任何一个国家，在特定的社会经济环境中，能够引进技术、设备、管理方法等，一方面决定于一国的吸收、掌握和创新能力；另一方面决定于国产商品的出口竞争能力和外汇还款能力。因此，在一定条件下，一国所能引进和利用的外资是有限的。如果把外资的引进完全置于平衡贸易收支上，那么外资对经济的增长就不能发挥应有的作用。此外，如果只是追求利用外资促进经济增长，而忽视国内资金的配置能力和外汇还款能力，那么必然会导致国际收支状况的严重恶化，最终使经济失衡，难以维持长久的经济增长。第二，在其他因素引起的国际收支失衡或国内经济衰退的条件下，用于矫正这种失衡经济形态的货币政策，通常是在平衡国际收支和促进经济增长两个目标之间做合理的选择。国际收支出现逆差，通常要压缩国内的总需求，随着总需求的下降，国际收支逆差可能被消除，但同时会带来经济衰退。而国内经济衰退，通常采用扩张性的货币政策。随着货币供给量增加，社会总需求增加，可能刺激经济的增长，但也可能由于输入的增加及通货膨胀而导致国际收支失衡。

4. 经济增长与国际收支平衡的冲突

在正常情况下，随着国内经济的增长，就业增加，收入水平提高，国民收入的增加及支付能力的增加，通常会增加对进口产品的需求。此时，如果出口贸易不能随进口贸易增加而增加，就会使贸易收支情况恶化，发生大量的贸易逆差。尽管有时候由于经济繁荣而吸纳若干外国资本，外资的注入在某种程度上弥补了贸易逆差造成的国际收支失衡，但并不一定就能确保经济增长与国际收支平衡目标能够同时达到。尤其是在国际收支出现失衡、国内经济出现衰退时，货币政策很难在两者之间做出合理的选择，通常必须压抑国内有效需求，其结果可能消除逆差，但同时也带来经济衰退；面对经济衰退，通常采用扩张性货币政策，其结果可能刺激经济增长，但也可能因输入增加导致国际收支逆差。

三、货币政策的中介目标

货币政策的中介目标是货币政策作用传导的桥梁，是货币政策最终目标相关联的、能有效测定货币政策效果的金融变量。中央银行选择中介目标时既要与其政策工具密切相关，又必须与货币政策最终目标紧密相连。中介目标能有效发挥作用，必须具备四个标准，即叫测性、可控性、相关性和抗干扰性。

可测性是指中央银行选择的金融控制变量必须具备明确且合理的内涵和外延。中央银行能迅速而准确地获得有关变量指标的统计数据，并且易于定量分析和理解。

可控性是指中央银行通过各种货币政策工具的运用，能比较准确、及时、有效地对金融变量进行控制和调节，即能较准确地控制该金融变量的变动状况及变动趋势。

相关性是指中央银行选择的中介目标必须与货币政策最终目标有极为密切的联系，中介目标的变动能对最终目标起到牵制作用，中央银行通过对中介目标的控制和调节，能够促使货币政策最终目标的实现。

抗干扰性是指货币政策在实施过程中常会受到许多外来因素的干扰。中央银行在选择中介目标时，必须加以考虑，使之不受这些因素的影响，使货币政策能在干扰度较低的情况下对社会经济发生影响，避免对经济形势形成错误的判断，造成决策失误。

（一）货币政策的近期中介目标

近期中介目标也叫操作目标，在货币政策实施过程中为中央银行提供直接的和连续的反馈信息，借以衡量货币政策的初步影响。

（二）货币政策的远期中介目标

远期中介目标也叫效果指标，在货币政策实施的后期为中央银行提供进一步的反馈信息，衡量货币政策达到最终目标的效果。

(三) 货币政策的中介目标选择

1. 短期利率

短期利率通常指市场利率，即能够反映市场资金供求状况、变动灵活的利率。短期利率能对社会的货币需求与货币供给、银行信贷总量产生影响，也是中央银行用以控制货币供应量、调节市场货币供求、实现货币政策目标的一个重要的政策性指标，如西方国家中央银行的贴现率、伦敦同业拆放利率等。作为操作目标，中央银行通常只能选用其中一种利率。过去美联储主要采用国库券利率，近年来转为采用联邦基金利率。日本采用的是银行同业拆借利率。英国的情况较特殊，英格兰银行的长、短期利率均以一组利率为标准，其用作操作目标的短期利率有隔夜拆借利率、3 个月期的银行拆借利率、3 个月期的国库券利率；用作中介目标的长期利率有 5 年期公债利率、10 年期公债利率、20 年期公债利率。

2. 基础货币

基础货币是中央银行经常使用的一个操作指标，也称为"强力货币"。从基础货币的计量范围来看，它是商业银行准备金和流通中通货的总和，包括商业银行在中央银行的存款、银行库存现金、向中央银行借款、社会公众持有的现金等。通货与准备金之间的转换不改变基础货币总量，基础货币的变化来自那些提高或降低基础货币的因素。

中央银行有时还运用"已调整基础货币"这一指标，或者称为扩张的基础货币，它是针对法定准备的变化调整后的基础货币。单凭基础货币总量的变化还无法说明和衡量货币政策，必须对基础货币的内部构成加以考虑。因为在基础货币总量不变的条件下，如果法定准备率下降，银行法定准备减少而超额准备增加，这时的货币政策仍呈扩张性；如果存款从准备比率较高的存款机构转到准备比率较低的存款机构，即使中央银行没有降低准备比率，但平均准备比率也会有某种程度的降低，这就必须对基础货币进行调整。具体做法是，假定法定准备比率已下降，放出 1 亿元的法定准备金，这 1 亿元就要加到基础货币上，从而得到已调整的基础货币。

多数学者认为基础货币是较理想的操作目标。因为基础货币是中央银行的负债，中央银行对已发行的现金和其持有的存款准备金都掌握着相当及时的信息，因此中央银行对基础货币是能够直接控制的。基础货币比银行准备金更为有利，因为基础货币考虑到社会公众的通货持有量，而银行准备金却忽略了这一重要因素。

3. 商业银行的存款准备金

中央银行以准备金作为货币政策的操作目标，其主要原因是，无论中央银行运用何种政策工具，都会先行改变商业银行的准备金，然后对中介目标和最终目标产生影响。因此，可以说变动准备金是货币政策传导的必经之路，商业银行准备金越多，银行贷款与投资的能力就越大，从而派生存款和货币供应量也就越多。银行准备金增加被认为是货币市场银根放松，准备金减少则意味着市场银根紧缩。

但准备金在准确性方面的缺点有如利率。作为内生变量，准备金与需求负相关。借贷需求上升，银行体系便减少准备金以扩张信贷；反之则增加准备金而缩减信贷。作为政策变量，准备金与需求正相关。中央银行要抑制需求，一定会设法减少商业银行的准备金。因此，准备金作为金融指标也有误导中央银行的缺点。

4. 长期利率

西方传统的货币政策均以利率为中介目标。利率能够作为中央银行货币政策的中介目标，是因为：

（1）利率不但能够反映货币与信用的供给状态，而且能够表现供给与需求的相对变化。利率水平趋高被认为是银根紧缩，利率水平趋低则被认为是银根松弛。

（2）利率属于中央银行影响可及的范围，中央银行能够运用政策工具设法提高或降低利率。

（3）利率资料易于获得并能够经常汇集。

5. 货币供应量

以弗里德曼为代表的现代货币数量论者认为，应以货币供应量或其变动率为主要中介目标。他们的主要理由如下：

（1）货币供应量的变动能够直接影响经济活动。

（2）货币供应量及其增减变动能够为中央银行所直接控制。

（3）与货币政策联系最为直接。货币供应量增加，表示货币政策宽松，反之则表示货币政策紧缩。

（4）货币供应量作为指标不易将政策性效果与非政策性效果相混淆，因此具有准确性的优点。

但是以货币供应量为指标也有几个问题需要考虑：一是中央银行对货币供应量的控制能力。货币供应量的变动主要取决于基础货币的改变，但还要受其他种种非政策性因素的影响，如现金漏损率、商业银行超额准备比率、定期存款比率等，非中央银行所能完全控制。二是货币供应量传导的时滞问题。中央银行通过变动准备金以期达到一定的货币量变动率，但却存在着较长的时滞。三是货币供应量与最终目标的关系。对此有些学者尚持怀疑态度，但从衡量的结果来看，货币供应量仍不失为一个性能较为良好的指标。

6. 贷款量

以贷款量作为中间目标在具体实施中各国情况也有差异。政府对贷款控制较严的国家通过颁布一系列关于商业银行贷款的政策及种种限制，自然便于中央银行控制贷款规模。反之则不然。对于贷款量指标，各国采用的计量口径也不一致，有的用贷款余额，有的则用贷款增量。

随着我国经济体制的转变，在逐渐向市场经济转轨的同时货币政策中介目标也从信贷规模转向货币供给量。然而，近年来却有不少国家相继放弃了货币供给量目标，转向了利率、通货膨胀等目标。由此也引发了一轮关于我国是否应该继续选用货币供给量充当货币政策中介目标的争论。

货币供给量一般由通货和存款货币构成。货币供给量的作用体现在：第一，作为负债，货币供给量能反映在中央银行、商业银行和其他金融机构的资产负债表内，便于被测算和分析。第二，中央银行可以通过货币政策工具来对货币供给量的影响从而达到对整个宏观经济政策的影响。也正是上述优点使得20世纪六七十年代许多国家普遍使用货币供给量作为货币政策的中介目标。然而，随着世界经济和金融形势的发展变化，货币供给量作为中介目标的缺陷与不足也逐渐表现出来。首先，我国货币政策是以货币供给量M2为中介目标。按照国际惯例，我国现有的货币供给量M2统计中缺少了两项内容：外资金融机构存款和国内金融机构外汇存款。可偏偏这两项内容涉及的金融业务量却占据了国内全部金融业务量的14%左右，因此对作为中介目标的货币供给量产生了一定的影响。同时，随着外资银行的进驻，中央银行在法定存款准备金率这方面的作用也逐渐降低，再贴现率的被动性增强但是作用范围却减小了，这使得中央银行对货币供给量的可控性大为削弱。其次，中介目标的可测性降低。随着信息技术的发展，紧随而来的金融产品如信用卡的出现，使现金交易的作用面临着被替代的风险越来越大。第三，中介目标相关性降低。我国加入世贸组织后，外资银行使作为中介目标的货币供给量与货币政策最终目标之间的关系变得松散和不稳定，中介目标与其他宏观经济指标的相关性有所减弱。一方面，外资银行将促进国内的金融创新，致使国内企业和居民的货币需求发生变化，货币需求与其他宏观经济指标之间的相关性趋于减弱；另一方面，随着外资银行业务的扩展，利率市场化的压力将进一步增大，货币供给量与通货膨胀的高度相关性，将被利率与通货膨胀之间的高度相关性替代。

此外，作为金融市场核心价格的利率与经济的各方面都有密切的联系。它既可以影响居民的储蓄意向，又可以影响居民的消费选择；既可以作用于实际产业的投资，又可以影响金融部门的资金流动方向、规模和频率；既可以调节一国国内的资源配置，又可以调度全球范围的资本流动。因此，利率的作用范围远大于货币供给量，是一个重要经济变量。但在目前阶段上，由于我国利率还没有完全市场化，可行的办法也只能是发挥用利率来调节经济的功能，但作为中介目标的反应功能可以在利率市场化完全放开以后发挥其应有的作用。

第三节　货币政策工具

一、一般货币政策工具

(一) 存款准备金政策

各国中央银行都以法律形式规定商业银行按一定比率提取存款准备金缴存中央银行，这也是中央银行借以改变货币乘数从而控制商业银行的信用创造力，间接地控制社会货币供应量的活动。存款准备金制度是在中央银行体制卜建立起来的，世界上美国最早以法律形式规定商业银行向中央银行缴存存款准备金。存款准备金的初始作用是保证存款的支付和清算，之后才逐渐演变成为货币政策工具。中央银行通过调整存款准备金率，影响金融机构的信贷资金供应能力，从而间接调控货币供应量。中央银行通过降低法定准备金率从而放松银根，增加货币供应量，扩大经济；如果提高法定准备金率则会收紧银根，减少货币供应量，收缩经济。

存款准备金率包括两部分，中央银行规定的存款准备金率被称为法定存款准备率，与法定存款准备率对应的准备金就是法定准备金。超过法定准备金的准备金称为超额准备金，超额准备金与存款总额的比例是超额准备率。超额准备金的大小和超额准备率的高低由商业银行根据具体情况自行掌握。

该工具的优点是操作简单，对于信用制度不完善的发展中国家来说较简便。但该工具容易产生负面影响，中央银行难以确定其时机和幅度；同时，许多商业银行难以迅速调整准备金来符合新规定的法定额度。

(二) 再贴现政策

再贴现政策指金融机构为了取得资金，将未到期的已贴现商业汇票再以贴现方式向中央银行转让的票据行为，是中央银行的一种货币政策工具。再贴现政策的调整不仅可以影响到市场中货币的数量，更重要的是再贴现利率的调整会影响市场的利率水平，从而对经济产生重大影响。

(1) 通过改变贴现率可以限制或鼓励银行的借款，从而达到调节银行存款和利率的目的。一方面，当中央银行提高再贴现率来收紧银根时，商业银行取得资金的成本提高，从而减少贷款；另一方面，商业银行向企业发放贷款的利率也会随之提高，最终导致企业限制资金需求。

(2) 在一定程度上能影响人们的预期。社会公众把贴现率的变化视为中央银行对经济的预测及其政策立场的指示器。一旦中央银行提高再贴现率，社会公众可以将其视为抑制过度扩张的一个迹象。于是，人们会改变自己的消费和储蓄决策。

再贴现率这一货币政策工具具有一定的局限性。中央银行在行使该工具时处于被动地位，因此较难取得预期效果。"被动地位"的原因是商业银行获得资金的渠道是多样化的，而向中央银行借款也只是其中的一种。

（三）公开市场业务

公开市场业务是指中央银行在金融市场上公开买卖有价证券（主要是政府债券、国库券）的业务活动。公开市场业务是当代西方国家特别是美国实施货币政策的主要工具。公开市场业务的运作原理在于通过调节信用和货币供应量来影响生产、就业和物价水平。例如，为了刺激经济，放松银根，美联储下设的联邦公开市场委员会将在证券市场买进财政部门发行的政府债券，首先增加银行系统的基础货币，通过银行系统的存款创造，使得货币供应量的多倍扩大、就业增加和物价上涨。同时，债券价格因需求增加而上升，利率下降，因此促进了投资和消费，带动生产扩大、就业增加和物价上涨。反之，在公开市场业务卖出政府债券可以抑制经济过热和防止通货膨胀。

（1）公开市场业务可以直接左右市场货币供应量，并将它控制在期望的规模内。

（2）作为一项控制手段，公开市场业务富于弹性并可以根据不同情况和需要，随时主动出击并调整买卖债券的数量。

（3）中央银行可以根据金融市场的信息不断调节业务，一旦经济形势发生变化，能迅速做反向调节，从而纠正其在货币政策中的错误。

由于公开市场业务的开展需要具备一定的条件，包括在流通中必须有足够数量的且多样化的有价证券，有保证各种金融工具顺利流通的发达金融市场。因此，公开市场业务不是所有国家，特别是发展中国家能运用的。

二、选择性货币政策工具

（一）消费信用控制

消费信用控制主要是规定以分期付款的方式购买耐用消费品时首期付款的最低金额；规定分期付款的最长期限；规定以分期付款购买的耐用消费品的种类，并就不同的耐用消费品规定不同的信贷条件以避免通货膨胀。

耐用消费品需求很容易追随经济周期变动，而消费信用往往进一步加剧经济的不稳定。在经济繁荣阶段，消费信用会大量增加，从而使消费需求上升，刺激生产和销售的进一步发展；而在经济衰退时期，由于继续偿还贷款，消费者购买力下降，造成耐用消费品销售额锐减，经济更加萧条。如果中央银行仅采用一般性的货币政策工具，则对这种周期性的变动不能施加迅速而有力的影响。

消费信用急剧增加的结果会使一部分负担过重的消费者由于收入中相当部分用于偿还贷款，造成当前生活的困难，影响经济的稳定。

消费信用的扩张在一定条件下会相对减少用于企业投资的信用，从而影响社会资源的有效分配，对经济发展产生不利的影响。

（二）证券市场信用控制

证券市场信用控制是中央银行通过规定和调节信用交易、期货交易和期权交易中的最低保证金率，以刺激或抑制证券交易活动的货币政策手段。

中央银行规定保证金限额的目的，一方面是为了控制证券市场的信贷资金的需求，稳定证券市场价格；另一方面是为了调节信贷供给结构，通过限制大量资金流入证券市场，使较多的资金用于生产和流通领域。证券市场信用控制是对证券市场的贷款量实施控制的一项特殊措施，在美国货币政策史上最早出现，目前仍继续使用，也有一些国家效仿此法。

（三）不动产信用控制

不动产信用控制是指中央银行对商业银行办理不动产抵押贷款的管理措施。其主要是规定贷款的最高限额、贷款的最长期限以及第一次付现的最低金额等。其主要内容有规定不动产贷款的最高额度、分期付款的期限、首次付款的金额及还款条件等。

当经济过热，不动产信用膨胀时，中央银行可以通过规定和加强各种限制措施减少不动产信贷，进而抑制不动产的盲目生产或投机，减轻通货膨胀压力，防止经济泡沫的形成。当经济衰退时期，中央银行可以通过放松管制，扩大不动产信贷，刺激社会对不动产的需求，进而以不动产的扩大生产和交易活跃带动其他经济部门的生产发展，从而促使经济复苏。

三、其他货币政策工具

（一）直接信用控制

直接信用控制是指以行政命令或其他方式，直接对金融机构的信用活动进行控制。其主要手段如下：

（1）利率限额，主要是规定贷款利率的下限和存款利率的上限，在经济自由化程度很高的国家较为常用，其目的是防止金融机构为谋求高利润而进行风险存贷或过度竞争。

（2）贷款规模限额及信用配额，即中央银行直接对商业银行的信用规模和贷款额度加以限制，多用于发展中国家。

（3）规定机构流动性比率，即商业银行的流动资产与流动负债的比率，是保证金融机构安全的手段。一般来说，流动性比率与收益率成反比。为保证中央银行规定的流动性比率，商业银行必须采取缩减长期放贷、扩大短期放贷和增加应付提现的流动性资产等措施。

（4）直接干预，即中央银行直接对商业银行的信贷活动、放贷范围等加以干预，具体措施包括了高于一般利率的惩罚利率，或者是中央银行直接拒绝对商业银行再贴现等。

（二）间接信用控制

这类工具的作用过程是间接的，要通过市场供求关系或资产组合的调整途径才能实现。其主要手段如下：

（1）控制证券市场信用，即中央银行对有关证券交易的各种贷款、保证金等进行控制。例如，作为客户现金支付交易额中一部分的保证金的比率一旦提高了，证券公司需要的垫资就少了，中央银行借此压缩证券市场信用。

（2）控制不动产信用，即中央银行对商业银行提供给公众的房地产贷款进行限制。当房地产市场过热时，银行可以提高贷款首付最低额度或最高限度等。

（3）控制消费信用，即中央银行对不动产以外的各种耐用消费品的销售融资予以控制。在消费信用膨胀或通货膨胀时，银行可以采取规定用消费信用购买耐用消费品的种类、缩短消费贷款的年限等措施。

（4）预缴进口保证金，即中央银行要求进口商预缴相当于进口商品总值一定比例的存款，以抑制进口过快增长。

（5）优惠利率，即中央银行对国家重点发展的经济部门或产业，如出口、农业等采取鼓励性措施。优惠利润措施不仅被用于发展中国家，发达国家也普遍采用。

四、五大新型货币政策操作工具

（一）信贷资产质押再贷款

信贷资产质押再贷款指的是商业银行可以用现有的信贷资产（已经放出去的贷款），到中央银行去质押，获得新的资金。之前中国人民银行提供的再贷款基本上为信用贷款，即没有抵押物和质押物。在 2015 年 10 月 10 日，中国人民银行又在货币政策工具箱中放进新的一款操作工具，即扩大信贷资产质押再贷款试点范围，由 2014 年山东、广东两省试点扩大到上海、天津等 9 个省（市）。

（二）抵押补充贷款

抵押补充贷款（PSL）作为中央银行推行的一种新货币政策操作工具，包含两层含义：一是从量的角度讲，其是基础货币投放的新渠道；二是从价的角度讲，通过商业银行抵押资产从中央银行获得融资的利率（根据抵押资产的优劣来决定融资利率，抵押资产的质量越好，融资利率越低），直接为商业银行提供一部分低成本资金，引导中期利率。目前为止仅公开为国家开发银行的棚改项目提供资金，根据棚改贷款进度，2015 年 9 月中国人民银行向国家开发银行提供抵押补充贷款 521 亿元，利率为 2.85%，期末抵押补充贷款余额为 9 589 亿元。

（三）中期借贷便利

中期借贷便利（MLF）指中央银行采取抵押方式，通过商业银行向市场提供中期基础货币的货币政策工具，定向利率引导以及补充流动性缺口。中国人民银行在 2014 年 9 月创设中期借贷便利，对象包括符合宏观审慎管理要求的商业银行、政策性银行。中期借贷便利要求各银行投放"三农"和小微贷款，期限一般为 3 个月，到期后可以申请展期，也可以和中央银行重新协商确定新的利率。

（四）常备借贷便利

常备借贷便利（SLF）是金融机构通过资产抵押的方式向中央银行申请授信额度的一种更加直接的融资方式。其主要是为了满足金融机构期限较长的大额流动性需求。中央银行与金融机构"一对一"交易，这种货币操作方式更像是定制化融资和结构化融资，针对性更强。常备借贷便利期限为 1~3 个月，主要目的是短期利率引导。常备借贷便利的交易对手覆盖面广，部分政策性银行和全国性商业银行均可以参与其中，资产抵押物为高信用评价的债券类资产、优惠信贷资产。

（五）短期流动性调节工具

短期流动性调节（SLO）工具以 7 天期以内短期回购为主，遇节假日可适当延长操作期限，采用市场化利率招标方式开展操作，在银行体系流动性出现临时性波动时相机使用。其常规操作为每周二、周四定期操作，目前共有 12 家商业银行参与其中。短期流动性调节资金回收方式包括逆回购或正回购，额度一般不大，如果配合期限相对长一点的正（逆）回购就可以让公开市场操作衔接更好。

本章小结

1. 中央银行是代表政府进行金融管理和调控的金融机构，其主要职责是制定和执行货币政策，防范和化解金融风险，维护金融稳定。

2. 中央银行的职能体现在它是发行的银行、银行的银行、国家的银行。

3. 货币需求是指社会各部门在既定的收入或财富范围内能够而且愿意以货币形式持有的数量。

4. 货币供给是指某一国或货币区的银行系统向经济体中投入、创造、扩张（或收缩）货币的金融过程。货币供给量，即 $M = B \times m$，其中 M 代表货币供给量，m 代表货币乘数，B 是基础货币，在基础货币一定的条件下，货币乘数与货币供给成正比。

5. 货币政策是指中央银行为实现既定的经济目标，运用各种工具调节货币供给和利率，进而影响宏观经济的方针和措施的总和，积极的货币政策可以刺激总需求，相反消极的货币政策通过削减货币供应的增长率来降低总需求水平。

6. 货币政策的最终目标包括了物价稳定、充分就业、经济增长、国际收支平衡，四个目标既存在一致性，也会相互矛盾。

7. 货币政策的中介目标分为远期和近期两种，具体目标有短期利率、基础货币、商业银行的存款准备金、长期利率、币供应量、贷款量等。

8. 一般货币政策工具有准备金政策（包括法定准备金和超额准备金）、贴现政策和公开市场业务。选择性货币政策工具有消费信用控制、市场信用控制、动产信用控制。除此之外还有直接和间接的信用控制，具体有利率限额、规定机构流动性比率、控制证券市场信用、预缴进口保证金和优惠利率。

关键概念

1. 中央银行　　2. 货币供给　　3. 货币政策中介目标　　4. 货币政策最终目标
5. 一般货币政策工具

思考题

2007 年，牛肉面 4 元一碗，假如你在银行存了 10 000 元，相当于存了 2 500 碗牛肉面。到了 2018 年，每碗牛肉面的价格是 10 元，你在银行存的 10 000 元连本带利是 13 500 元左右，牛肉面只剩下 1 350 碗了。请问：那 1 150 碗牛肉面哪去了？

练习题

一、单项选择题

1. 下列关于货币政策工具的说法中，正确的是（　　）。

　　A. 公开市场操作属于选择性货币政策工具

　　B. 货币政策工具必须与货币运行机制相联系，并且具有可操作性

　　C. 道义劝告属于传统使用的货币政策工具

　　D. 窗口指导属于一般性货币政策工具

2. 下列货币政策工具中，属于选择性货币政策工具的是（　　）。

  A. 再贴现政策　　　　　　　　　B. 公开市场业务

  C. 法定存款准备金政策　　　　　D. 直接信用控制

3. 下列货币政策工具中，不属于直接信用控制的是（　　）。

  A. 利率最高限　　　B. 信用配额　　　C. 流动性比率　　　D. 窗口指导

4. 在货币政策传导机制中，中央银行首先影响的是（　　）。

  A. 货币供应量　　　B. 利率　　　　C. 信贷总量　　　D. 外汇储备

5. 货币政策的最终目标通常不包括（　　）。

  A. 稳定物价　　　　　　　　　　B. 促进经济增长

  C. 增加就业　　　　　　　　　　D. 政府财政收入最大化

6. 在货币政策中，（　　）是指中央银行通过买卖政府债券来调节货币供应量的行为。

  A. 再贴现政策　　　　　　　　　B. 法定存款准备金政策

  C. 公开市场业务　　　　　　　　D. 直接信用控制

7. 当中央银行提高法定存款准备金率时，通常会导致（　　）。

  A. 货币供应量增加　　　　　　　B. 货币供应量减少

  C. 利率上升　　　　　　　　　　D. 信贷规模扩大

8. 货币政策的中介目标是指（　　）。

  A. 货币政策的最终目标　　　　　B. 货币政策操作的直接目标

  C. 货币政策操作的间接目标　　　D. 货币政策操作的预期结果

9. 下列选项中，（　　）不属于货币政策工具的特点。

  A. 可控性　　　B. 可测性　　　C. 相关性　　　D. 随机性

10. 在货币政策中，（　　）是指中央银行对商业银行的贷款利率。

  A. 基准利率　　　B. 再贴现率　　　C. 市场利率　　　D. 实际利率

11. 如果中央银行希望减少货币供应量，它可能会（　　）。

  A. 降低法定存款准备金率　　　　B. 增加法定存款准备金率

  C. 购买政府债券　　　　　　　　D. 降低再贴现率

12. 菲利普斯曲线最初表明（　　）与低失业率之间存在正相关关系。

  A. 高通胀率　　　B. 低通胀率　　　C. 稳定通胀率　　　D. 通货紧缩

13. 在货币政策中，（　　）是指中央银行通过直接限制信贷总量来控制货币供应量的政策工具。

  A. 直接信用控制　　　B. 间接信用控制　　　C. 货币政策工具　　　D. 货币政策目标

14. 货币政策的中介目标之一是（　　），它反映了货币供应量的变化。

  A. 利率　　　　B. 货币供应量　　　C. 基础货币　　　D. 超额准备金

二、多项选择题

1. 宏观经济政策目标包括（　　　）。
    A. 经济增长   B. 充分就业
    C. 稳定价格   D. 平衡国际收支

2. 宏观经济政策目标中的经济增长应具有的特点包括（　　　）。
    A. 持续增长   B. 稳定增长   C. 均衡增长   D. 高速增长

3. 扩张性财政政策的主要内容包括（　　　）。
    A. 增加政府支出   B. 减少政府支出
    C. 增加税收   D. 减少税收

4. 紧缩性财政政策的主要内容包括（　　　）。
    A. 增加政府支出   B. 减少政府支出
    C. 增加税收   D. 减少税收

5. 扩张性财政政策的适用条件包括（　　　）。
    A. 经济出现"热"   B. 经济出现"冷"
    C. 产出出现正缺口   D. 产出出现负缺口

6. 紧缩性财政政策的适用条件包括（　　　）。
    A. 经济出现"热"   B. 经济出现"冷"
    C. 产出出现正缺口   D. 产出出现负缺口

7. 财政政策中的内在稳定器的作用方面包括（　　　）。
    A. 税收制度   B. 政府转移支付制度
    C. 农产品价格维持制度   D. 工业品价格维持制度

8. 扩张性货币政策适用的条件包括（　　　）。
    A. GDP 负缺口   B. GDP 正缺口
    C. 失业增加   D. 通货膨胀严重

9. 紧缩性货币政策的适用条件包括（　　　）。
    A. GDP 负缺口   B. GDP 正缺口
    C. 失业增加   D. 通货膨胀严重

10. 货币政策的主要工具有（　　　）。
    A. 法定存款准备金率   B. 再贴现率
    C. 公开市场业务   D. 货币发行

11. 中央银行降低存款准备金率的直接效应包括（　　　）。
    A. 存款准备金减少   B. 存款准备金增多
    C. 货币乘数变大   D. 货币乘数变小

12. 扩张性货币政策包括（　　）。

  A. 降低存款准备金率   B. 降低再贴现率

  C. 买进有价证券   D. 扩大货币发行量

13. 紧缩性货币政策包括（　　）。

  A. 提高存款准备金率   B. 提高再贴现率

  C. 卖出有价证券   D. 减少货币发行量

三、简答题

1. 简述货币政策的目标及其相互关系。

2. 试述货币政策中介指标的特征和选择。

3. 中国人民银行常用的货币政策工具有哪些？

4. 简述货币政策与财政政策调控侧重点的差异有哪些？

5. 什么是公开市场业务？它有哪些优缺点？

（练习题参考答案）

（本章学习课件）

第十章 探索数字金融

学习目标

知识目标

1. 理解数字金融的概念及其重要性，掌握科技金融、绿色金融、普惠金融与养老金融的融合方式。

2. 掌握数字资产和数字货币的定义、特点及其在数字经济中的作用。

3. 理解数字金融与传统金融的关系和互动模式。

4. 了解数字资产的主要分类及其经济意义。

5. 掌握法定数字货币和非法定数字货币的基本知识，包括其类型和特点。

6. 了解中国数字货币的发展现状及其未来趋势。

7. 理解数字银行的基本概念和发展趋势。

8. 掌握数字保险的作用及其对保险行业的影响。

9. 了解数字证券及其在现代金融体系中的应用。

10. 理解普惠金融的目标和实施策略，尤其是数字普惠金融的作用。

能力目标

1. 能够分析和区分数字金融与传统金融的主要差异和联系。

2. 能够识别和解释数字资产与数字货币的核心要素及其在金融市场中的应用。

3. 能够对比分析不同类型的数字货币及其对金融生态系统的影响。

4. 能够运用数字金融知识评估数字货币的发展趋势和潜在风险。

5. 能够掌握数字人民币的基本特征和应用场景，评估其对现有金融体系的影响。

6. 能够通过案例分析，提高对数字金融创新和政策变化的理解与应对能力。

7. 能够分析和评估数字银行、数字保险、数字证券和普惠金融服务在改善客户体验、提高服务效率和降低运营成本方面的优势与挑战。

8. 能够运用数字金融知识，设计针对特定市场或客户群体的创新金融产品和服务。

9. 能够利用大数据和人工智能技术，进行风险评估和信用分析，提高金融服务的精确性和个性化水平。

10. 能够在理解数字金融服务流程的基础上，熟练操作和管理数字银行、数字保险和数字证券等平台。

素养目标

1. 培养对数字金融发展趋势的敏感性和适应能力。

2. 提升数字素养，包括数据保护和个人隐私意识。

3. 培养批判性思维和职业道德，特别是在金融风险管理和伦理方面。

4. 培养终身学习的习惯，适应数字经济的快速变化。

5. 增强社会责任感，通过普惠金融服务促进经济的均衡发展。

6. 促进跨学科思维，理解数字技术与金融、法律等领域的融合。

7. 增强金融创新意识，保持对新兴金融技术和业务模式的开放态度。

8. 发展全球视野，理解不同文化和市场对数字金融服务的需求差异。

9. 培养团队合作和沟通能力，有效参与跨领域项目。

10. 强化对金融服务社会的认识，推动金融服务的公平和普及。

引导案例

［案例］百信银行的开放银行战略解析

在当今的金融行业，开放银行模式已成为推动创新和增强客户体验的关键动力。百信银行作为该模式的先行者，其战略布局值得学习。以下为百信银行开放战略的几个突出特点：

第一，开放性业务模式——"O+O、B+B"模式及其生态构建。百信银行确立了"O+O、B+B"（"在线+离线、银行+商业"）的开放银行发展战略，通过线上线下场景的无缝连接，与商业伙伴共建智能金融生态。此举旨在打造一个简单且值得信赖的新型金融生活生态系统。百信银行不仅与百度等大型互联网企业建立深度合作，还针对特定客户群体定制金融产品，并在电商、媒体内容、出行服务等多个领域实现场景融合。

第二，股东场景优势与独立性并重。百信银行在成立初期依赖百度的场景和数据支持，但随着业务的成熟和数据能力的提升，百信银行渐渐降低了对特定股东场景的依赖。在不断强化自身数据处理和客户服务能力的同时，百信银行主动扩展合作网络，表现出强大的业务对接能力。

第三，技术平台开放。走在技术前沿，百信银行采取开源技术路线，从底层技术平台发展到多元化应用。这包括分布式云架构、人工智能技术、大数据、区块链以及API（应用程序编程接口）应用等，共同构成开放共享、安全可控的银行金融科技解决方案。

第四，"AIBANK Inside"开放平台系统。百信银行推出了名为"AIBANK Inside"开放银行平台系统，该系统作为银行与外界接口的统一入口，提供 1 500+的 API 接口，成功对接包括百度、小米、爱奇艺在内的 80 多家伙伴平台。该平台系统的创新被纳入央行的金融科技监管沙盒试点项目。

第五，母子行联动与数据中台。百信银行与中信银行实现了母子行的战略联动。百信银行通过向中信银行软开中心开放数据中台，双方技术团队合作开发共用数据平台，增强了业务协同和技术能力的赋能。

这些战略措施共同推动了百信银行成为开放银行模式的领导者，不仅在金融科技创新方面取得了显著成就，也为用户提供了更加丰富、高效的金融服务。百信银行的成功实践，为整个金融行业提供了一个开放合作、创新驱动的发展典范

通过这个案例，请思考以下问题：

（1）创新与合作的重要性。百信银行的成功实践如何体现了金融行业创新和合作的重要性。在面对金融市场的快速变化时，金融机构如何通过创新和开放合作提升自身竞争力与服务效率。

（2）金融科技的社会责任。在追求技术创新和业务拓展的同时，金融机构应如何履行其社会责任，特别是在保护消费者权益、数据隐私和金融安全方面的责任。在金融科技发展中，保障公众利益和推动社会可持续发展的策略与措施有什么？

思政课堂

云山村的"数字春天"

在偏远的云山村，生活着一群勤劳善良的村民。这里风景秀丽，但地处偏远，长期以来，村民们的生活一直较为闭塞，经济发展缓慢。云山村有一个特产——云雾茶。该茶叶品质极佳，却鲜为人知。村里的年轻人小明在大学毕业后选择回到家乡，他希望能用自己学到的知识改变村子的现状。

小明注意到数字金融的发展为偏远地区带来了新的希望。他启动了一个名为"云雾茶 e 家"的项目，目标是利用数字平台推广云山村的云雾茶，同时为村里的小微企业和农户提供数字金融服务，帮助他们解决融资难题。

小明首先与一家数字支付公司合作，为村民们开设了数字钱包，简化了他们的支付和收款流程。然后，小明通过社交媒体和电商平台对云雾茶进行宣传推广，很快就吸引了大量订单。随着生意的增加，云山村的茶农们急需资金来扩大生产规模。面对银行贷款难以申请的问题，小明又引入了数字小额信贷服务，帮助茶农通过线上申请贷款，快速得到资金支持。

　　小明的项目为云山村带来了经济上的改变，更重要的是，通过这一系列数字金融服务的引入，村民们的生活方式和思维观念也发生了翻天覆地的变化。云山村的孩子们通过网络了解外面的世界，他们的眼界被极大地拓宽了，年轻人开始学习和使用数字技术，老年人也能通过手机轻松管理自己的小额存款和支出。

　　启示：小明的故事展示了数字金融技术如何赋能偏远地区的社会经济发展，为他们带来"数字春天"。这个案例不仅生动展示了数字金融在促进地区经济发展、改善民生等方面的巨大潜力，也让我们思考，在数字化浪潮中，如何确保技术发展的普惠性，让更多的人群受益。同时，这个故事也提示我们，作为未来的金融科技从业者或用户，如何在享受数字金融的便捷的同时，培养对数字安全、隐私保护的意识，共同营造一个健康、安全、包容的数字金融环境。

第一节　数字金融概述

一、数字金融的概念

（一）数字金融的概念

　　数字金融是指利用现代信息技术，特别是互联网技术，对金融服务进行创新和优化的一种金融模式。数字金融涵盖了从支付、借贷、投资、保险到资产管理等多个领域，通过数字化手段提高了金融服务的效率和可达性。数字金融利用互联网、区块链、大数据、人工智能等先进技术，推动金融业新产品、新服务和新业态的创新。数字金融不仅仅是技术的应用，更是金融业支持数字经济、服务实体经济的关键力量。随着数字金融的发展，金融行业的传统模式正在被重新定义，这一趋势对经济的数字化转型提供了新的动力。近年来，我国数字金融展现出融合化、场景化、智能化、绿色化和规范化的特点，不断以数字化转型为核心。数字支付模式日趋成熟，数字人民币试点实现了重大突破，同时数字金融服务平台的建设不断加强，推动消费金融向更高质量、更健康有序的方向发展。

　　对于金融机构而言，理解数字金融的意义至关重要。数字金融被视为金融业在数字经济时代的关键战略方向，涉及数据、技术和服务的综合性变革。数据被认为是数字金融的基础，而数字技术则是重塑金融服务方式的关键。作为服务实体经济的助推器，数字金融通过降低服务成本、减少信息不对称，提高金融服务效率，从而全面提升服务实体经济的质量和效率。

　　虽然目前数字金融尚未有一个统一的定义，但各方已初步达成共识，认为数字金融的基本构成要素包括以下几点：

1. 参与主体广泛

数字金融的参与主体不仅包括传统金融机构，还包括数字平台企业、金融科技公司等。这种多元化的参与主体体现了数字化转型对金融行业的影响和开放性。

2. 依托数字技术、渠道和基础设施

数字金融的发展主要依托于数字技术、数字渠道和数字基础设施，这些技术和设施使得金融产品和服务的供给变得更加高效和便捷。数字技术的应用在金融产品和服务的创新与提供过程中起到了关键作用。

3. 数字化创新内容丰富

数字金融涵盖了促进金融产品服务、业务流程、商业模式等方面的数字化创新内容。这意味着数字金融不仅仅是技术的应用，还包括了对金融业务各个方面的重新构想和创新。

这些基本构成要素达成共识为进一步探讨和推动数字金融的发展提供了基础，也为金融行业的数字化转型指明了方向。

（二）数字金融与传统金融的关系

数字金融与传统金融之间的关系既密切又复杂，包含互补关系、替代和竞争关系等。

1. 互补关系

数字金融与传统金融的互补关系主要体现在以下几个方面：

（1）基础依托。传统金融为数字金融提供必要的资金、知识和基础设施支持。这种支持为数字金融的成长和创新提供了坚实的基础。

（2）融资环境。传统金融市场的成熟程度直接影响数字金融的创新与发展。借助传统市场的融资渠道，数字金融企业能够更有效地扩张和创新。

（3）智力支持。传统金融行业积累的深厚知识和经验成为培养数字金融人才的重要资源。

（4）基础设施。传统金融建立的金融基础设施在数字金融的发展中发挥着支撑作用，助力数字金融的广度和深度扩展。

2. 替代和竞争关系

数字金融与传统金融的替代和竞争关系主要体现在以下几个方面：

（1）融资约束。在某些地区，特别是对民营企业和中小微企业以及低收入群体，传统金融存在融资难题。这推动了这些群体向数字金融转移，寻求更灵活的融资方式。

（2）普惠性。相对于传统金融，在一些地区或领域的金融服务的普及和包容性方面，数字金融通过更广泛的覆盖能力形成了竞争优势。

（3）风险偏好。用户在选择金融服务时的风险考量也影响着传统金融与数字金融之间的竞争关系。尽管传统金融因其规范的监管体系而获得较高的信任度，但数字金融在信息安全和隐私保护上的挑战仍是用户需要考虑的因素。

总体来说，数字金融与传统金融之间的互补关系为数字金融的发展提供了坚实的基础和支持，而替代和竞争关系则更多地体现在服务范围的扩展、金融包容性的增强以及对风险偏好的响应上。这些多维度的关系共同促进了数字金融与传统金融的互动发展。

二、数字资产与数字货币

（一）数字资产

1. 资产的概念

数字资产（digital assets）正逐渐成为数字经济和金融领域的核心议题。区块链技术的兴起不仅为数字资产带来了前所未有的机遇，同时也带来了研究上的复杂挑战。为了深入探讨数字资产，首先需要明确"资产"的含义。尽管在法律层面缺乏一个严格和权威的定义，但我们通过汲取一些深思熟虑和具有启发性的观点，可以获得对资产的理解。

根据《企业会计准则》的规定，资产是指企业过去的交易或者事项形成的，由企业控制或者拥有的，预期会给企业带来经济利益的资源。

可见，资产是通过交易或约定行为形成的、有明确所有者或控制者的、预期能带来经济利益的权利集合体。

第一，资产的定义的核心在于其预期的经济收益，其中"预期"这一词特别关键。作为资产，并不一定需要产生实际的正向现金流或确定的经济收益，关键在于存在对未来经济利益的正向预期。这强调了对资产价值的主观判断和本质上的不确定性。因此，对于资产来说，预先设定收益分配规则是必须的，以应对即使收益未必实现的情况。

第二，将资产视为权利集合体的观点虽然更精确，但在日常使用中可能会带来不便。例如，人们通常会说"这栋房子是某人的资产"，但按照定义，更准确的表达应是"这栋房子的所有权和控制权的集合是某人的资产"。虽然为了语义上的精确性而改变日常说法不太现实，但简化的说法仍可接受，同时明确这是对资产概念的一种简化的理解。

第三，强调资产必须有明确的所有者或控制者，意味着对任何资产，都有一个确定的主体负责其安排和处置。这个"明确性"的要求，确保了资产控制权的清晰界定及其状态的可变更性和可控制性。

第四，资产的形成和调整通过交易或其他约定行为完成，展现了资产来源及其状态变更的方式。这里的"约定行为"可能包括各种形式的协议、法律法规、章程或习俗等，强调了资产状态调整的正当程序和外部规则的必要性。

第五，资产虽然本质上是权利的集合，但它可以通过标志性或物质性的形式表现，如货币、股票、期权等。这表明，尽管资产的本质不是物质本身，但资产可以有具体的物化表现形式。这对理解资产尤其是数字资产非常重要。

以上概念帮助我们探讨一些有趣的问题，如土地的所有权、健康是否能视为资产以及个人收藏品的价值等，进一步展现了资产定义的广泛适用性和深远意义。

[案例] 结合资产的定义思考：健康能否视为一种资产？

在我们的日常生活中，一个常见且被广泛接受的观点是"健康是人生最重要的资产"。这种说法不仅在各种健身和健康产品的广告中频繁出现，而且也被许多人作为生活哲学的一部分深信不疑。

基于这一案例，请查阅相关资料，思考以下问题：

（1）健康在多大程度上能够符合经济学中资产的定义？

（2）健康是否具备资产的传统特征，如可交易性、可衡量的经济价值等？

（3）在讨论将健康作为资产时，我们是否需要扩展或重新定义资产的概念，以更好地包含健康这一特殊的"资产"？

（4）社会和个人如何在实践中将健康作为一种资产来管理和投资？

2. 数字资产的概念

探索数字资产的起源，我们可以发现数字资产主要来自两个领域。一方面，传统资产的数字化过程，这包括将货币、股票、债券、期权以及其他金融衍生品转化为数字形式，使它们成为数字资产的一部分。这构成了现有的数字资产存量。另一方面，更值得关注的是数字资产的增量来源，即通过社群共识为某些消耗能源产生的数字内容赋予价值的过程，这被称为数字资产化。这不仅代表了数字资产的重要来源之一，而且预示着未来数字资产领域最为活跃、引人入胜且创新的方向。

结合数字资产的起源，数字资产可以分为狭义和广义两个层面：

（1）狭义的数字资产。狭义的数字资产主要关注传统金融资产的数字化。这包括了那些已经被转换成数字格式的有价证券，如股票、债券和票据等。狭义的数字资产着重于将传统的金融工具通过技术手段转化为便于在线交易、存储和管理的数字形式，从而提高了这些资产的可访问性和流动性。

（2）广义的数字资产。广义的数字资产包括一切形式的数字权益，不仅限于传统金融资产的数字版本。在这个更广泛的定义下，数字资产涵盖了所有代表个人或机构所拥有或控制的数字格式的权益和资源，不仅包括金融衍生品，还扩展到了加密货币、非同质化代币（NFTs）、数字内容、在线服务访问权限等，几乎覆盖了数字经济中的所有资产形式。广义的数字资产认识到了数字技术革新对资产定义的拓展，包括通过社区共识形成的全新数字资产类型，体现了数字经济的复杂性和多元性。

3. 数字资产的构成要素

在区块链系统中，通证（token）是一种数字资产，可以用于代表某个特定的资产或代币。在通常情况下，通证是通过智能合约发行的，可以用于代表各种不同类型的数字资产，如加密货币、代币、证券、商品、服务等。通证的概念为理解数字资产的构成要素提供了分析框架。数字资产的构成要素主要可以概括为以下三个核心要素：

（1）权益的确证。数字资产代表了一系列的权益，包括所有权、使用权、收益权等。这意味着，无论是身份认证、学历证书、货币、票据，还是说更具体的门禁卡、优惠券、股票和债券等，所有这些权益都能通过数字资产来实现和表现。通过区块链技术，这些权益在数字环境中得到明确的记录和验证。权益的确证不仅为资产所有者提供了对资产控制的法律基础，也是资产价值认可的关键。

（2）加密保障。数字资产的安全性和真实性由先进的加密技术保障，数字资产通过通证化形式，为其持有者确证了特定的权益。这些权益可能包括但不限于所有权、使用权、收益权等，甚至可以是对某项服务的访问权限。区块链上的加密算法确保了交易数据的安全传输和存储，防止了数据篡改和非授权访问，为数字资产的持有和交易提供了切实的保护。

（3）资产的流动性。数字资产的设计使其在全球范围内易于交易和转移。无论是在去中心化的交易平台还是传统的金融市场上，数字资产都可以轻松交易，提高了资产的流动性。这种流动性不仅限于货币化的资产，如加密货币，还包括各种非货币化的资产，如数字艺术品、收藏品（NFTs）等。此外，区块链网络的去中心化特性降低了交易成本，提高了交易速度和市场效率，使得资产可以迅速在全球范围内转移和再分配。

4. 数字资产的分类

区块链技术的兴起正在从根本上改变认识和使用经济资产的方式，催生了多种新型的数字资产。代表性的加密数字资产如比特币和以太坊，已经成为无法忽视的力量，它们在传统金融体系之外展现了强大的影响力。随着数据的资产化及传统资产的数字化不断推进，数字资产的界限逐渐扩大。基于区块链生态的起源与特性，数字资产可以大致分为两类，即原生数字资产和非原生数字资产。此外，还有一类特殊的资产——数字货币。

（1）原生数字资产。原生资产完全基于区块链技术，并在区块链网络内发行与流通。从一开始，这些资产就是以纯数字的形式存在，主要解决区块链上的各种问题。其以比特币和以太坊等加密货币为代表，此外还包括通过初次代币发行（ICO）等方式诞生的衍生数字资产。然而，需要注意的是，ICO在某些地区可能面临法律和监管的限制。

（2）非原生数字资产。非原生数字资产可以进一步细分为数字化资产和数据资产两类。

第一，数字化资产是指那些被转化为数字形式的传统资产，如股票、债券等。这不仅仅是将资产展示为数字形式，还包括了对资产信息、交易模式以及权属变化适应性的设计。

第二，数据资产是指那些基于互联网交易产生的数据，如交易数据、用户行为数据等。数据资产正在逐渐成为新的资产类别，体现了数据向资产化转变的趋势。

（3）数字货币。作为数字经济不可或缺的一部分，数字货币是连接不同企业和机构的"快船"。在数字资产的分类中，某些被视为数字货币的资产，如比特币、以太坊、一些私人或机构发行的加密货币、国家央行发行的法定数字货币，都属于特殊的数字资产类别。

通过这种分类，我们可以看到数字资产不仅仅局限于加密货币，其范围和影响力正不断扩大，涵盖了从资产数字化到数据资产化的广泛领域，同时也凸显了数字货币在未来数字经济中的核心作用。

数字资产的类型多样，随着区块链技术和数字经济的发展，除了数字金融资产（传统金融资产，如股票、债券、期权等的数字化版本）外，其他类型也在不断扩展和演化。一些主要的数字资产类型如下：

（1）加密货币。加密货币是最常见的数字资产类型，是基于区块链技术的加密货币，如比特币、以太坊等。加密货币主要用作交易媒介、价值存储或投资工具。加密货币是基于区块链技术的一种资产形式，通过加密算法确保其安全性和完整性。这类资产存在于去中心化的网络中，不依赖于传统的金融机构或中央权威进行管理或验证。

比特币是最著名的加密数字资产示例，于 2009 年由一个化名为中本聪的人或团体创立。比特币使用去中心化的区块链技术来记录所有交易，保证了其不可篡改和透明。比特币的供应量是有限的，最多只能有 2 100 万个比特币，这种稀缺性使其成为一种受欢迎的价值存储手段。比特币不仅可以用作数字货币进行交易和购买商品，也成为投资和投机的对象。比特币的创新之处在于其打破了传统金融体系的界限，引领了加密货币和其他加密资产的发展潮流。从全球视角观察，比特币在 2020 年成为表现最出色的资产类型，其价格在这一年里从 2019 年年底的 7 200 美元飙升至 2020 年年底的 29 000 美元，实现了高达 302.78% 的涨幅。这一涨幅远超过了全球主要的股票指数、债券市场、外汇市场、大宗商品以及其他投资产品。

（2）非同质化代币（non-fungible tokens，NFTs）。非同质化代币是基于区块链技术的独特数字资产，有着不可互换性和唯一性的特点。与加密货币（如比特币或以太坊）这类的同质化代币不同，每个非同质化代币都有独一无二的识别码和元数据，区分于所有其他的代币。非同质化代币的这些特征使它们成为代表数字或实体艺术品、收藏品以及其他独特资产的理想工具。

（3）稳定币。稳定币是一种旨在保持其市场价值稳定的加密货币，不像比特币或以太坊等加密货币那样价格波动剧烈。稳定币通过与稳定的资产（如美元、欧元或黄金）挂钩，或者通过算法机制来维持其价值稳定。它们主要被用作交易媒介、价值存储手段以及在去中心化金融（DeFi）领域中的各种应用。

泰达币（USDT）是使用最广泛的稳定币之一，由 Tether Limited 公司发行，目的是将美元的稳定价值带入数字货币世界。每个泰达币理论上都由 Tether Limited 公司的美元储备 1∶1 支持，这意味着 1 泰达币的价值等同于 1 美元。泰达币可以用于加密货币交易所进行交易，也广泛应用于去中心化金融项目中。泰达币的流通提供了一种在加密货币市场中避免价格波动的方式，同时允许用户快速轻松地将加密资产转换为等值的美元价值，而无需将资金转回传统银行系统。

(二) 数字货币

1. 数字货币的概念

数字货币又称数字货币电子支付 (DCEP)，是一种全电子形式的支付工具。这种货币完全基于电子技术，不附着于任何实体形式，而是通过加密技术和计算机程序生成。与传统货币相比，数字货币具有诸多优势，包括防伪造性强、支持点对点的即时交易和流通性高。

2. 数字货币的类型

根据发行主体的不同，数字货币可以分为两大类：一类是法定数字货币，主要由各国中央银行发行，采用加密数字串代表确定的货币金额；另一类是非法定的加密数字货币，包括比特币 (BTC)、以太坊 (ETH) 等通用加密货币以及泰达币 (USDT)、天秤币 (Libra/Diem) 等稳定币。

加密货币与法定货币的对比如表 10-1 所示。

表 10-1 加密货币与法定货币的对比

项目	加密货币	法定货币
政府监管及政策	各国政府对加密货币的态度不同，美国和日本等国家允许其交易，而中国等一些国家则禁止其交易由于交易的匿名性和获取渠道的多样性，难以监控和跟踪	在所有国家均合法由国家政府监管
用途	投资工具、支付方式、兑换其他加密货币	主要是支付方式
发行主体	独立运作、通过"挖矿"生产和分发	中央银行
单位	比特币、以太坊	美元、欧元、人民币
供给	有限的，如比特币限制在 2 100 万	无限
是否需要中介	交易只涉及两方，无需中介	交易需要银行或支付服务提供商
是否支持退款	交易完成后无法退款	可以退款
价格	不稳定	相对稳定

（1）法定数字货币。中央银行数字货币 (central bank digital currency，CBDC) 是国家官方货币的电子版，又称为数字法定货币或数字基础货币。这种货币形式是由国家的法律和货币政策制定机关，即中央银行，确定并发行的，中央银行数字货币具有与传统纸币和硬币相同的法律地位，可以广泛用于银行间清算、零售支付以及跨境交易结算等多种金融场景。

国际货币基金组织 (IMF) 认为 CBDC 是一种新的货币形式，它具有如下特点：

第一，数字形式。CBDC 完全以电子数据存在，与传统的实体货币（如纸币和硬币）相比，它在电子设备中以数字代码的形式存储和流通，通过高级的加密技术确保交易的安全性和货币的稳定性。

第二，由国家的中央银行发行。CBDC 直接由国家的中央银行发行和维护，这提供了无与伦比的信任基础，并确保了其价值的稳定性。

第三，作为法定货币。CBDC 具有与国家的传统货币同等的法律地位，可以在所有法定交易中使用。这包括税收、债务偿还、商品和服务的购买以及作为法定支付手段的所有其他用途。

根据国际清算银行（BIS）2020 年对全球 CBDC 的第三次调查，全球共有 66 个中央银行，其中 86%正在研究 CBDC 的相关问题，并且已有大约 10%的中央银行处于即将发行本国 CBDC 的阶段。CBDC 的推行是各国政府为了对抗加密资产可能对传统法定货币构成的挑战，并在未来的全球货币体系中获取有利地位而采取的关键策略。这一措施对金融业及其监管框架产生了广泛且深刻的影响。

根据 BIS 的定义，CBDC 可以根据不同的用户群体和应用场景分为以下两大类：

第一类是批发型 CBDC。它基于代币系统，主要面向商业银行和其他大型金融机构，用于处理高额支付和结算。这种 CBDC 可以提高跨境支付的效率和安全性，降低支付成本，从而有力地支持国际贸易和金融交易。

第二类是零售型 CBDC。它既可以基于账户系统，也可以基于代币系统。这种 CBDC 面向广泛的公众，包括个人和企业，可以作为现金的补充，在日常的零售交易中使用。零售型 CBDC 的高效便捷性有助于增强支付市场的竞争性，并可以与现有的电子支付工具互为补充。

（2）非法定的加密数字货币。非法定的加密数字货币可以分为通用加密货币和稳定币两大类。典型的通用加密货币有比特币和以太坊，这类货币的特点是价格波动较大。稳定币，如天秤币和泰达币，则通常与美元等法定货币或其他稳定价值的资产挂钩，为加密货币市场提供了相对的稳定性。

加密数字货币是利用特定加密算法生成的数字资产，其不依赖任何中心化机构发行，理论上不受政府干预。自比特币问世以来，私有数字货币领域经历了迅猛发展，其底层技术日趋成熟，支付方式也变得更加便捷和安全。

目前，海外的私人数字货币主要分为六大类：一是去中心化数字货币，如比特币；二是可编程数字货币，如以太坊；三是数字稳定币，如泰达币；四是专注于跨境支付的数字货币，如瑞波币（XRP）；五是金融机构数字货币，如摩根币（JPMCoin）；六是超主权数字货币，如天秤币。

3. 中国的数字货币的发展趋势

自 2014 年起，中国人民银行便着手对法定数字货币进行了深入研究，成立了专门的研究小组。到 2017 年，这个小组进一步演变为数字货币研究所。在 2018 年 6 月，中国人民银行成立了深圳金融科技有限公司，以推动数字货币的开发和应用。2019 年 10 月，在庆祝中华人民共和国成立 70 周年的首场新闻发布会上，中国人民银行行长易纲公开宣布，央行数字货币将被引入市场以替代部分现金流通。这一系列动作表明，中国正在积极推进数字货币的研究与实施，有望成为全球首个正式发行数字货币的主要经济体。

数字人民币作为中国人民银行正式发行的数字货币，参与其运营的是中国人民银行指定的运营机构，这些机构负责将数字人民币兑换给公众。数字人民币建立在广义的账户体系之上，能够支持与银行账户的松散绑定，意味着用户不必依赖于一个严格的银行账户结构就能使用。数字人民币与传统的纸币和硬币等价，不仅拥有货币的所有基本属性和法定偿还能力，还提供了可控的匿名支付功能。根据中国人民银行数字人民币研发工作组在 2021 年 7 月发布的《中国数字人民币的研发进展白皮书》，中国人民银行对法定数字货币的研究与开发给予了高度重视。目前，数字人民币的试点规模正在有序扩展中，其应用场景也在持续拓宽。

数字人民币实行了一种双层运营体系，其中第一层为中国人民银行，而第二层由商业银行、电信运营商以及第三方支付网络平台等构成。在这一模式下，指定的商业银行，如中国银行、中国农业银行、中国工商银行、中国建设银行、交通银行、邮政储蓄银行以及网商银行（支付宝）被赋予了为用户开设数字人民币钱包的权限。数字人民币的流通主要针对企业和个人用户，它支持与银行账户的松散绑定，从而使得能够享受数字人民币服务的用户群体比传统银行服务的覆盖面更广，有利于推动普惠金融的发展。

此外，数字人民币具备"双离线"支付功能，即在收款和付款双方设备均处于无网络连接状态下，也能完成支付过程。这一功能使得数字人民币能够适应在无网络覆盖的地下室、停车场、偏远山区或遭遇地理灾害等特殊情况下的支付需求。这种双离线支付特性是通过近场通信（NFC）技术实现的，要求收付双方的设备均配备能支持安全芯片的硬件钱包。

[案例] **数字人民币**

数字人民币应用程序提供了一个便捷的平台，让用户能够使用数字人民币开展支付、资金管理、购物等多种金融活动。在包括深圳、苏州、雄安、成都、上海、海南、长沙、西安、青岛和大连在内的试点城市中，数字人民币的推广主要通过该应用程序以红包的形式进行。

基于这一案例，请查阅相关资料，思考以下问题：

（1）数字货币与社会管理。在数字人民币试点城市中，红包形式的推广方式引起了广泛关注。在实施数字货币的过程中，如何通过科技手段和政策引导，有效进行社会管理和公众教育，以提高公民对新兴金融工具的理解和接受度。

（2）隐私保护与金融创新。随着数字人民币等金融科技应用的普及，个人隐私保护问题逐渐成为公众关注的焦点。在推动金融科技创新的同时，如何建立和完善个人信息保护的法律和制度框架，确保公民隐私权不被侵犯。

（3）金融知识普及与消费者保护。数字人民币的推广也提醒我们需要加强公民的金融知识教育，提高公民的金融素养。如何通过教育和政策引导，加强消费者保护，防范金融诈骗，确保数字货币的健康发展。

第二节　数字金融业态

一、数字银行的概念与类型

（一）数字银行的概念

数字银行是指运用数字技术，特别是互联网、移动通信、大数据、云计算和人工智能等现代信息技术，提供金融服务的新型银行。与传统银行相比，数字银行不仅仅是将传统银行服务电子化，而是在服务模式、产品创新、客户体验等方面进行深层次的变革和创新。数字银行通过无缝整合数字技术，提供全天候、全方位、高效率的银行服务，包括但不限于账户管理、支付转账、信贷服务、投资理财和个性化金融咨询等。

2021年3月，中国正式发布《中华人民共和国国民经济和社会发展第十四个五年规划和2035年远景目标纲要》（以下简称《纲要》）。《纲要》详细描述了未来5~15年的国家发展愿景和策略。2022年年初，国务院正式发布了《"十四五"数字经济发展规划》，标志着"十四五"时期数字经济发展方向的明确指引。同时，中国人民银行与市场监管总局、中国银保监会、中国证监会等合作，陆续推出了《金融科技发展规划（2022—2025年）》《中国银保监会办公厅关于银行业保险业数字化转型的指导意见》《金融标准化"十四五"发展规划》，进一步为金融行业的数字化转型提供了政策动力。

随着大数据、云计算、人工智能、区块链等技术基础日益坚固，用户对金融服务的需求正向高效、便捷、精准、个性化方向发展，金融行业运用数字技术创新业务模式、提高业务效率的需求日益迫切。在政策推动、技术进步和市场需求的多重驱动下，银行业正在加速推进营销、客户获取、风险控制等方面的发展。

银行数字化转型是一场跨越数十年的演变，包括自动化、电子化和数字化三个阶段：

1. 自动化阶段

20世纪70年代，随着自动柜员机（ATM）的引入，银行服务开始迈向自动化，减少了对柜台人员的依赖。进入20世纪80年代和20世纪90年代，自动化技术在信用卡管理和贷款审批中得到应用。这一时期银行业务自动化系统的硬件成本高昂，维护更新费用巨大，对小型银行构成了不小的财务负担。

2. 电子化阶段

互联网和电子移动设备的发展催生了电子银行，使得银行业务得以在线上展开，用户能够通过网络进行转账、支付账单等操作。电子化时代标志着交易服务从人工转向自动化，并从线下转到线上，同时促进了金融服务供需两侧的场景变革，满足了当时社会的大部分金融服务需求。

3. 数字化阶段

当下，银行正依赖大数据、人工智能、区块链、云计算和生物识别等前沿技术进行业务数字化转型。这些技术提高了效率、降低了成本，并推动了服务创新，更适应激烈的市场竞争。此外，金融科技的发展引入了非传统金融参与者，如科技公司，它们通常响应迅速、更能满足消费者需求。新兴金融科技企业的兴起给传统银行带来了前所未有的竞争压力，促使传统银行必须转型升级，以适应新的市场环境。这个过程不仅是技术上的变革，更是服务模式和业务逻辑的根本改变。

在中国，参与数字银行市场的机构大体分为两类：一类是由传统银行创立的直销银行，另一类是以微众银行为典型代表的互联网银行。这两类市场参与者均选择将互联网作为主要的业务推广渠道，并依靠数字科技来满足监管要求、提升业务效率，为传统的银行业务注入新的动力。

（二）数字银行的类型

数字银行的发展为金融领域带来了创新和变革，具体到直销银行、互联网银行和智能银行等三种类型的数字银行，它们各自的特点和典型例子如下：

1. 直销银行

直销银行又称虚拟银行，是一种通过互联网和其他电子方式提供服务，而非传统实体分行的零售银行。这种银行模式能显著降低维护传统分行网络的成本，主要依赖网上银行、电话银行服务、ATM（通过联盟网络）、邮件和电话提供远程服务。直销银行的概念随20世纪90年代初期在线银行技术的发展而兴起，此后逐渐成长。进入21世纪，网上银行业务和电话银行业务已成为零售银行业务的基础。虽然许多直销银行属于传统银行，但它们通过较高的运营效率提供更优惠的利率吸引了大量客户。

直销银行的历史始于1989年，当时First Direct在英国推出了世界上首个全功能的电话银行服务，开创了无实体分行、提供24小时服务的新模式。随后，出现了完全基于互联网的虚拟银行，它们无需传统的银行基础设施，如分行网络，从而能够节约成本并提供更有竞争力的金融产品。这一新型银行形态最初受到消费者的谨慎对待，但随着技术和信任的建立，逐渐获得了广泛接受。

在美国，1995年推出的安全第一网络银行（SFNB）成为首批获得联邦存款保险公司（FDIC）保险的直销银行之一，证明了直销银行模式的可行性。紧随其后，ING Direct等银行通过专注于在线储蓄账户的战略，在国际上取得了巨大成功。到了 1999 年，随着 First-e 等银行的出现，直销银行在欧洲也开始快速发展，尽管一些银行在互联网泡沫破裂后停止运营。

在亚洲，2000 年，新加坡华侨银行推出的 finatiQ 成为该地区的首家虚拟银行。中国香港在 2018 年通过发布虚拟银行牌照指引，正式开启了虚拟银行的发展，至 2019 年已颁发首批牌照。直销银行的发展历史反映了金融服务业在技术创新和客户需求变化面前的适应与进化，展现了向更高效、便捷的服务模式转变的趋势。

2014 年 2 月，民生银行引领国内金融创新，首次推出直销银行这一全新的运营模式。该模式突破了传统银行的运作方式，取消了物理网点和实体银行卡的需求，转而采用完全线上化的管理和服务流程。其目的是为客户提供更加方便、经济的金融服务体验。得益于线上运营带来的成本效益和较强的市场拓展能力，这一模式依托"小利润，高销量"的商业原则，迅速得到其他国内银行的响应和模仿。随着越来越多的银行加入这一潮流，建设直销银行项目的机构数量一时间超过 100 家，标志着互联网金融时代银行业务模式的一次重大转变。

百信银行是一个杰出的直销银行案例，展示了金融监管创新如何在中国蓬勃发展。它是经国务院特批、由中国银保监会主导成立的首家国有控股互联网银行，标志着中国独立法人直销银行的诞生。在股权结构上，百信银行采用了国有银行和互联网公司合资的模式，2017 年成立之初由中信银行持有 70% 的股份，百度持有 30% 的股份。这种结构不仅融合了商业银行的稳健性和互联网公司的创新灵活性，也铸就了其"诚信、创新、简单、高效"的企业文化。

在运营上，中信银行为百信银行提供流动性管理与风险管控方面的支持，而百度则提供技术、数据和场景方面的支持。这种协同合作使得百信银行能够在保障风险控制的基础上，迅速启动业务并加速创新步伐。百信银行的与众不同之处在于，尽管它属于直销银行的范畴，但在人力、风险、财务和技术等关键方面保持了独立性，其市场化程度超过了其他直销银行。

自成立以来，百信银行已两次增资扩股，2018 年增资 20 亿元，股权结构保持不变。更引人注目的是，2020 年，百信银行成功吸引了国际知名的外部战略投资者——加拿大养老基金投资公司。这一行动得到了中国银保监会的正式批复，同时是对百信银行商业模式得到国际认可的显著标志。

百信银行的案例体现了直销银行如何通过与大型科技公司的合作以及通过吸引外部投资者的方式，既增强了自身的资本实力，又提升了在全球金融市场中的竞争力和可信度。百信银行是金融创新与互联网技术结合的产物，展现了数字金融发展的新趋势。

2. 互联网银行

互联网银行是没有实体营业网点、完全依靠互联网技术提供客户服务的新型银行，又被称为网上银行。中国香港特别行政区通常将其称为虚拟银行。简而言之，互联网银行将传统银行的各项业务转移到网上，使得银行业务的所有操作都能在线上完成。互联网银行能够提供包括存款、贷款、支付、结算、货币转账、电子票据、电子信用、账户管理、货币交换、投资理财以及金融信息等一系列全面的服务。

实际上，直销银行也属于互联网银行的范畴。两者的不同之处主要在于起源和股权结构上的差异：互联网银行多是由互联网企业转型成立，股权结构更倾向于私有资本；直销银行通常由传统银行演变而来，因此具有更浓厚的银行业背景。尽管有这些差异，两者在技术和业务模式上并没有根本的不同。在直销银行的模式下，银行也不设置实体营业网点，不发行实体银行卡，而是通过电脑、电子邮件、手机、电话等电子渠道提供服务和产品。

（1）国外互联网银行的发展动态。互联网银行的发展在全球范围内持续增长，自1995年美国安全第一网络银行成立以来，这一新型银行模式在英国、日本、德国等国家迅速扩散并得到确立。

美国的ING Direct USA成为该国最成功的互联网银行之一，实行高存款利率和低贷款利率策略，通过规模效应获利。该行还推出了点击呼叫服务，提升了类似于传统银行网点的客户服务体验，并有效利用母公司流量与社区活动进行营销，推动金融产品的销售。

英国的Atom银行则结合了对企业和个人消费者的服务，提供商业贷款、抵押贷款和储蓄账户，以有竞争力的存款利率和低成本的贷款吸引客户。该行通过云端运营降低成本，并快速响应客户需求。

日本的互联网银行代表如乐天银行，采用了与子公司证券公司的联合服务模式，通过银行和证券账户的紧密连接，增强了资产管理能力，提供便捷和高回报的服务。

德国的Fidor银行除了提供传统的零售银行服务外，还积极运用在线社区战略，奖励活跃用户以抵消账户费用，提升了客户参与度和满意度。

这些例子共同表明，互联网银行通过高效的线上服务模式、创新的营销策略和技术应用，正在重新定义金融服务的提供方式，并且正在为客户带来更多的便利性和高效率的金融解决方案。

（2）中国互联网银行的发展动态。中国互联网银行的发展以提供全数字化运营的民营银行为主，致力于服务广大民众及中小微企业，通过数字技术降低融资门槛，拓宽普惠金融的路径。这些银行通过降低交易成本和服务费用，提供个性化金融产品，满足特定客户群的需求，从而成为我国金融市场体系的重要补充。

主要的互联网银行如上海华瑞银行、前海微众银行等，以服务小微企业和个人客户为核心，推动普惠金融服务覆盖超过1亿客户，实现业务和盈收的稳步增长。与传统银行相比，这些互联网银行在面向消费者的业务上具有明显优势，通过在线触客和先进的风险控制技术，提供低成本、高效率的服务。

互联网银行的经营特征包括无线下网点的 7×24 小时在线服务，差异化的资产端竞争，负债端的价格竞争策略以及科技驱动的业务发展。通过这些特点，互联网银行在中国形成了与国际银行相协同的独特业务模式，全面利用数字技术简化金融服务流程，同时确保数据安全和客户隐私保护，提升用户体验和服务效率。

微众银行自 2014 年成立以来，已经成为中国领先的民营数字银行。微众银行秉持"融入生活、持续创新、领先全球的数字银行"战略愿景，通过广泛运用金融科技，不仅显著扩大了金融服务的覆盖范围，而且专注于满足普罗大众、个体工商户以及小微企业的多元化金融需求。尽管近年来面临政策红利减少和监管加强的挑战，微众银行依旧凭借其独特的差异化竞争优势，在民营银行中脱颖而出。

与传统银行不同，微众银行没有实体网点，主要通过线上平台，结合人脸识别技术和大数据风险控制，向消费者提供金融服务。这种模式的优势在于更低的运营成本和更广泛的受众覆盖，但同时对平台的客户资源和数据处理能力提出了更高的要求。微众银行的成功在很大程度上得益于其背后的强大股东——腾讯。作为"流量之王"，腾讯为微众银行提供了巨大的客户基础和数据支持，使其在获客方面具有显著优势。微众银行的主打产品"微粒贷"是国内首个全流程线上运营的贷款产品。依托腾讯的流量和技术优势，迅速获得市场认可，成为微众银行利润的主要来源。

网商银行相比，微众银行在个人金融服务方面表现更为出色，尤其是在个人有效客户数量上远超网商银行。网商银行虽然是后起之秀，但专注于普惠小微、产融小微和农村客户三大核心领域，致力于构建"普惠银行、交易银行、开放银行"的业务模式，通过场景化金融服务，广泛覆盖电商、线下小店、企业客户、经营性农户以及供应链小微企业等，有效满足实体经济的精细化金融需求，与微众银行形成了差异化的市场定位。网商银行通过"310"纯线上贷款模式等创新，有效服务了广大小微经营者，而微众银行则通过腾讯的平台优势，在个人消费贷款领域取得了显著成就。

微众银行借助其数字银行的先发优势和腾讯的强大支持，在中国民营银行领域占据领先地位。网商银行则凭借对小微企业和农村金融服务的深入挖掘，形成了自己独特的市场竞争力。两家银行各有侧重，共同推动了中国互联网金融的发展。

[案例] 微众银行和网商银行在 ESG（环境、社会和治理）战略体系采取了积极的措施来推进金融服务的普惠化和绿色化

微众银行在 2021 年构建了以"让金融普惠大众"为核心的 ESG 战略体系，强调可持续发展和科技的融合。微众银行制定了明确的碳减排目标和路径，并在 2022 年达到了运营碳中和的里程碑。同时，微众银行注重满足小微企业和一般大众的金融需求，并特别关注特殊群体，如老年人、视障、听障等人群的金融服务需求，致力于打造适老化和无障碍的金融环境。此外，微众银行也通过参与免费午餐公益项目和"惠蓝种子计划"等活动，

积极承担社会责任，支持中小微企业的人才发展。

网商银行由蚂蚁集团发起成立，专注于服务小微企业和农村市场。网商银行以科技为驱动力，推出了"310"纯线上贷款模式，大幅简化了贷款流程，特别是对那些通常难以获得金融支持的小微经营者。通过"小微绿色评价体系"，网商银行激励小微经营者进行绿色转型，并为客户提供优惠的绿色贷款。截至 2022 年年底，网商银行的服务已经覆盖了中国一半的涉农区（县）。此外，网商银行还利用智能技术提供精准金融服务，以满足小微商户的金融需求，并开发了"大山雀"卫星遥感风控系统和"大雁系统"等技术，以支持农业大户并促进开展绿色经营，提供了超过 200 亿元的绿色采购贷款。

基于这一案例，请查阅相关资料，思考以下问题：

（1）科技在推进金融服务普惠化和绿色化中扮演了什么角色？微众银行和网商银行怎样利用科技创新，特别是在碳减排、金融服务无障碍化、绿色贷款以及智能风控等方面的应用？这些科技创新如何帮助银行更好地实现 ESG 目标。

（2）金融机构在实现社会责任和可持续发展目标方面面临哪些挑战和机遇？金融机构在实施 ESG 战略时可能遇到哪些障碍？金融机构如何利用这些战略来抓住新的发展机遇，特别是在促进环境保护、社会公平和良好治理方面。

3. 智能银行

智能银行作为智能金融的一种体现，融合了人工智能的核心技术与金融服务，旨在通过技术革新推动金融行业的全面升级。在定义上，智能银行不仅仅是将人工智能技术应用于金融产品的设计和服务流程的优化，更是以机器学习、知识图谱、自然语言处理、计算机视觉等新一代技术为主要动力，对银行的每一个业务环节进行深度智能化改造。这样的改造使得银行能够更深入地分析和理解客户的行为和风险偏好，从而提供更加个性化、差异化的金融服务产品，显著提升用户体验。

智能银行的业态远超过传统的自助服务渠道，它通过引入智能设备，如可视化柜员机（VTM）等，实现了服务的高度智能化和便捷化。这些智能设备不仅能够提供传统 ATM 的基本服务，如存取款和转账，还能提供远程人工服务、自助开户和自助申领储蓄卡及信用卡等更加全面的金融服务，实现了 24 小时全天候的无缝服务。智能银行通过这样的业态变革，不仅极大地提高了金融服务的效率和覆盖范围，也为银行和客户之间的交互提供了全新的模式，开启了金融服务创新的新篇章。

智能银行作为银行业的新兴业态，呈现出多种业务场景，其中包括客户服务、欺诈防范与安全、投资组合管理、信贷决策等关键领域。通过整合和应用人工智能核心技术，智能银行不仅重塑了金融产品和服务的提供方式，也极大地提高了银行业务的效率和安全性，同时优化了客户体验。

（1）客户服务。在客户服务领域，智能银行通过实现线上化、数字化、智能化来应对互联网的挑战，开启了金融服务行业转型的新篇章。这种转型背后的核心是智能客服系统的广泛应用。智能客服系统通过深入理解客户的多样化需求，采用语音交互、产品交互或文字交互等多种方式，利用智能引擎精准地识别并匹配细分产品。这不仅提高了服务效率，也极大地丰富了客户的服务体验。

例如，中国工商银行推出的智能客服"工小智"，不仅在线上能够满足用户的基本业务咨询和信息查询需求，还能融入线下智能化网点建设，以机器人形式参与网点业务的分流、扫码取号和客户服务等环节，实现了600多个具有数字员工属性的智能应用场景。招商银行的"小招客服"通过全托管和辅助应答功能，实现了人力的有效替代，超过了1.2万人的工作量。浦发银行和宁波银行分别推出的"小浦"和"小宁"，都是针对智能产品推介和业务咨询的智能化服务，展现了智能客服在不同银行业务中的广泛应用。

尽管智能客服带来了诸多便利和效率的提升，但当前系统中存在的机械化、重复化的交流模式，仍是亟须解决的问题。大多数智能客服系统仍基于规则或预设脚本运行，面对超出预设能力范围的复杂或模糊问题时，往往难以提供有效解决方案。这与基于生成式人工智能技术的客户体验，如ChatGPT所提供的流畅、自然的对话体验相比，仍有明显差距。因此，智能银行在未来的发展中，需要不断优化智能客服系统，提高其自我学习和处理复杂问题的能力，以更好地满足客户的个性化需求，进一步提升客户服务的质量和效率。

（2）欺诈防范与安全。在欺诈防范与安全方面，智能银行利用人工智能技术，如机器学习和大数据分析，来识别和防范欺诈行为，提高交易的安全性。

在智能银行的欺诈防范与安全领域，"预训练+精调"的大模型技术提供了一种低成本且高效的智能模型解决方案，显著提升了场景应用的精确性。这种模式允许银行为不同的业务场景定制风险控制模型，有效增强了银行在识别和防范金融风险方面的能力。

这种定制化的风险控制模型能够更精准地识别各类风险，提高了银行对特定场景下风险的管理和应对能力。例如，浦发银行与百度"文心一言"合作开发的金融行业模型，显著提升了金融文本命名实体识别的准确性，F1值提高了约3%，这对提升授信报告的处理效率具有重要意义。该模型在金融语义相似度识别、金融事件主体抽取等方面相较于通用大模型取得了显著的进步，进一步提高了银行在数据处理和风险预测方面的效率与准确性。

这种技术的应用不仅在于提高操作效率和减少人为错误，更重要的是在实时性和预见性上的大幅提升，使得银行能够更快速、更有效地响应各种风险事件，保障金融交易的安全性，同时也保护了客户的资产安全。这标志着智能银行在欺诈防范与安全管理方面迈入了一个全新的阶段，为金融行业的可持续发展提供了强有力的技术支持。

（3）投资组合管理。在投资组合管理领域，智能银行通过人工智能技术提供更准确的市场分析和风险评估，辅助投资者做出更好的投资决策。蚂蚁金服的智能投顾系统"帮你投"和"支小宝"通过分析客户的资产信息、风险偏好以及投资目标等数据，为客户推荐合适的投资产品，同时提供个性化的理财服务，从而实现投资组合价值的最大化。

（4）信贷决策。智能银行在信贷决策方面的应用显著提高了贷款审批的效率和准确性。通过机器学习技术分析贷款申请人提供的数据，智能银行可以快速评估贷款对象的信用风险，制定更合理的贷款决策，降低贷款违约率。

以科大讯飞的智能化大模型为例，它专门针对信用卡使用、消费分期或小微企业等不同用户群体的六大关键场景，运用生成式网络、逻辑回归等算法构建了相应的智能化模型，全面覆盖了信贷过程中的贷前、贷中以及贷后流程。

智能银行的实施不仅推动了金融服务的创新发展，也面临着技术、安全和监管等方面的挑战。未来，随着人工智能技术的不断进步和金融行业的深度融合，智能银行将不断提高服务效率、改进服务体验。

二、数字保险的概念与类型

（一）数字保险的概念

在数字化时代背景下，数字保险作为金融科技创新的一部分，通过整合最新的信息技术，如大数据、人工智能、移动互联网和云计算等，重新定义了保险行业的运作模式。数字保险不仅仅局限于传统保险服务的电子化，而是深层次地改变了保险产品的设计、定价、营销、销售和理赔流程，实现了保险服务的高效化、个性化和智能化。数字保险的目标是打破时间和空间的限制，提供全天候、无缝连接的保险服务，同时通过数据分析和智能技术提升风险管理能力，优化用户体验，降低运营成本。

在保险科技的实际应用中，技术在各环节的运用显著提升了保险行业的效率和服务质量。

1. 产品研发

在这一环节，保险科技主要依赖于大数据分析，辅助精算师进行风险定价和定制化产品的开发。通过深入分析消费者行为、市场趋势和风险模型，保险公司能够设计出更符合目标客户需求的保险产品，同时确保产品的风险和收益保持平衡。

2. 营销环节

人工智能技术核心的智能化服务平台正在逐渐替代传统的保险代理人推销模式。保险公司利用大数据分析，实现精准营销，向目标客户群体推送最合适的保险产品和服务。例如，"随身保典"应用程序为保险代理人提供了一个在线的知识共享社区，成为他们的"智库"，通过知识和科技赋能保险从业人员，支持他们的业务技能提升。

3. 核保和理赔环节

保险科技在这一环节的应用主要体现在提高企业的风控能力。区块链技术的应用能够实现唯一性验证和多平台整合，大数据匹配功能支持自动核保和反欺诈识别。识别成功后，智能合约和自动赔付的操作极大提升了理赔效率，简化了理赔流程，加快了理赔速度，提升了客户满意度。

（二）数字保险的类型

近年来，随着互联网技术的快速发展，中国的互联网保险业态经历了显著的变革，成为推动保险业转型发展的重要力量。这一新兴业态通过渠道、场景、平台的创新，为保险行业带来了全新的生机与活力。

1. 保险电商

互联网保险的核心之一——保险电商，即通过互联网销售保险产品的商务模式，彻底改变了保险业务的传统运营方式。保险电商利用互联网的广泛覆盖和便捷性，将原本线下烦琐、效率低下的保险服务流程转移到线上，实现了从咨询、购买到理赔的全过程数字化，极大提升了服务的效率和便捷性。在线咨询、自助服务、在线销售、在线客服等功能的集成，不仅让客户享受到更为优质的服务体验，也为保险电商品牌的建设奠定了坚实的基础。

自1997年中国保险信息网接收到首张网上投保意向书开始，2006—2009年网上保险业务逐步实现在线展业、咨询和投诉等服务，保险电商已经从一个简单的展示平台逐渐演化为一个注重全方位客户体验的营销平台。伴随着数字经济的加速发展和网民规模的扩大，保险公司、中介机构以及互联网巨头纷纷加入互联网保险的行列，形成了一个竞争与合作并存的生态系统。

保险电商模式的优势在于其方便快捷、透明简单、多样选择、成本低廉等特点，这些优势让互联网保险服务更加符合现代消费者的需求，也使得互联网保险在过去十年中实现了65%的复合增长率。然而，保险电商的发展也面临一些挑战，如保险种类和险种的限制、安全性问题、配送和签名等法律问题。

展望未来，互联网保险，特别是保险电商，将继续在中国保险行业中扮演关键角色。加强传统业务流程的数字化和线上化，将为保险行业带来新的发展机遇。率先完成数字化转型的保险公司，无疑将在新一轮的市场竞争中占据有利地位，开启保险行业在线数字化的新篇章。

2. 场景保险

场景保险是一种创新型保险业务模式，它基于用户在特定场景（如在线购物、旅行等）中可能遇到的风险，提供相应的保险产品。例如，退货险、航空延误险和航空意外险等。这种保险模式通过直接融入用户的消费过程和生活场景，为物流、商品品质、安全问题等提供保障，显著增强了买卖双方的信任度，并激活了在线消费市场，促进了消费者需求的进一步释放。互联网消费的繁荣反过来也刺激了更多的保险需求，促进了场景保险产品的创新和多样化。

场景保险分为线上和线下两类。线上场景包括通过社交媒体平台营销保险产品，将潜在客户吸引至特定的购买场景，从而提高转化率。线下场景涵盖了通过银行销售理财险、通过汽车销售店销售车险、通过旅行社或机票代理公司销售旅行意外险和航班延误险以及通过人力资源公司提供企业团体险等方式。

场景保险的兴起得益于移动互联网技术的快速发展，这带来了全新的消费需求和场景，进而衍生出新的保险需求。随着智能手机技术的升级和移动支付的普及，利用互联网保险来管理这些风险成为可能。互联网场景保险不仅应对了传统风险，也应对了随着电子商务等新经济模式而产生的新型风险，如退货险、乘客意外险和食品安全险等。这些保险产品的出现，既是对新平台运营中出现风险的响应，也进一步推动了保险业务的创新发展。

场景保险在促进业务成交方面发挥了重要作用，它不仅促进了保险业务的变现，还作为增值服务促进了业务场景的发展。以电商平台的退货运费险为例，场景保险不仅简化了退货流程，增强了消费者信心，也成为电商平台提升用户体验和增加用户黏性的重要工具。场景保险的发展显示，保险产品正在越来越多地融入用户的日常生活中，成为生活不可或缺的一部分。

然而，场景保险的发展也需要保险公司具备足够的产品开发和定制能力。为了持续发展，保险公司需要在用户日常生活的具体场景中识别出刚性需求，进行精准的场景定位，并深入挖掘该场景下的客户需求。只有那些能够满足用户特定需求的场景才是有价值的，是能够被用户接受和认可的。未来，随着技术的不断进步和消费习惯的进一步转变，场景保险有望成为保险行业创新和发展的重要驱动力。

3. 平台保险

平台保险是一种新兴的互联网保险业务模式，依托技术力量和以客户体验为核心，为企业和个人提供风险管理和保障解决方案。这一模式在行业内构建了一个数字化的生态系统，通过应用程序和基础技术架构，促进保险机构与消费者之间的互动，同时连接多个参与实体，支撑保险领域的创新与服务提升。

保险平台不仅降低运营成本，提高业务灵活性，更重要的是极大改善了客户体验和互动方式。有研究表明，运用平台业务模式的公司市场估值可达其收入的8倍，显示了平台模式在提升企业价值方面的巨大潜力。此外，平台还能帮助保险公司提升管理风险和风险定价的效率，实现业务运营的简化和标准化，对平台自身的差异化竞争力也越发重要。

平台保险的差异化优势主要体现在核心功能的质量、增值服务以及新平台向参与者和终端用户提供的成本分摊机制上。这些差异化因素在监管变化等外部环境下尤为重要，为保险平台的持续发展提供了可靠的支撑。

虽然全球范围内真正意义上的保险平台大多数还处于初步阶段，但随着保险行业领头羊的不断探索，预计平台市场将迅速成长。在中国，互联网保险的创新已经从单纯的渠道创新转向场景创新，并且"平台创新"正成为互联网保险创新的重要方向。如今，越来越多的保险解决方案呈现平台化趋势，这不仅体现在保险销售环节，也反映在如何将保险产品和服务融入日常生活场景中以满足不同客户群体的需求上。

特别是近年来，中国的互联网保险代理平台快速发展，不仅传统的互联网巨头百度、阿里、腾讯、京东等积极布局，新兴的互联网公司携程、滴滴、美团等也通过其平台特有的消费场景，将保险产品和服务与娱乐、购物、出行等生活场景相结合，提供契合用户需求的保险服务。例如，蚂蚁保险的网购退换货运费险、携程的航意航延险等，都是平台保险创新的典型代表。此外，还有健康保障场景化营销平台轻松保严选、互联网保险平台慧择网等，它们均在互联网保险领域内发挥着重要作用，展示了平台保险模式的多样性和广泛的应用前景。

三、数字证券的概念与类型

（一）数字证券的概念

数字证券是指利用区块链和其他数字技术将传统证券数字化的金融工具。数字证券在证券的发行、交易、清算和存储过程中引入了数字化操作，旨在提高证券市场的透明度、效率和安全性。与传统证券相比，数字证券能够实现更快的交易执行、降低交易成本，同时提供更加灵活的资产管理方式。此外，数字证券通过智能合约等技术，可以自动执行合约条款，从而简化复杂的合规和执行过程。

（二）数字证券的类型

随着数字化浪潮的汹涌而来，证券行业也迎来了翻天覆地的变革，演化出互联网证券、移动证券和证券科技。

1. 互联网证券

（1）互联网证券及其特征。互联网证券又称网上证券或网络证券，涵盖了证券公司（包括经纪商、自营商和承销商）通过互联网提供的全方位证券服务。区别于传统证券服务模式，互联网证券拥有以下特征：

第一，突破地域限制。互联网证券利用互联网技术，打破了传统营业网点的地域束缚，以低廉的成本为广大客户提供服务，信息获取和交易匹配的速度也得到了显著提升。

第二，交易便捷化。互联网和移动技术的应用，让金融产品和服务可以随时随地进行交易，大大降低了交易成本。

第三，流程简化。互联网证券从开户、交易到投资咨询服务等一系列证券业务均可在线完成，大大提高了业务效率，同时拓宽了资管产品的销售渠道，更好地服务广大市场。

第四，以客户体验为中心。互联网证券以提升客户体验和满足客户需求为目标，提供一站式、多元化金融解决方案，整合了场内外产品交易能力。

第五，强化风险控制。互联网证券借助先进的金融数据分析工具，加强了风险控制和量化投资，支持细致化管理和服务创新，通过大数据分析深度挖掘客户价值。

（2）业务类型探讨。互联网证券的业务主要分为两大类：网上证券发行和网上证券交易。

网上证券发行包括竞价发行、定价发行和市值配售等方式，利用证券交易所的网络平台进行，使得投资者可以更便捷地参与新股申购。

网上证券交易实现了通过互联网买卖证券的全过程，包括开户、委托、成交等，相比于传统方式，更为高效和便捷。

（3）发展历程及未来展望。从 20 世纪 90 年代美国的初探，到我国自 2013 年起正式规范互联网证券开户流程，互联网证券经历了从 0 到 1 的过程。随着"互联网+"概念的提出和证券公司互联网业务试点的启动，我国互联网证券业务迎来了快速发展期。目前，网上证券交易已成为市场主流，互联网证券不仅提高了交易效率，也丰富了市场结构，成为资本市场不可或缺的力量。

互联网证券正以其独有的优势，重塑证券行业的面貌。随着技术的不断进步和互联网证券在中国的蓬勃发展。自从政策层面上首次对网上证券开户流程进行规范以来，互联网证券业务实现了从线下到线上的完全转变，标志着中国互联网证券进入了全新的发展阶段。"互联网+"概念的提出进一步加速了互联网证券的布局和创新，推动了传统证券行业的数字化转型。

随着互联网技术的不断发展和金融科技的应用，互联网证券公司不仅提供了传统的证券交易服务，还拓展了新的业务模式和服务方式。例如，基于大数据和人工智能的投资咨询服务、量化投资策略以及通过区块链技术提高交易透明度和安全性等。这些创新不仅改善了客户的交易体验，也提高了市场的效率和透明度。

互联网证券的发展还得益于对用户体验的持续优化。通过移动应用、社交媒体和在线平台，投资者可以轻松地进行市场分析、资产管理、即时交易等操作，享受更加个性化和便捷的服务。此外，互联网证券公司通过提供丰富的教育资源和投资工具，帮助投资者提升金融知识和投资技能，进一步扩大了其市场份额和用户基础。

总之，随着技术的进步和消费者需求的变化，互联网证券在中国将持续展现出巨大的发展潜力和创新活力。未来，互联网证券将继续引领证券行业的数字化转型，为投资者提供更加智能化、便捷化和个性化的服务，推动资本市场的健康发展。

2. 移动证券

移动证券又称为手机炒股，即利用移动互联网技术和移动通信设备（尤其是智能手机）提供的一种证券服务形式。移动证券是互联网证券的延伸，依托于移动设备的便携性，为用户提供更灵活、即时的证券交易服务。区别于传统的网页端证券服务，移动证券通过各类移动应用程序、移动网页和小程序等，使用户能够随时随地参与证券市场的交易和获取信息。

开启移动证券服务后，投资者可以通过自己的智能手机或其他移动设备，在任何有无线网络覆盖的地方轻松完成股票交易、资讯查询、账户管理等操作。这种服务方式的优势在于其极致的便捷性和即时性。无论是在家、路上还是工作间隙，只要有网络，用户即可快速进入证券市场，实时掌握市场动态和管理个人资产。

与此同时，移动证券软件的功能性和专业性不断增强，除了基础的交易、查询功能外，还提供了独家财经资讯、个性化投资建议等服务，满足不同层次投资者的需求。这些软件通常由大型证券公司或与电信运营商合作开发，每款软件都体现了开发方的个性化设计和特色服务。

在中国，移动证券市场的发展受到三大通信运营商——中国移动、中国联通和中国电信的支持。用户根据自己的运营商不同，需选择相应的下载和使用方式。例如，中国移动用户可能需安装特定 Java 程序，中国联通用户可以利用交易功能的应用，如"掌上股市"，中国电信用户则需下载专用的炒股软件。这一多样性也体现了中国移动证券市场的特点和运营商间的竞争。

移动证券的发展标志着证券交易方式的重大转变，不仅大幅降低了投资者的交易成本，还提升了交易的效率和便利性。随着移动互联网的普及和用户习惯的转变，移动端已成为吸引证券用户的主要渠道。数据显示，在中国，近年来通过移动端开户的用户已占到了绝大多数，移动证券成为连接证券公司和投资者之间的重要桥梁，极大地促进了证券市场的活跃度和参与度。

3. 证券科技

证券科技代表着金融科技（FinTech）在证券领域的深度应用，主要包括智能投顾和大数据驱动的证券服务等新兴业态。这一领域将传统证券业务与现代数字技术，如大数据和人工智能等紧密结合，推动了证券行业向更加高效、智能化的方向发展。

（1）智能投顾。智能投顾又称机器人顾问，即利用最新科技成果，如人工智能、大数据分析和行为金融学等，提供个性化的投资咨询和资产管理服务。通过分析用户的财务状况、投资目标和风险偏好，智能投顾能够量身定制投资策略，优化资产配置，从而帮助投资者实现财富增长。

在我国，尽管财富管理和投资顾问服务行业起步较晚，近年来随着居民理财需求和风险意识的快速增长，智能投顾服务作为一种新兴模式，与传统的投顾服务形成了鲜明对比。智能投顾通过运用高级算法和技术手段，根据投资者的风险偏好、财务状况和理财目标，提供自动化的资产配置建议，智能投顾具备显著的优势。

第一，成本效益。智能投顾通过自动化服务大幅降低服务成本，使得普通投资者也能享受到专业的财务顾问服务。

第二，服务效率。智能投顾 24×7 全天候服务，不受时间和地点限制，响应速度快。

第三，个性化方案。智能投顾基于大数据分析，提供更加精准、个性化的投资建议。

第四，透明度高。智能投顾的投资过程和费用结构更加透明，投资者可以清晰了解投资操作。

第五，去情绪化。智能投顾的算法驱动的投资决策避免了人类情绪波动的影响，保证了决策的理性和一致性。

智能投顾的服务流程通常包括信息收集、投资者需求分析、资产配置建议、投资组合选择与管理、交易执行和资产再平衡等环节。这些服务可以覆盖投资过程的各个方面，从大类资产配置到具体投资标的的选择，再到交易执行和后续管理，形成一套完整的投资管理解决方案。

智能投顾领域汇集了多种参与主体，其各自利用特有的资源和优势，在智能投资咨询服务中扮演重要角色：

第一类是统金融机构，如华泰证券通过其投顾云平台 AORTA 和移动端 2C 平台涨乐财富通，实现了从公司到投顾再到客户的业务链路贯通，采用 B2B2C 模式，即公司对投顾和客户同时服务，促进了业务的整合与优化。

第二类是财经垂直平台，如盈米基金定位为买方投顾服务商，开展三大业务模块，并通过 2B2C 模式双管齐下，提供综合财富管理服务；东方财富则依托财富管理场景和一站式服务，构建了服务闭环，强化了客户体验。

第三类是互联网巨头，如蚂蚁财富作为典型代表，借助平台的大数据和技术优势，为用户提供精准的客户画像和简化的投资流程，通过构建智能用户平台，提升了服务效率和用户满意度。

第四类是金融科技公司，如恒生电子专注于为金融机构提供 2B 系统解决方案，涵盖后台财富管理信息技术系统及前中后台一体化系统解决方案等，支撑金融机构的智能投顾服务，提升整体运营效率和服务质量。

这些参与主体通过不同的模式和技术手段，共同推动智能投顾服务的发展，使得投资咨询更加智能化、个性化，同时为广大投资者提供更为高效和便捷的投资管理解决方案。

[案例] 蚂蚁财富：前瞻性布局，首批上线智能基金投顾

蚂蚁财富展示了对金融科技领域的前瞻性布局，通过与国际知名的投资管理公司 Vanguard 合作，于 2020 年 4 月 2 日共同成立了先锋领航投顾，进而推出了名为"帮你投"的智能投资顾问服务。这一举措充分考虑到了线上理财用户的特点，尤其是年轻用户群体，他们往往缺乏投资经验、投资时间有限且对费用极为敏感。

"帮你投"服务通过低投资起点（最低 800 元）、全天候自动调仓以及较低的服务费率（年化总资产的 0.5%）来吸引年轻客户。这种服务模式不仅降低了投资门槛，使得更多年轻人能够轻松进入投资市场，同时也通过智能化的资产管理提供了便捷、高效的投资解决方案。此项服务的推出，体现了蚂蚁财富对智能投顾领域的深度探索和创新精神，为年轻投资者提供了一个简便、高效、成本低廉的投资渠道。

基于这一案例，请查阅相关资料，思考以下问题：

（1）科技与金融融合的社会意义是什么？结合蚂蚁财富的案例，金融科技如何改变传统投资理念，尤其是对年轻人群体投资行为的影响。

（2）面对智能化金融服务的发展，投资者应如何培养自己的金融素养？考虑到智能投顾服务的便利性和普及性，投资者特别是年轻投资者在享受服务便利的同时，应如何增强对金融市场、投资风险等方面的认识和理解。

（2）大数据证券服务。大数据在证券领域的应用开辟了证券科技的新纪元，实现了从客户细分到精准营销的全面革新。大数据证券服务的核心应用主要如下：

第一，客户细分与用户画像。证券公司运用大数据技术深入分析客户的账户特征（如账户类型、生命周期、投资习惯）和交易行为（包括资产规模、交易频率、投资偏好等），构建详尽的客户画像。这种分析帮助公司精准定位客户群体，识别高价值客户，并根据客户的需求和偏好提供定制化服务。

海量数据分析还可以用于预测客户流失概率，如海通证券通过对其大量客户交易数据的分析，构建了客户流失概率模型，有效预测并防范客户流失。

第二，精准营销。利用客户画像和行为分析，证券公司能够实现个性化营销和服务，提供与客户偏好高度匹配的产品推荐。例如，实时营销策略允许证券公司根据市场动态和客户当前的投资行为调整营销信息，以提供及时且相关的投资建议。

交叉营销和个性化推荐策略进一步拓宽服务范围，如通过分析客户的资金流动和投资偏好，推荐合适的资管产品或期货投资，实现业务增值。

客户生命周期管理通过全面监控客户行为和需求变化，采取针对性措施防止客户流失，如对潜在流失的高净值客户提供特别优惠或加强个性化服务，以提升客户忠诚度。

大数据证券服务通过深入分析客户数据，不仅为客户提供了更加个性化、高效的服务体验，也为证券公司提升业务效率、拓展市场份额提供了强大的数据支撑。在大数据的加持下，证券行业正变得更加智能化、精细化，为投资者带来了前所未有的便捷和高效。

四、普惠金融的概念与类型

（一）普惠金融的概念

普惠金融旨在为广大的小微企业、农民以及城镇低收入人群等弱势群体提供便捷、安全、可负担的金融产品与服务，确保这些群体能够获得和使用包括支付转账、储蓄、信贷、保险、证券、理财等在内的一系列正规金融服务。数字普惠金融作为普惠金融的一个重要分支，是在2016年杭州二十国集团（G20）领导人峰会上首次提出的概念，由G20普惠金融全球合作伙伴（GPFI）定义，强调通过数字化手段促进普惠金融的发展。

数字普惠金融依托移动通信、大数据、人工智能等前沿技术，通过数字化或电子化的方式进行交易，进而拓展普惠金融服务的覆盖范围和深度。与传统普惠金融相比，数字普惠金融具有几个显著的特征：

（1）广泛的服务覆盖。利用互联网和移动通信技术的普及，数字普惠金融可以跨越地理限制，将金融服务延伸到偏远地区和传统金融服务未能覆盖的客户，尤其是农村地区的用户。

（2）低成本的服务提供。数字化的操作减少了人工成本和物理网点的维护成本，为金融机构提供低成本运营模式的同时，也使得金融产品和服务对消费者更加可负担。

（3）便捷的用户体验。用户可以通过智能手机或其他电子设备，随时随地访问和使用金融服务，大大提高了金融服务的可获得性和便捷性。

（4）个性化的金融解决方案。借助大数据和人工智能技术，金融服务提供者能够根据用户的行为、偏好和需求提供更加个性化的金融产品和服务，提高服务的精准度和满意度。

（5）增强的风险管理能力。数字技术使得金融机构能够更有效地收集和分析用户数据，从而进行更准确的风险评估和控制。

总之，数字普惠金融通过将先进的数字技术与普惠金融的目标相结合，为弱势群体提供了更广泛、更低成本、更便捷、更个性化的金融服务，有助于推动金融包容性的提升和社会经济的均衡发展。

（一）普惠金融的类型

1. 数字支付

数字支付作为普惠金融的一种重要表现形式，是指利用数字工具或电子方式进行资金转移的过程，旨在提高交易的便捷性和效率。数字支付消除了传统现金、信用卡、借记卡或支票支付的物理限制，通过移动或非移动电子通信设备上的处理系统完成资金的转移。用户可以通过各类终端设备，如智能手机或电脑，进行转账汇款、在线支付账单、利用手机钱包进行购物支付等操作。

数字支付系统主要由移动网络运营商（MNO）和数字支付服务提供商（DPSP）共同提供，涵盖了从银行转账、移动货币到支付卡等多种支付方式。特别地，在普惠金融领域，数字支付主要侧重于通过数字钱包、移动货币等工具实现的消费支付、转账汇款、个人支付等交易活动。

数字支付的服务体系包含两大主要参与者：一是移动网络运营商，提供如数字钱包、支付网关等服务，使得中低端个人用户和小微企业可以通过移动通信网络访问金融服务；二是数字支付服务提供商，通常是非银行的数字科技公司，如支付宝和微信支付等，它们通过自己的平台为用户提供小额转账、在线支付服务。

数字支付的操作模式具有高度的数字化特性，无需实物货币参与，可以通过数字化转账、清算或结算余额的方式促成支付交易。此外，数字支付架构中包括了支付工具、用户、支付服务提供商以及与支付服务签约的银行机构等多个要素，共同构成了完整的数字支付框架。

数字支付不仅提高了支付的便利性和安全性，还扩大了金融服务的覆盖范围，尤其是对那些传统银行服务未能充分覆盖的小微企业和低收入群体，数字支付为其提供了接入正规金融服务的途径，从而有力推动了普惠金融的发展和金融包容性的提升。

2. 数字小额信贷

数字小额信贷利用前沿的数字技术，为广大未能充分享受传统银行服务的人群提供小额贷款服务。这种信贷形式通过精准的数据分析，有效管理信贷规模并评估风险，旨在以较低的客户获取成本和管理成本普及小额信贷服务。

技术经济特征上，数字小额信贷依赖大数据、移动通信等技术，与传统小额信贷相比，拥有独特的借贷机制。数字小额信贷摆脱了传统依赖集体借贷模式的限制，转而采用数字化手段简化借贷流程，包括贷款的申请、发放、还款等，极大地提升了服务的便捷性和可及性。

数字小额信贷的特点包括即时性、数字化与自动化、远程化、小微化。即时性意味着从贷款申请到决策的全过程可以在几秒至 24 小时内完成，大大加快了资金流动的速度。数字化与自动化通过算法和非传统数据进行信贷决策，提高了贷款服务的效率和覆盖范围。远程化特点打破了地理界限，使得客户无需前往实体机构即可完成所有交易。小微化体现在贷款额度小、周期短，适应了小额需求频繁的金融市场。

与此同时，数字小额信贷还解决了传统信贷服务的地理和成本障碍，尤其是在偏远或银行服务不足的区域，通过数字化手段提供小额信贷，极大地拓宽了金融服务的覆盖面，助力实现真正的普惠金融。借助强大的国家数字身份基础设施，信贷机构能够实现远程开户和管理，进一步提升了服务效率和安全性。

3. 众筹

众筹作为普惠金融的一种新兴形式，近年来不断发展，逐步成为支持中小企业和创新项目的重要融资手段。这种筹资方式利用互联网平台，汇集广泛受众的小额资金以支持各种项目或企业发展。

众筹模式的兴起，尤其是在美国的 Kickstarter 网站上的成功应用，标志着传统融资向大众筹资的转变。众筹允许任何人利用网络平台为自己的创意或项目寻求资金支持，从而扩大了投资者的范围，不再局限于专业的投资机构。

众筹可以按照募集资金的性质分为捐赠式、奖励式、借贷式和股权式四种基本类型。这些类型分别对应不同的回报方式，从不寻求财务回报的捐赠，到期望获得财务收益的借贷和股权投资，满足了不同投资者的需求。

众筹的优势在于低融资成本、低参与门槛和简化的流程，为创业企业和小型项目提供了便捷的融资渠道。众筹不仅降低了初创企业的融资障碍，而且为广大投资者提供了参与小额投资的机会，促进了投资民主化。

全球众筹市场自 2008 年国际金融危机后快速发展，特别是股权平台和借贷平台显示出强劲的增长势头。尽管全球众筹市场还处于起步阶段，但潜力巨大，尤其在发展中国家，预计有上亿户家庭能够参与小额众筹投资。

非洲众筹市场的快速增长特别值得关注，尼日利亚、南非和肯尼亚成为主要市场。新冠病毒感染疫情以来，全球众筹市场进一步增长，股权众筹因其能满足企业在成长早期对资本的需求而成为众筹市场的重要组成部分。

众筹作为一种普惠金融工具，通过降低融资门槛、拓宽融资渠道，为中小企业、创新项目乃至个人创意的实现提供了新的可能，展现了数字金融服务的广泛应用和普惠性。随着技术的进步和监管政策的完善，众筹将继续促进金融市场的创新和普惠金融的发展。

4. 区块链供应链金融

区块链供应链金融作为一种创新的普惠金融服务，利用区块链技术优化了传统供应链金融模式，为链上的中小微企业提供了更加平等、高效、成本低廉的资金支持方案。通过数字化的信用凭证，区块链供应链金融克服了传统供应链金融中的核心难题，如确权和贸易真实性的验证，为供应链上下游企业带来了新的融资渠道。

在传统的供应链金融中，金融服务是围绕核心企业和银行展开的，通过管理供应链各环节的资金流和物流，降低了企业融资的风险。然而，该模式在实际操作中存在局限性，主要是由于在确权和贸易真实性调查上存在技术障碍。区块链技术凭借其不可篡改、数据可追溯、高度透明的特性，能够将供应链中的供应商、核心企业和经销商有效串联，解决了这一痛点。

区块链技术通过共识机制保证交易数据的真实性和债权凭证的有效性，为金融机构提供了可靠的信息来源，从而降低了对中小微企业融资的信用风险。智能合约的引入进一步确保了交易各方能够依约履行义务，实现了链上资金的透明流动和风险控制。这不仅促进了供应链金融的创新发展，而且扩大了其服务范围，从仅限于核心企业和一级供应商的狭窄领域，扩展到整个供应链的多级企业。

此外，区块链供应链金融通过技术实施，将各相关方连接到一个统一的平台，通过确权数据的高度冗余存储，实现了数据的横向共享，有效解决了信息孤岛问题。这使得核心企业的信任可以传递到更多级别的供应商，帮助中小微企业有效解决融资难、融资贵的问题。

总体来说，区块链供应链金融通过技术创新，为供应链金融领域带来了革新，不仅提高了金融服务的效率、扩大了其覆盖面，而且为中小微企业提供了更加公平、便捷的融资渠道，展示了数字技术在普惠金融领域的应用潜力。

本章小结

1. 数字金融是指利用现代信息技术，特别是互联网技术，对金融服务进行创新和优化的一种金融模式。数字金融的基本构成要素包括参与主体广泛，依托数字技术、渠道和基础设施，数字化创新内容丰富。数字金融与传统金融之间的关系既密切又复杂，包含互补关系、替代和竞争关系等。

2. 数字资产（digital assets）正逐渐成为数字经济和金融领域的核心议题。区块链技术的兴起不仅为数字资产带来了前所未有的机遇，同时也带来了研究上的复杂挑战。结合数字资产的起源，数字资产可以分为狭义和广义两个层面。数字资产的构成要素主要可以概括为权益的确证、加密保障、资产的流动性。

3. 数字货币又称数字货币电子支付（DCEP），是一种全电子形式的支付工具。这种货币完全基于电子技术，不附着于任何实体形式，而是通过加密技术和计算机程序生成。与传统货币相比，数字货币具有诸多优势，包括防伪造性强、支持点对点的即时交易和流通性高。根据发行主体的不同，数字货币可以分为两大类：一类是法定数字货币，主要由各国中央银行发行，采用加密数字串代表确定的货币金额；另一类是非法定的加密数字货币，包括比特币（BTC）、以太坊（ETH）等通用加密货币以及泰达币（USDT）、天秤币（Libra/Diem）等稳定币。

4. 数字银行是指运用数字技术，特别是互联网、移动通信、大数据、云计算和人工智能等现代信息技术，提供金融服务的新型银行。与传统银行相比，数字银行不仅仅是将传统银行服务电子化，而是在服务模式、产品创新、客户体验等方面进行深层次的变革和创新。数字银行的类型包括直销银行、互联网银行和智能银行。

5. 在数字化时代背景下，数字保险作为金融科技创新的一部分，通过整合最新的信息技术，如大数据、人工智能、移动互联网和云计算等，重新定义了保险行业的运作模式。数字保险主要包括保险电商、场景保险、平台保险。

6. 数字证券是指利用区块链和其他数字技术将传统证券数字化的金融工具。互联网证券又称网上证券或网络证券，涵盖了证券公司（包括经纪商、自营商和承销商）通过互联网提供的全方位证券服务。移动证券又称为手机炒股，即利用移动互联网技术和移动通信设备（尤其是智能手机）提供的一种证券服务形式。证券科技代表着金融科技（FinTech）在证券领域的深度应用，主要包括智能投顾和大数据驱动的证券服务等新兴业态。

7. 普惠金融旨在为广大的小微企业、农民以及城镇低收入人群等弱势群体提供便捷、安全、可负担的金融产品与服务，确保这些群体能够获得和使用包括支付转账、储蓄、信贷、保险、证券、理财等在内的一系列正规金融服务。数字普惠金融依托移动通信、大数据、人工智能等前沿技术，通过数字化或电子化的方式进行交易，进而拓展普惠金融服务的覆盖范围和深度。普惠金融的类型主要包括数字支付、数字小额信贷、众筹、区块链供应链金融。

关键概念

1. 数字金融　2. 数字资产　3. 数字货币　4. 数字银行　5. 普惠金融

思考题

1. 数字金融与传统金融的对比分析。描述一种场景，比如申请贷款，比较传统银行与数字银行在这个过程中的不同体验。讨论数字银行如何通过技术创新提高服务效率和用户体验以及它们对传统金融机构构成的挑战。

2. 数字资产理解与应用。设想你是一名数字资产的投资者，选择加密货币、非同质化代币或数字股票中的一种进行投资，描述你的投资过程，包括如何购买、存储和可能的风险管理。这个过程中涉及的数字金融技术是什么？

3. 数字银行与传统银行的服务体验对比。假设你需要开设一个新的银行账户，比较在传统银行和数字银行中办理此项业务的不同体验。讨论数字银行如何利用技术创新来提高服务效率和客户体验，并分析其对传统银行业构成的挑战。

4. 数字证券投资模拟。假设你是一名投资者，有兴趣在数字证券市场进行投资。选择一种数字证券产品（如数字债券或数字股票）进行模拟投资，描述投资过程中的关键步骤和策略，包括如何评估产品、执行交易和管理风险。讨论在此过程中的技术特点和遇到的挑战。

练习题

一、单项选择题

1. 数字金融主要依托于（　　）技术来提供金融产品和服务。

　　A. 人工智能　　　　B. 区块链　　　　C. 大数据　　　　D. 以上都是

2. 中央金融工作会议首次将（　　）概念纳入中央文件。

    A. 科技金融　　　　B. 绿色金融　　　　C. 普惠金融　　　　D. 数字金融

3. 数字金融发展的特点不包括（　　）。

    A. 融合化　　　　　B. 场景化　　　　　C. 闭环化　　　　　D. 智能化

4. 数字金融服务平台建设的目的是（　　）。

    A. 增强用户体验　　　　　　　　　　B. 加强场景聚合和生态对接

    C. 提升交易安全性　　　　　　　　　D. 增加金融产品种类

5. 下列选项中，（　　）不是数字金融的基本构成要素。

    A. 参与主体广泛　　　　　　　　　　B. 依托实体经济

    C. 依托数字技术　　　　　　　　　　D. 数字化创新内容丰富

6. 在传统金融与数字金融的关系中，传统金融为数字金融提供的支持不包括（　　）。

    A. 资金支持　　　　B. 技术支持　　　　C. 基础设施支持　　　D. 金融知识支持

7. 数字资产的构成要素不包括（　　）。

    A. 权益的确证　　　B. 加密保障　　　　C. 人工智能　　　　D. 资产的流动性

8. 按照数字资产的来源分类，（　　）不属于数字资产。

    A. 数字货币　　　　B. 加密货币　　　　C. 数字化资产　　　D. 数据资产

9. 数字货币与传统货币相比，具有（　　）的优势。

    A. 防伪造性强　　　　　　　　　　　B. 支持点对点交易

    C. 流通性高　　　　　　　　　　　　D. 以上都是

10. 数字银行与传统银行相比，其服务模式的主要变革在于（　　）。

    A. 只提供在线服务

    B. 费率更低

    C. 24 小时服务

    D. 服务模式、产品创新、客户体验的深层次变革

11. 在数字银行的发展历程中，（　　）的主要特征是利用自动柜员机（ATM）开始的。

    A. 电子化阶段　　　B. 自动化阶段　　　C. 数字化阶段　　　D. 互联网阶段

12. 直销银行的概念首次出现在（　　）。

    A. 20 世纪 70 年代　　　　　　　　　B. 20 世纪 80 年代

    C. 20 世纪 90 年代　　　　　　　　　D. 21 世纪初

13. 百信银行是中国首家（　　）。

    A. 私人银行　　　　　　　　　　　　B. 互联网银行

C. 国有控股互联网银行　　　　　　　D. 直销银行

14. 互联网银行的股权结构更倾向于（　　　）。

　　A. 国有资本　　　　B. 私有资本　　　　C. 外资银行　　　　D. 合资企业

15. 智能银行通过引入智能设备，实现了服务的（　　　）。

　　A. 电子化　　　　　B. 自动化　　　　　C. 高度智能化　　　D. 手动化

16. 智能投顾服务的一个重要特征是（　　　）。

　　A. 高投资起点　　　　　　　　　　　B. 人工服务

　　C. 24×7 全天候服务　　　　　　　　　D. 高费用

17. 在数字证券的发展中，区别于互联网证券，移动证券强调了服务的（　　　）。

　　A. 便捷性和即时性　　　　　　　　　B. 安全性

　　C. 传统性　　　　　　　　　　　　　D. 复杂性

18. 普惠金融旨在为（　　　）提供金融服务。

　　A. 大型企业　　　　　　　　　　　　B. 城镇高收入人群

　　C. 小微企业、农民和城镇低收入人群　D. 外国投资者

19. 数字支付的主要参与者不包括（　　　）。

　　A. 移动网络运营商　　　　　　　　　B. 数字支付服务提供商

　　C. 实体银行　　　　　　　　　　　　D. 数字货币交易所

20. 下列众筹的类型中，不寻求财务回报的是（　　　）。

　　A. 股权式　　　　　B. 借贷式　　　　　C. 奖励式　　　　　D. 捐赠式

21. 数字小额信贷的特点包括（　　　）。

　　A. 高投资额度　　　　　　　　　　　B. 长周期

　　C. 即时性　　　　　　　　　　　　　D. 复杂的借贷流程

22. 区块链技术在供应链金融中主要解决了（　　　）的问题。

　　A. 交易速度　　　　　　　　　　　　B. 确权和贸易真实性验证

　　C. 交易的国际化　　　　　　　　　　D. 增加供应链成本

23. 智能银行不包括（　　　）服务。

　　A. 账户管理　　　　　　　　　　　　B. 在线游戏服务

　　C. 投资理财　　　　　　　　　　　　D. 个性化金融咨询

24. 数字化阶段银行依赖的前沿技术不包括（　　　）。

　　A. 生物识别　　　　B. 云计算　　　　　C. 大数据　　　　　D. 电报技术

25. 直销银行的历史开始于（　　　）年，当时 First Direct 推出了世界上首个电话银行服务。

　　A. 1970　　　　　　B. 1989　　　　　　C. 1995　　　　　　D. 2000

二、多项选择题

1. 数字金融的发展趋势包括（　　　）。
   A. 融合化　　　　B. 场景化　　　　C. 闭环化　　　　D. 智能化
   E. 绿色化

2. 数字金融涵盖的领域不包括（　　　）。
   A. 科技金融　　　B. 绿色金融　　　C. 普惠金融　　　D. 养老金融
   E. 房地产金融

3. （　　　）技术是数字金融依赖的基础。
   A. 互联网　　　　B. 区块链　　　　C. 大数据　　　　D. 人工智能
   E. 量子计算

4. 传统金融对数字金融发展的支持包括（　　　）。
   A. 资金支持　　　B. 金融知识支持　C. 基础设施支持　D. 技术支持
   E. 政策支持

5. 数字资产的分类主要包括（　　　）。
   A. 原生数字资产　　　　　　　　B. 非原生数字资产
   C. 数字货币　　　　　　　　　　D. 加密货币
   E. 稳定币

6. 数字资产的构成要素包括（　　　）。
   A. 权益的确证　　B. 加密保障　　　C. 资产的流动性　D. 用户体验
   E. 交易成本

7. 数字金融在推动消费金融发展方向上具有（　　　）的作用。
   A. 提质增效　　　　　　　　　　B. 健康有序发展
   C. 提升交易安全性　　　　　　　D. 增强用户体验
   E. 加强场景聚合

8. 数字货币的优势不包括（　　　）。
   A. 防伪造性强　　　　　　　　　B. 支持点对点交易
   C. 高成本　　　　　　　　　　　D. 流通性高
   E. 即时交易

9. 数字金融发展的关键技术不包括（　　　）。
   A. 互联网　　　　B. 区块链　　　　C. 大数据　　　　D. 人工智能
   E. 有线通信

10. 数字金融对传统金融行业的影响表现在（　　　）。
    A. 业务模式创新　　　　　　　　B. 产品服务创新

C. 运营效率提升   D. 客户体验改善

E. 安全风险增加

11. 数字银行提供的服务包括（   ）。

A. 账户管理   B. 在线游戏   C. 信贷服务   D. 投资理财

E. 个性化金融咨询

12. 直销银行与传统银行相比，优势在于（   ）。

A. 更高的运营效率   B. 更多的实体分行

C. 更优惠的利率   D. 完全线上化的管理和服务流程

E. 需要实体银行卡

13. 数字化转型的推动力包括（   ）。

A. 政策推动   B. 技术进步   C. 市场需求   D. 国际合作

E. 竞争压力

14. 智能银行的应用场景包括（   ）。

A. 客户服务   B. 欺诈防范与安全

C. 投资组合管理   D. 信贷决策

E. 物流管理

15. 数字普惠金融的特征包括（   ）。

A. 广泛的服务覆盖   B. 低成本的服务提供

C. 便捷的用户体验   D. 个性化的金融解决方案

E. 传统的服务方式

16. 数字证券的发展包括（   ）。

A. 互联网证券   B. 移动证券   C. 证券科技   D. 电子邮件证券

E. 区块链证券

17. 普惠金融的服务类型包括（   ）。

A. 数字支付   B. 数字小额信贷

C. 众筹   D. 区块链供应链金融

E. 实体分行服务

18. 互联网银行的发展特点包括（   ）。

A. 提供全方位的线上服务   B. 服务依赖于物理网点

C. 利用大数据和人工智能提升服务质量 D. 降低服务成本，提高效率

E. 增强客户交易的安全性

19. 智能银行的核心技术包括（   ）。

A. 大数据   B. 人工智能   C. 区块链   D. 机器人技术

E. 传真技术

20. 普惠金融旨在解决的问题包括（　　　）。

    A. 提高金融服务的可获得性　　　　B. 降低金融服务的成本

    C. 扩大金融服务的覆盖范围　　　　D. 提升金融服务的个性化和便捷性

    E. 保持传统金融服务方式

三、简答题

1. 数字金融如何改变了传统金融业务的运作方式和服务模式？

2. 在数字金融的推动下，未来的金融生态系统将呈现出哪些新的特点和趋势？

3. 请分析数字资产对全球金融市场的影响，特别是加密货币，如比特币对传统金融体系的挑战和机遇。

4. 考虑到数字金融的发展，传统金融机构应如何调整战略，以应对数字化转型的挑战？

5. 数字金融在提升普惠金融服务方面的潜力如何？它如何帮助提高金融服务的可及性和质量？

6. 请描述数字银行在提升客户体验方面采取的措施有哪些？

7. 智能投顾与传统投资顾问服务相比，有哪些显著优势？面临哪些挑战？

8. 区块链技术如何在供应链金融中发挥作用，解决了哪些传统问题？

9. 众筹作为普惠金融的一种方式，它如何促进中小企业和创新项目的发展？

10. 在数字化转型的背景下，传统银行应如何调整自身战略，以应对数字银行的竞争压力？

（练习题参考答案）　　　　（本章学习课件）

参考文献

艾瑞咨询，2023. 中国银行业数字化转型研究报告 ［R/OL］. https://pdf.dfcfw.com/pdf/H3_AP202304281586035166_1.pdf.

曹衷阳，王重润，2022. 金融科技概论 ［M］. 北京：机械工业出版社.

管同伟，2023. 数字金融概论 ［M］. 北京：中国金融出版社.

郭福春，吴金旺，2021. 金融科技概论 ［M］. 北京：高等教育出版社.

过文俊，2009. 赢在汇市：外汇投资精要 ［M］. 北京：机械工业出版社.

胡东华，2014. 国际金融 ［M］. 4 版. 武汉：武汉大学出版社.

黄本笑，2012. 证券投资学 ［M］. 北京：中国人民大学出版社.

霍文文，2008. 证券投资学 ［M］. 北京：高等教育出版社.

姜波克，2012. 国际金融新编 ［M］. 5 版. 上海：复旦大学出版社.

兰虹，2003. 保险学基础 ［M］. 成都：西南财经大学出版社.

李富有，2000. 国际金融概论 ［M］. 西安：陕西科学技术出版社.

李洁，2005. 保险概论 ［M］. 北京：清华大学出版社.

联合国，欧盟委员会，经济合作与发展组织，2012. 2008 国民账户体系 ［M］. 中国国家统计局经济核算司，中国人民大学国民经济核算研究所，译. 北京：中国统计出版社.

廖旗平，2010. 金融学基础 ［M］. 北京：经济科学出版社.

廖旗平，2016. 个人理财 ［M］. 北京：高等教育出版社.

林义，1990. 风险管理 ［M］. 成都：西南财经大学出版社.

刘立新，2015. 风险管理 ［M］. 2 版. 北京：中国人民大学出版社.

刘梁炜，2013. 证券投资实务 ［M］. 广州：中山大学出版社.

刘淑娥，赵秀艳，2017. 国际金融 ［M］. 北京：中国人民大学出版社.

刘晓欣，2021. 全球法定数字货币现状、发展趋势及监管政策 ［J］. 人民论坛（24）：66-70.

马祥云，2020. 招行联手京东，不可低估的 TOP 直销银行 ［R/OL］. https://pdf.dfcfw.com/pdf/H3_AP202012131439672812_1.pdf? 1658852815000.pdf.

平安证券，2023. 从 AIGC 看商业银行数字化转型［R/OL］. https://pdf.dfcfw.com/pdf/H3_ AP202307061592060395_1.pdf? 1688637894000.pdf.

全丹，2019. 开放式银行的实践与挑战［J］. 清华金融评论（8）：73-78.

《社会保险实用系列丛书》编写组，2004. 养老保险［M］. 北京：机械工业出版社.

《社会保险实用系列丛书》编写组，2004. 医疗保险［M］. 北京：机械工业出版社.

苏洁，2016. 有保险稳定需求的场景才是好场景［N］. 中国保险报 06-21（05）.

唐运祥，2000. 保险经纪理论与实务［M］. 北京：中国社会科学出版社.

王军旗，2011. 证券投资理论与实务［M］. 北京：中国人民大学出版社.

韦生琼，等，1997. 人身保险［M］. 成都：西南财经大学出版社.

魏华林，李继熊，2000. 保险专业知识与实务（中级）［M］. 北京：经济管理出版社.

吴小平，2002. 保险原理与实务［M］. 北京：中国金融出版社.

吴晓求，1990. 证券投资学［M］. 北京：中国人民大学出版社.

徐佳鑫，2023. 中国普惠金融行业洞察报告［R/OL］. https://pdf.dfcfw.com/pdf/H3_ AP202308181595066266_1.pdf? 1692367702000.pdf.

徐葳，杨祖艳，2021. 数据使用的负外部性及数据要素监管［N］. 金融时报 03-29（11）.

杨大楷，2011. 证券投资学［M］. 上海：上海财经大学出版社.

中国证券业协会，2012. 证券市场基础知识［M］. 北京：中国财政经济出版社.

中国证券业协会，2012. 证券投资基金［M］. 北京：中国财政经济出版社.

周建松，2017. 金融学基础［M］. 2 版. 北京：北京大学出版社.

卓志，1998. 保险经营风险防范机制研究［M］. 成都：西南财经大学出版社.